Mythologie

DANS LA SÉRIE *LES GRANDS LIBRIO*

Anglais, Librio n° 830
Expression française, Librio n° 832
Langue française, Librio n° 835
Mathématiques, Librio n° 836
XXe siècle, Librio n° 878
Espagnol, Librio n° 879
La culture générale est un jeu, Librio n° 881

Collectif

Mythologie

Librio

SOMMAIRE

PREMIÈRE PARTIE
Dieux et pharaons de l'Égypte ancienne
par Claire Lalouette

DEUXIÈME PARTIE
Dieux et héros de la mythologie grecque
par Gilles van Heems

TROISIÈME PARTIE
Les grands mythes antiques
par Gilles van Heems et Stéphanie Wyler

QUATRIÈME PARTIE
La mythologie est un jeu
par Catherine Groud

PREMIÈRE PARTIE

Dieux et pharaons de l'Égypte ancienne

par Claire Lalouette

PRÉFACE

L'Égypte est, dans l'état actuel de nos connaissances, la plus ancienne et la plus longue civilisation achevée de l'humanité. Elle précède de peu, toutefois, le développement urbain et politique du domaine mésopotamien (qui s'étendait depuis les hautes vallées du Tigre et de l'Euphrate jusqu'au golfe Persique), qui connut une moins grande puissance et une moindre longévité, car il ne constituait pas un État unique, mais était formé de diverses entités politiques.

Le *pays* du Nil (le fleuve nourricier qui crée la vie) se constitua peu à peu à l'époque néolithique (vers 5500 avant J.-C.) quand les populations jusqu'alors sédentaires se regroupèrent en villages, au bord du fleuve, au cours d'une longue préhistoire.

L'histoire égyptienne proprement dite commence (pour nous) vers 3200 avant J.-C., après la découverte en Haute Égypte d'une grande palette en schiste au nom du roi **Narmer**, palette historiée, dont les sculptures en bas-relief (images et textes) constituent le premier document *daté* du royaume d'Égypte : une monarchie unique apparaît alors, qui unit la Haute et la Basse Égypte, régions naturelles jusqu'alors séparées et gouvernées sous des tutelles diverses.

Durant plus de trois millénaires ensuite, trente dynasties royales se succédèrent qui firent la prospérité politique, économique et culturelle de l'Égypte, laquelle devint alors un vaste Empire, notamment sous les **Thoutmosis** et les **Ramsès**. L'Égypte, grand pays carrefour ouvert sur l'Afrique et sur l'Asie, et dont la puissance s'étendait du sud au nord (depuis le Soudan jusqu'à la Méditerranée), de l'ouest à l'est (depuis la Libye jusqu'aux États mésopotamiens). Au cours de ces siècles de conquête et de rapprochement des peuples, les pensées, les croyances et les cultes se mêlèrent en un vaste échange spirituel marqué par la compréhension et la tolérance réciproques.

Les dieux et les rois, puissances supérieures et magiques, furent les facteurs essentiels de cette domination « universelle ».

Dans chaque notice, les noms des dieux et pharaons qui possèdent leur propre entrée sont en gras.

Chapitre 1

LES DIEUX DU PANTHÉON ÉGYPTIEN

Avant-propos

Dans le grand univers païen, les dieux résident dans toutes les parties constituantes du monde créé : dans le ciel et la terre, les champs et l'eau du fleuve, les déserts arides ou la végétation. Ainsi s'incarnent-ils dans des formes humaines, animales ou végétales – toutes également œuvres du créateur. Les formes, en s'ajustant, allient les puissances combinées des hommes, des animaux et des plantes, pour assurer une efficience magique supplémentaire. L'amour, le respect, la crainte entraînent les réactions de l'homme d'Égypte en présence d'êtres ou de choses qui l'aident, le dominent, l'attaquent ou lui font peur. Il en fait des divinités pour leur apporter ses hommages en reconnaissance de leurs bienfaits (la vache, nourricière et féconde – le sycomore qui donne son ombre à l'heure chaude du jour – le soleil qui crée et maintient la vie) ou pour tempérer leur éventuelle agressivité, se concilier leur malveillance (le chacal, le crocodile, le serpent, la lionne, l'hippopotame). L'Égyptien, en quête d'« explications », associe aussi l'animal à son habituel lieu de parcours : le faucon et le ciel, le chacal et les déserts qui entourent les nécropoles… Des réalités simples, des faits d'observation peuvent créer encore la nature de la personnalité divine : le soleil qui renaît à chaque aube, la végétation qui revient au printemps : **Rê** et **Osiris**, qui les incarnent, seront les grands garants de la vie éternelle, d'une immortalité sans faille.

Religion et histoire sont intimement mêlées dans leur développement. Vers 4000 avant J.-C., un premier regroupement des tribus nomades entraîna désormais l'existence de territoires fixes, appelés *sepet*, que les Grecs beaucoup plus tard appelleront *nomes* (il y en eut quarante-deux à l'époque historique). Chaque nome avait son dieu *principal*. Puis l'Égyptien, épris d'équilibre et de juste harmonie, créera de nouvelles associations entre ces figures divines, encore relativement éparses : dans le cadre de la famille, on imaginera des *triades* (père, mère, fils). Des systèmes théologiques plus complexes furent aussi élaborés (voir **Ennéade**) qui voulaient rendre compte de la genèse de la création, grâce à l'effort collectif de plusieurs divinités. Enfin, des dieux « étrangers » furent associés aux divinités égyptiennes, au fil de l'histoire et des conquêtes.

A

Amon, Amon-Rê

Dieu de la région thébaine. Sous sa forme humaine ou animale, il fut l'un des dieux les plus importants du panthéon égyptien ; au cours de trois mille ans d'histoire, son culte s'imposa aussi dans tout le Proche-Orient.

D'origine modeste, il semble avoir été d'abord un dieu de l'air et du vent, invoqué notamment par les bateliers du Nil. Cette origine aérienne et céleste explique sans doute pourquoi, dans les représentations humaines du dieu (sculptures ou peintures), ses chairs sont colorées d'une teinte azurée.

Un autre de ses caractères, celui de dieu géniteur, lui valut d'être représenté parfois comme un homme ithyphallique, à Louxor notamment, mais le plus souvent comme un bélier, animal dont le pouvoir génésique était reconnu en tant que « seigneur des troupeaux » d'ovins. Quiconque a visité l'Égypte connaît les longs chemins qui mènent à l'entrée des lieux saints ; à Karnak, notamment, devant le temple d'Amon, cette voie sacrée est bordée, de part et d'autre, par deux rangées de statues de béliers assis figurant Amon en gardien de son temple. À partir de la XVIIIe dynastie, Amon, dieu dynastique, adopta alors l'aspect de l'animal, puissant générateur de vie ; bélier ou homme criocéphale, son importance ne cessa de s'accroître avec le nombre de ses fidèles.

Amon dut toutefois composer avec une autre divinité puissante : **Rê**, le dieu solaire vénéré depuis de longs temps à Héliopolis (en Basse Égypte), lui aussi, par sa nature même, grande force de vie. La fusion eut lieu dès la VIe dynastie ; une entité nouvelle apparut alors : celle d'Amon-Rê, qui, durant des siècles, allait « régner » sur le panthéon égyptien.

Dès le début de la XIIe dynastie, Amon, jusque-là bien « enraciné » dans le terroir de Karnak, commencera une ascension prestigieuse – due à la gloire des rois qui portèrent son nom et au génie des théologiens qui approfondirent sa nature. Soutenant la nouvelle centralisation politique, une centralisation religieuse se constitua alors autour d'Amon ; le roi **Amenemhat Ier**, dont le nom même – « Amon est le premier » – exprime sa foi envers la divinité thébaine, va faire de celui-ci un grand dieu d'État ; il lui attribua un important clergé formé d'une dizaine de prêtres « aux mains pures », de quatre « pères du dieu », de quelques prêtres laïcs et d'un grand prêtre ; tous ces clercs sont de grands personnages du royaume. Les nouvelles épithètes d'Amon-Rê attestent de cette promotion politique : il est désormais *neb nesout taoui,* « le seigneur des trônes du Double Pays » (titre jusque-là seul apanage du roi) ; il est aussi *nesout netjerou,* « le roi des dieux ». Ainsi Amon-Rê, roi des dieux (l'Amon-Ra-Sonther des Grecs), assura alors la protection du royaume et prit la tête du panthéon égyptien, les autres divinités étant dès lors considérées comme des hypostases du dieu de Thèbes – toutes, sauf **Ptah** et **Osiris**, images divines adorées dès la plus haute antiquité à Memphis et Abydos, notamment.

Après les brèves difficultés subies durant le court règne d'**Aménophis IV**, de nouveaux aspects de la personnalité d'Amon (ou Amon-Rê) apparaissent encore au temps des conquêtes, sous les XVIIIe et XIXe dynasties. Avec **Thoutmosis III**, premier créateur de l'Empire d'Égypte, il devient le guide des combats ; témoignant de la reconnaissance royale, les biens et les richesses affluent à Thèbes avec le butin des campagnes militaires que le souverain donne au clergé d'Amon, dont la puissance s'accroît. Sous les rois **Ramsès** (XIXe dynastie), Amon-Rê devient le dieu des batailles, participant au combat, aidant Pharaon au fort de la mêlée, lui ouvrant les chemins, le protégeant : « Amon-Rê, le roi des dieux, est devant son fils, le protégeant » (**Ramsès II**).

La destruction de Thèbes par les Assyriens, en 664 avant J.-C., « sonne le glas » de la religion d'Amon ; le culte du dieu se perpétuera encore parmi les ruines de sa capitale dévastée. Une certaine tradition persiste : lorsque le roi de Macédoine, Alexandre le Grand, pénétra en Égypte, en 332 avant J.-C., il alla consulter l'oracle d'Amon, dans l'oasis de Siouah (en Libye), qui lui conférera la royauté sur l'Égypte.

Actuellement, demeure encore pour nous le grand temple de Karnak – l'imposante grandeur des pylônes, l'immensité de la salle hypostyle (102 mètres de large sur 53 mètres de profondeur), l'élancé des colonnes (luxuriante végétation de pierre, reproduisant lotus et papyrus). Mais cela n'est plus que le squelette du Karnak d'antan, étincelant de l'or, de l'argent, du lapis-lazuli, des pierres précieuses de toutes sortes qui recouvraient les porches, les portiques, les colonnes, afin que le lieu saint « ressemble à l'horizon du ciel entier ». Des jardins de fleurs, de toutes espèces, entouraient l'aire sacrée. Les pèlerins, au terme de leur voyage, devaient, dans le désert, apercevoir de loin l'éclatement des ors se mêlant au soleil, dont ils étaient le prolongement sur la terre.

Anat, Astarté

Divinités d'origine cananéenne, souvent confondues ; toutes deux étaient des déesses guerrières sémitiques. Le culte d'Anat-Astarté connut en Égypte une longue diffusion. Incluse dans la mythologie égyptienne, Anat peut être dite « fille de **Rê** », « fille de **Ptah** » ou « compagne de **Seth** » ; **Ramsès II** est appelé « le nourrisson d'Anat » : celle-ci est donc assimilée à **Hathor** dans son rôle de vache nourricière allaitant le roi-enfant.

Témoignant du souci de syncrétisme religieux, cher à l'époque ramesside, Anat, Astarté et Kadesh, importantes divinités asiatiques, peuvent être assemblées en *une seule* entité divine, pourvue d'attributs égyptiens : cette déesse triple est représentée debout sur un lion, tenant dans la main gauche deux serpents, et portant, dans la main droite, un bouquet de fleurs, l'un et l'autre attribut étant les symboles de la vie éternelle – le serpent, parce qu'il renaît après sa mue, et les fleurs, qui reviennent au printemps nouveau ; l'image divine est coiffée de la perruque propre à Hathor.

Les dieux de l'Empire s'assemblent pour constituer, autour du roi conquérant, une barrière magique. À propos de **Ramsès III** : « **Montou** et **Baal** sont avec lui dans tous les combats, Anat et Astarté forment son bouclier, tandis qu'Amon commande par sa bouche. »

Anoukis

Le culte de la déesse Anoukis était implanté dans l'île de Sehel et dans la région voisine de la première cataracte du Nil. Elle était représentée comme une femme portant une haute coiffure végétale, de forme cylindrique, mais évasée au sommet, qui semble vraisemblablement d'origine nubienne. Anoukis était sans doute originaire de la Nubie, voisine de la première cataracte.

À Éléphantine, elle était associée, dans une triade, en tant que déesse-fille, avec le dieu bélier **Khnoum** et la déesse Satis (autre divinité de la cataracte) – selon un regroupement traditionnel de dieux voisins.

Anubis

Longues pattes fines, corps élancé, hautes oreilles dressées, le dieu-chacal Anubis hantait le soir les abords des nécropoles, en quête de nourriture. Son nom égyptien, Inpou, est un simple mot descriptif signifiant « celui qui a la forme du chacal ». Il fut le dieu principal de la capitale du 17e nome de Haute Égypte, Siout, baptisée par les Grecs Cynopolis (« la ville du chien »). Grand chien noir, il est figuré debout en sa forme animale, ou couché sur le pavillon divin servant à l'embaumement, ou bien encore comme un homme à tête de chacal.

Embaumeur d'**Osiris**, selon la très vieille légende de ce dieu, ce rôle lui valut un grand renom et la persistance de l'attribution de dieu psychopompe. Déjà, dans les textes anciens sculptés dans les pyramides royales, à partir de la fin de la Ve dynastie, Anubis est lié aux opérations de résurrection du souverain et parfois à ses devenirs astraux ; dans la pénombre du temple funéraire, les prêtres prononçaient, sur la momie du roi mort, les formules rituelles : « Tes pieds sont ceux d'un chacal, dresse-toi ! Tu viens à la voix d'Anubis, il te rend lumineux comme **Thoth**. » À partir de la XVIIIe dynastie, dans les scènes de pesée du cœur de l'homme défunt, c'est Anubis qui introduit celui-ci dans la Salle du jugement et qui manie la balance, tandis que Thot note les résultats de l'opération.

Anubis, parfois aussi Osiris, est figuré les chairs peintes en *noir*; les statues du dieu de Siout sont souvent taillées dans le bois bitumé – le bitume, utilisé pour la préparation du corps dans les cérémonies de la momification. Le noir était lié aux idées de mort et de renaissance.

Nombreux sont les lieux saints d'Anubis, le principal étant naturellement implanté à Cynopolis. Remarquable par la finesse de ses sculptures est la chapelle consacrée à Anubis, sur la seconde terrasse du temple funéraire de la reine **Hatshepsout**, à Deir el-Bahari; elle est orientée vers le nord, celle du sud étant dévolue au culte d'**Hathor**.

Apis

Le seigneur des troupeaux de bovins était le taureau, animal puissant et vigoureux, donneur de vie, symbole de l'existence qui se prolonge et se renouvelle. Le plus célèbre des taureaux sacrés demeure (de nos jours) Apis; son culte est attesté dès la Ire dynastie de l'histoire, en tant qu'image vivante de **Ptah**, vénéré à Memphis. Il fut aussi assimilé très tôt au dieu **Rê**, autre image de la vie toujours renouvelée: entre les cornes de l'animal, dans ses représentations, repose l'image du disque solaire. Quand le culte d'**Osiris** se développa, Apis lui fut associé; ils étaient tous deux symboles de la renaissance, incarnant, l'un la vie éternelle de la végétation, l'autre la vie des créatures qui se reproduisent grâce à la puissance sexuelle. Osiris-Apis fut donc considéré aussi comme un dieu funéraire garant de l'immortalité du défunt.

La « promenade de l'Apis », mentionnée sur la Pierre de Palerme dès les premières dynasties, était un rite solennel au cours duquel Apis marchait auprès du roi officiant; le monarque était censé s'assimiler ainsi les forces de l'animal.

Lorsqu'un Apis mourait, le choix d'un nouvel Apis entraînait de nombreuses démarches: les prêtres parcouraient les pâtures, afin de rechercher l'animal qui portait sur son pelage les signes sacrés; à l'origine, il s'agissait d'un taureau noir (couleur de la renaissance – voir **Anubis**), puis on choisit un taureau blanc dont le pelage comportait des taches noires : un triangle sur le front, une tache en forme de croissant sur le flanc, une forme d'aigle sur le cou.

On procédait en grande pompe aux obsèques de l'Apis défunt ; sous les XVIIIe et XIXe dynasties, chaque Apis avait un tombeau particulier, surmonté d'une chapelle funéraire ; à partir de **Ramsès II**, les taureaux sacrés eurent une sépulture commune, que les Grecs appelèrent Serapeum – du nom du nouveau dieu Sérapis, qui apparut plus tard sous **Ptolémée Ier** et qui emprunta quelques caractéristiques aux divinités égyptiennes. L'égyptologue français Mariette découvrit le Serapeum en 1850, sur le site de Saqqarah, à l'ouest de Memphis ; c'est une longue suite de couloirs souterrains, dans lesquels sont aménagées des niches servant de caveaux, où l'on retrouva vingt-quatre sarcophages, en granit ou en basalte, pesant parfois près de soixante-dix tonnes.

Ensuite, l'intronisation du nouvel Apis se faisait dans la liesse, à Memphis même, au moment de la pleine lune, symbole d'une ère nouvelle.

Aton

Si le soleil, dans la pensée religieuse, prend différentes formes, humaines ou animales, on l'appelait Aton (« le disque ») quand on parlait de l'astre comme d'une donnée positive de l'expérience.

Le nom divin est déjà attesté dans les très anciens Textes des pyramides royales. Anciennement aussi il est conçu comme un dieu bénéfique, dont les bras se tendent vers les humains, les mains chargées d'offrandes. Il est « la mère bienfaisante des dieux et des humains », « le père et la mère de tous les hommes ».

Sous le règne d'**Aménophis IV** (Akhenaton) il connut sa période de gloire. Pharaon voulut faire de lui un dieu d'État, supplantant les autres divinités. Mais la gloire d'Aton fut éphémère ; elle persista seulement pendant les quatorze ans de règne du jeune souverain. La ferveur envers les autres dieux était trop forte, et les différents clergés encore trop puissants (notamment celui d'Amon).

Dans les hymnes de l'époque, on rencontre, à propos d'Aton, l'expression « Tu es unique ». Les Modernes glosent : les Sémites d'Égypte ont pressenti, recherché, l'unicité divine. Mais cette recherche ne découle point d'un dogme, elle révèle seulement la ferveur d'un croyant pour le dieu qu'il a choisi de vénérer et qu'il place à la tête de toutes les divinités : chaque dieu est unique pour son fidèle, les textes égyptiens le prouvent :

– À propos de **Rê** : « Salut à toi, ô Rê, ô l'Unique. »

– À propos d'**Osiris** : « Tu es l'Unique, tu demeures l'être qui a existé avant toute existence. »

– À propos de **Hapy**, le dieu Nil : « Tu es l'Unique, qui s'est créé lui-même. »

– À propos du dieu-bélier **Khnoum** : « Tu es Khnoum, l'Unique, l'Unique ! »

Il ne s'agit point d'un monothéisme, mais d'un besoin de donner à un dieu parmi d'autres une place éminente, de le considérer comme unique en son cœur. Il faut se méfier des « catégories » modernes qui ne tiennent pas compte de l'esprit des peuples d'autrefois. La même pensée se retrouve à Babylone (avec le dieu Mardouk) et dans les pays de l'Orient.

Atoum

Voir **Ennéade**.

B

Baal

Dieu asiatique. Divinité agraire, à l'origine, conçue ainsi que les dieux antiques liés à la végétation (**Osiris**, Adonis) comme un symbole de résurrection.

Peu à peu, son rôle, dans l'histoire religieuse et politique du Proche-Orient ancien, devint éminent ; ses attributions se diversifièrent. Maître des puissances de vie, il participait à tous les événements bouleversants de l'univers : l'orage ou les batailles.

Son culte fut vraisemblablement introduit en Égypte par les envahisseurs hyksos (vers 1730 av. J.-C.). Il est attesté en Égypte, dès le règne d'**Aménophis II**. En tant que maître de l'orage, on considéra Baal comme le protecteur de la navigation et il fut vénéré, notamment, à Perounefer (« La bonne sortie »), le port de Memphis. À l'époque des rois **Ramsès** (vers 1300 av. J.-C.), il est présent dans toutes les grandes batailles, assurant la protection de Pharaon. Baal est souvent assimilé au dieu égyptien Seth, le dieu « rouge » ; un culte à Baal-Seth fut même institué dans l'un des temples de la capitale nouvelle créée par les Ramsès, dans le Delta.

Bastet

Déesse adorée sous la forme d'une chatte – un chat sauvage, tel que l'on pouvait en rencontrer, dès les temps préhistoriques, à la lisière du désert –, animal à queue courte, chasseur puissant et agressif, que l'on divinisa pour se le concilier. Rien à voir avec le chat domestique, que les peintres se sont plu à représenter dans des scènes familiales, assis paisiblement sous le fauteuil de son maître.

Bastet est souvent considérée comme un « aspect » de la déesse-lionne **Sekhmet**, l'une et l'autre redoutable félin, ayant parfois les mêmes attributions : elles allaitent le roi-enfant, et assurent sa protection : « Le cœur du roi appartient à Sekhmet la grande » – « Le cœur du roi est Bastet ».

Son lieu de culte principal était en la ville de Bubastis (« La place de Bastet »), dans l'est du delta du Nil. Dans son temple, les fidèles déposaient des statuettes de bronze par centaines pour s'attirer les bienfaits de la déesse ; tantôt Bastet était représentée avec un corps de femme et une tête de félin, tantôt comme une chatte allaitant ses petits, ou comme un animal dressé, prêt à bondir, mais paré de bijoux. De grandes fêtes annuelles avaient lieu à Bubastis en l'honneur de la divinité ; Hérodote, à l'époque tardive, parle de grandes foules de sept cent mille pèlerins, hommes et femmes, qui célébraient joyeusement la fête de la déesse, au cours de grandes beuveries.

D

Dedoun

Dieu d'origine nubienne, représenté sous forme humaine. Remontant le cours du Nil, en amont de la première cataracte, les Égyptiens, dès les premières dynasties de l'histoire, pénétrèrent en Nubie, puis au Soudan. Des liens idéologiques se créent ; le dieu nubien Dedoun est très tôt assimilé à **Horus** ; syncrétisme religieux destiné à « nouer » la conquête, l'alliance des divinités garantissant l'union politique par l'adhésion des consciences. Dans les textes sculptés dans les pyramides royales à partir de la Ve dynastie, Dedoun est déjà inclus dans le panthéon égyptien.

Au temps des Thoutmosis et des Ramsès, les liens s'affirment. **Thoutmosis III**, dans le temple qu'il fit construire à Semneh, dès l'an II de son règne, fait figurer une scène symbolisant son accession au trône, au cours de laquelle les dieux égyptiens « présentent » le jeune souverain aux divinités du Sud, afin qu'elles lui donnent le pouvoir sur leurs contrées – et notamment Dedoun, « qui préside à la Nubie, dieu grand, seigneur du ciel ». Dans le sanctuaire (construit dans la même ville) érigé par **Sésostris III**, et que Thoutmosis fit restaurer, figure le texte suivant : « Ma Majesté, ayant trouvé le temple de brique très ruiné, agit alors comme un fils aimant son père, après qu'on l'eut élevé pour devenir l'Horus, seigneur de ce pays du Sud. » Pour les Africains, **Ramsès II** sera également considéré comme « le fils de Dedoun ».

E

Ennéade

La divine Neuvaine.

Épris d'ordre, amoureux de belles synthèses, l'Égyptien, en des systèmes théologiques plus ou moins complexes, voulut réunir les cultes dispersés, chaque divinité demeurant maîtresse en sa « ville capitale ». Les prêtres d'Héliopolis (ville du Delta où l'on vénérait le soleil, **Rê**) furent particulièrement actifs, construisant un vaste système d'explication du monde.

À l'origine était le Noun (ou Nouou), vaste océan primordial, magma informe sans limites spatiales ni temporelles – l'espace, le temps et la lumière n'existant pas encore. Mais cette vaste étendue liquide renfermait un potentiel de vie, un principe conscient : le dieu **Atoum**, qui sera à l'origine d'une lignée dont chaque élément représentera d'abord un aspect de l'univers. Grand corps privé de vie, mais contenant celle-ci ainsi que tous les éléments du monde et les divinités, Atoum va perdre son angoissante et inutile immobilité. En un orgueilleux et magique jaillissement, Atoum surgira hors de l'informe par un acte personnel et volontaire. Le premier jour, Atoum (ou Atoum-Rê) extériorisa, par sa salive ou son crachat, deux divinités jumelles : le dieu Shou et la déesse Tefnout ; cet acte correspond à l'idée selon laquelle la bouche peut (normalement par la parole) créer des formes et conférer l'existence. Selon une autre conception, c'est de sa main active, par la masturbation, qu'Atoum, le solitaire, donna forme à ses « deux oisillons ». Le couple Shou-Tefnout présente deux dimensions : Shou figure l'air, les souffles aériens, Tefnout l'humidité nécessaire à la vie – mais l'un et l'autre figurent aussi deux aspects du temps : Shou le temps éternel, et Tefnout le temps infini.

Ce premier couple va ensuite, par les moyens de procréation naturelle, donner naissance aux grands éléments spatiaux du monde : la terre, le dieu Geb, et le ciel, la déesse Nout.

Geb et Nout, qui forment à leur naissance un couple uni, vont être séparés par Shou qui se glissera entre eux afin d'apporter l'air aux premiers éléments de l'univers. Ainsi seront séparés le ciel et la terre, qui deviennent distincts. L'image mythique montre Shou soutenant de ses deux mains le ventre et le buste étoilé de Nout, dans la position qui sera celle d'Atlas portant le monde, tandis que Geb, allongé sur le sol nouveau, tentera vainement de rejoindre sa sœur-épouse ; si la terre a des ondulations diverses (montagnes, collines...), cela est dû aux « gesticulations de Geb ».

Les limites de l'univers – temps et espace – étant ainsi créées, de même que la première configuration du monde, Atoum, après l'établissement de l'ordre cosmologique, achèvera son œuvre par l'organisation de l'ordre terrestre. Geb et Nout donneront naissance à deux couples : **Osiris-Isis**, **Seth**-Nephthys. Le premier symbolise les puissances fécondantes du sol (Osiris), le second incarne la stérilité et les bouleversements néfastes (Seth). On retrouve l'opposition naturelle, concrète, entre vallée du fleuve et désert, et l'antinomie morale entre le Bien et le Mal.

Ainsi se constitua l'Ennéade, l'ensemble des neuf divinités hiérarchiques ou complémentaires, dont l'addition rend compte de toutes les forces élémentaires en action dans l'univers créé.

H

Hapy

Hapy est le Nil sacralisé – le Nil qui apportait, dans les sables stériles de l'Égypte, l'eau donneuse de vie, ainsi que le lourd limon noir, fertilisateur, terre ferrugineuse arrachée au sol abyssin au moment de la crue du fleuve et qu'il épandait sur les deux rives de la rivière.

Hapy symbolise la fécondité, don du Nil. Il est représenté comme un être androgyne, poitrine pendante et ventre ballonné (à l'instar d'une vieille nourrice), les bras souvent chargés de fleurs, de fruits ou de poissons, la tête parfois surmontée de tiges de papyrus. Il est entouré (dans les bas-reliefs) de lignes en zigzag, qui figurent l'eau du fleuve.

Dans le temple funéraire de la reine **Hatshepsout** à Deir el-Bahari, un bas-relief représente l'allaitement par **Hathor** et par Hapy de la reine-enfant ; celle-ci, nourrie par le liquide divin, à valeur mystique, connaîtra éternelle jeunesse et immortalité. Parmi les scènes peintes figurant dans la tombe de Paser (haut fonctionnaire de Ramsès II), on peut voir le dieu Nil, avec la déesse des moissons Renenoutet, offrant à Pharaon le bâton des jubilés royaux et le signe de vie.

Hathor

La mythologie élaborée pendant quatre mille ans autour de la déesse Hathor est vaste, riche, et témoigne de la souplesse de la pensée égyptienne qui, sans cesse, évolue en créant de nouvelles images.

Déjà, pendant la préhistoire, la vache fut mise en rapport avec le ciel, confondue avec lui – car l'animal et le milieu céleste étaient également sources de vie, l'un permettant la prolifération de la vie du troupeau, l'autre prodiguant la lumière indispensable à l'existence des hommes. Datant de 4300 avant J.-C. environ, on a retrouvé une palette portant en bas-relief l'image d'une tête de vache aux larges cornes lyriformes, entourée d'étoiles. L'emblème est celui d'Hathor, dont le nom même dénonce le sens profond. Elle est *Hat-Hor*, « le château d'**Horus** », c'est-à-dire la résidence du soleil considérée en sa forme traditionnelle de faucon, maître du ciel. Horus et Hathor constituent ensemble une image harmonieuse et bénéfique de l'univers.

À partir de cette conception, les théologiens élaborèrent une vision du monde : étendu loin au-dessus de la terre, le corps d'une vache dressée sur ses quatre pattes, au ventre parsemé d'étoiles, constituait le ciel. Dans ce rôle, Hathor peut aussi prendre forme féminine : en son corps de femme, elle domine alors la terre, arc-boutée d'une part sur ses bras et ses mains qui pendent jusqu'au sol (à l'ouest), sur ses jambes et ses pieds qui constituent pour elle un étai (à l'est) ; son corps est toujours constellé d'étoiles. Le « geste » devient populaire au point que d'autres divinités l'empruntèrent : **Nout** notamment (maîtresse aussi des étendues supérieures), et plus tard **Isis** (la mère par excellence).

Mais, dans le ciel, le soleil (qui engendre la vie) peut également, dans une pensée toujours en quête d'images signifiantes, être confondu avec le taureau (dont la puissance sexuelle assure le renouvellement de la vie). Une association est établie très anciennement entre la vache-Ciel et le taureau-Soleil ; à partir de ce couple mythique, un système simple est conçu, cherchant à expliquer le mouvement du soleil autour de la terre. À l'aube, le soleil, jeune « veau d'or », naît du sexe de la vache du ciel ; à midi, parvenu en sa maturité de taureau, il féconde sa mère (qui devient ainsi également son épouse) ; au crépuscule, celle-ci engloutit, en sa bouche, l'astre qui disparaît aux yeux des vivants ; la nuit est le temps d'une nouvelle gestation dans le sein d'Hathor, qui enfantera un autre « veau d'or », le matin, à l'orient. Le soleil est alors défini comme étant le « taureau de sa mère », en égyptien *Ka-mout-ef* ; la vision devient si populaire que Kamoutef, à partir de la

XIXe dynastie, fut conçu comme une divinité indépendante, dont on adorait l'éternel cycle de vie.

Déesse céleste, Hathor, « la dorée », était la maîtresse de la joie, de la danse et de la musique ; ses prêtresses, en d'harmonieux concerts, maniaient sistres, colliers et tambourins pour célébrer dans la liesse les bienfaits de la divinité.

Enfin, parachevant sa liaison avec Horus, Hathor fut aussi associée à l'**Horus royal** et devint la protectrice de la monarchie.

Suite profuse d'images, en quête de symboles sacrés.

Le lieu de culte principal de la déesse était à Dendera (métropole du 6e nome de Haute Égypte).

Horus

Lorsque l'Égyptien levait les yeux vers le ciel, il voyait toujours un faucon planant, ailes étendues, au-dessus de la terre – le faucon pèlerin, dont la présence constante dans l'empyrée s'imposa très tôt à l'esprit des hommes. On l'appelait Horus (nom signifiant « le lointain »), nom commun de l'espèce. Les cultes des faucons Horus sont nombreux et divers, tout au long de la terre d'Égypte.

Tout d'abord, la vive sensibilité des Égyptiens confondit le ciel et l'oiseau, assimilé à son milieu naturel. À Edfou (métropole du 12e nome de Haute Égypte), on vénéra très anciennement Horus, maître des étendues supérieures. L'image fut poursuivie, se fit mythique : les deux yeux de l'oiseau sacré devinrent naturellement le soleil et la lune. Mais, pour la conscience égyptienne, recherchant toujours des images plus complètes, Horus incarna aussi l'astre céleste dominateur, créateur de vie. À Edfou, on adora très tôt l'image d'un soleil flanqué de deux larges ailes étendues, résumé graphique de cette croyance ; cette représentation de l'astre empenné figure à toute époque au-dessus des portes des temples, ou surmontant les bas-reliefs, image protectrice essentielle.

Un culte semblable se rencontre aussi à Létopolis (capitale du 2e nome de Basse Égypte), où l'on adorait le dieu Horus-Khenty-Irty, « Horus qui préside aux deux yeux » – faucon dont l'œil droit est le soleil et l'œil gauche la lune.

Remarquable est l'existence de son contraire. Horus-Mekhenty-Irty, « Horus qui ne préside plus aux deux yeux » : le dieu perd temporairement l'usage de la vue, pendant les nuits sans lune, ou durant la journée lorsque l'image de l'astre est momentanément affectée par les nuages ou les éclipses. Il agit alors pour retrouver la vision. Conséquence : auteur de sa propre guérison, Horus-Mekhenty-Irty met alors son talent au service des dieux, des aveugles ou des défunts. L'image est assez fréquente figurant une divinité anthropomorphe à tête de faucon, assise sur un tabouret et jouant de la harpe, les aveugles étant, assez souvent (selon une tradition ancienne), les harpistes dans les concerts et les fêtes.

À Héliopolis (métropole du 13e nome de Basse Égypte), qui deviendra le premier grand centre spirituel de l'Égypte, on adorait également un faucon solaire : Horakhty (ou Rê-Horakhty) : « l'Horus des deux horizons » (est et ouest) – figuré le plus souvent avec un corps d'homme et une tête d'oiseau.

D'autres faucons Horus, ayant vraisemblablement signification céleste et solaire à l'origine, ont été détournés de leur acception originelle par l'histoire ou par la légende.

Ainsi, dès 3200 avant J.-C., on vénérait un faucon à Hiérakonpolis (capitale du 12e nome de Haute Égypte) : Hiérakonpolis fut la ville du roi **Narmer**, l'unificateur et le créateur du premier royaume d'Égypte. Traditionnellement, ensuite, l'Horus d'Hiérakonpolis devint le patron attitré de la royauté. Le premier nom de la titulature pharaonique, le « nom d'Horus », fut écrit, à toute époque, depuis Narmer, à l'aide d'une composition graphique signifiante : sur une façade de palais, vue en plan, qui « contient » le nom du monarque, un faucon symbole de la protection du résident royal enserre, de ses griffes étendues, l'un des murs de la maison du souverain.

Les « hasards » géographiques peuvent aussi jouer un rôle dans l'élaboration des légendes sacrées. Ainsi, un faucon Horus était très anciennement adoré à Chemmis (dans le 19e nome de Basse Égypte) ; la proximité de la ville de Bouto, métropole du nome et l'un des premiers lieux de culte du dieu **Osiris**, valut à cet Horus d'être intégré, en tant que dieu-fils, dans la légende osirienne.

Les images, les croyances se répandent et se mêlent, créant une pensée bigarrée, témoignant d'un imaginaire illimité à partir de faits d'observation simples. Apparaissent alors des images composites assemblant les formes et les significations diverses de l'oiseau du ciel, entraînant ainsi une plus grande efficience sacrée.

Houroun

À l'époque ramesside, au temps de l'expansion de l'Empire, un dieu-faucon, appartenant au domaine sémitique et méditerranéen, adoré notamment en Canaan et au Liban, fut particulièrement vénéré en Égypte. Déjà populaire sous **Thoutmosis III**, il reçut (sans doute sous **Aménophis II**) un temple, situé près du Sphinx de Gizeh, lequel était confondu alors avec le dieu solaire sous le nom de Hor-em-Akhet, « Horus dans l'horizon ». La proximité des lieux de culte, le même appel à la forme du faucon firent que les deux divinités fusionnèrent. Il est vraisemblable que, à l'origine, ce fut une colonie d'Asiatiques venus travailler en Égypte qui établit à cet endroit le culte d'Houroun. Le dieu fut très rapidement adopté par les Ramsès, qui lui consacrèrent une chapelle dans leur nouvelle capitale, Per-Ramsès, dans l'est du Delta.

Parmi les représentations qui furent consacrées à Houroun, particulièrement remarquable est un groupe statuaire de granit, découvert à Tanis, dans les marches orientales du Delta, et actuellement conservé au musée du Caire. Il figure Ramsès II protégé par le faucon Houroun. Si le thème de la protection rapprochée d'un souverain par un dieu est assez fréquent, la mise en œuvre est ici particulière, unique : il s'agit d'une *statue-charade*, à lire comme un cryptogramme. Entre les pattes du faucon dominateur, que coiffe le *pschent* (transcription grecque du mot égyptien *pa sekhemty*, « les deux puissantes », désignant la double couronne royale), est placée une statuette de **Ramsès**, figuré comme un enfant accroupi, le chef surmonté du disque solaire, l'index droit dans la bouche (attitude enfantine traditionnelle) et tenant dans la main gauche une tige de roseau. Le nom de l'enfant-roi se lit : RÊ (nom commun du soleil), MES (mot désignant l'enfant et le fait de mettre au monde), SOU (le phonogramme du roseau servant à écrire le pronom objet). Ainsi lit-on le nom du Pharaon Ramsès : RÊ-MES-SOU, « Rê est celui qui l'a mis au monde », dont nous abrégeons la lecture en : RAMSÈS. Dans ce cas, Houroun joue le rôle ailleurs dévolu aux grands dieux égyptiens : **Horus**, **Hathor**, **Amon**, divinités protectrices de la monarchie. Il est devenu un dieu *égyptien*.

Les dieux étrangers sont alors totalement adoptés et se fondent dans le panthéon égyptien, conformément au souci de tolérance et d'universalité qui anime la pensée religieuse dans l'Égypte ancienne.

I

Isis

Les origines de la déesse sont mal connues de nous. La connaissance que nous avons d'elle vient essentiellement du rôle important qu'elle joue dans la légende d'**Osiris** : parangon de l'épouse et de la mère, grande magicienne aussi.

Elle eut de nombreux lieux de culte : de l'Iseum du Delta jusqu'à Philae (au niveau de la première cataracte du Nil), où l'on peut voir encore le sanctuaire qui lui fut consacré.

Durant les règnes tardifs des Ptolémées et des Romains, elle devint, dans le monde méditerranéen, une déesse universelle – possédant ses temples, son clergé et ses « mystères ».

K

Khepri

L'Égyptien était un observateur attentif de la nature, aimant à transposer dans le monde de l'imaginaire les gestes simples. Ainsi en est-il du dieu-scarabée Khepri, l'insecte qui correspond à notre bousier ; il était censé faire rouler devant lui le disque solaire à travers le ciel, comme l'insecte faisant sur terre rouler sa boule de fumier. D'autres mises en rapport définissent encore la personnalité divine ; si Khepri-le-scarabée devint l'une des formes les plus populaires du soleil de l'aube, cette association résultait aussi d'une recherche verbale associant la signification du mot à l'image : le verbe KHEPER signifie « venir à l'existence », « devenir » ; Khepri, « celui qui vient à l'existence », fut considéré, tout naturellement, comme le soleil du jour naissant. Une synthèse s'établit peu à peu avec d'autres divinités ; l'astre grandissait d'heure en heure ; parvenu au zénith, il pouvait alors être considéré comme un taureau, ou bien comme un homme dans toute sa force ; il était Rê, dans la gloire de midi. Le soir, sa stature s'affaissait, jusqu'à atteindre la posture courbée du vieillard, appuyé sur un bâton : on l'appelait alors **Atoum** ; la racine verbale ITEM signifiant « parvenir à son terme », le nom Atoum décrivait verbalement la fin du cycle diurne du soleil. Ainsi, par une réflexion mi-concrète, mi-spirituelle, fut constitué le dieu Khepri-Rê-Atoum, dieu « trois-en-un », qui résume en sa personne les trois moments essentiels de la vie de l'astre du jour. Il fut l'objet d'une vénération particulière et son image triple figure souvent dans les temples.

À Karnak, au nord-est du Lac sacré, s'élève, sur un socle, une statue gigantesque du scarabée Khepri, taillée dans un bloc de granit rose, vraisemblablement durant le règne du roi **Aménophis III**.

Khoum

Dieu-bélier, Khoum fut adoré dans une dizaine de villes d'Égypte : notamment à Éléphantine (métropole du 1er nome de Haute Égypte), située face à la ville actuelle d'Assouan, près du dernier écueil de la 1re cataracte. Il est le plus souvent figuré comme un homme à tête de bélier, à double encornure horizontale et torsadée (de la race du mouton saharien), différent du bélier d'**Amon**, représenté avec d'épaisses cornes enroulées autour de la tête (race égyptienne, la plus ancienne).

Il fut considéré comme un dieu créateur, de par sa fonction de géniteur du troupeau. Dans ce cas aussi, un fait géographique local a influencé l'image de la divinité : Khoum était censé façonner les petits des hommes sur un tour à potier, car il existait, dans la région d'Éléphantine, une très importante colonie de potiers, qui sera encore active beaucoup plus tard, à l'époque grecque. De même il fut le « maître de l'eau fraîche », car il semblait présider à la sortie du Nil sur la terre d'Égypte, hors des rochers de la 1re cataracte, considérés comme le lieu sacré des sources du fleuve ; dans tout le royaume, on lui adressait des prières pour obtenir une crue abondante.

Dans le souci de regroupement des cultes locaux épars, on donna à Khoum, à Éléphantine, une famille, en composant une triade avec deux déesses voisines : Satis, dont le nom signifiant « Celle de l'arc » dénonce son rapport avec les archers nubiens au sud ; elle joua le rôle d'épouse ; **Anoukis** fut considérée comme la fille de la triade.

Khoum fut particulièrement vénéré aussi à Esna (métropole du 3e nome de Haute Égypte) ; le sanctuaire bâti sous la XVIIIe dynastie fut reconstruit sous **Ptolémée VI**. Des textes importants, récemment publiés, y furent sculptés, décrivant la genèse du monde et les origines de la vie. Ces textes, écrits dans la première moitié du IIe siècle après J.-C., témoignent d'une tradition vieille de trois millénaires et de l'extraordinaire pérennité du culte de Khoum, démiurge et maître de la crue du Nil.

KHONSOU

Dieu-lune adoré sur le site de Thèbes. Il était représenté sous l'aspect d'un homme, parfois d'un enfant, portant sur la tête le disque lunaire. Les théologiens thébains l'admirent dans une triade, groupant autour d'Amon la déesse Mout, considérée comme l'épouse du dieu, Khonsou jouant le rôle de dieu-fils. Une autre divinité lunaire vénérée en Égypte fut le dieu **Thoth**. La lune, qui éclairait les déserts durant la nuit, était très vénérée par les nomades – cela dans l'ensemble du domaine asiatique, tant à Sumer qu'à Babylone, ou en Assyrie. Au sud-ouest du domaine d'**Amon** à Thèbes, **Ramsès III** fit bâtir un temple pour Khonsou.

M

Maât

Déesse incarnant la Vérité et la Justice, les deux qualités essentielles, fondamentales, dans la vie de l'Égyptien d'autrefois – si importantes qu'il les avait divinisées. La déesse Maât est représentée comme une jeune femme, assise souvent, et portant sur la tête une plume d'autruche, signe hiéroglyphique servant à écrire son nom.

La société ne saurait vivre sans Maât; tous les actes de la vie quotidienne la réclament. Les textes sapientiaux témoignent de son importance: « Importante est la Vérité-Justice, sa richesse durable [...]. C'est un chemin qui s'étend devant l'ignorant... La puissance de Maât est qu'elle dure et chaque homme peut dire à son sujet: c'est le bien que m'a légué mon père. » L'administration est placée sous sa loi: le vizir, juge suprême, est le grand prêtre de la déesse, il porte sur la poitrine une figurine de Maât. C'est Maât, le juge qui préside à l'admission du défunt dans le royaume d'**Osiris**, après sa mort sur terre – ainsi la désignent les rituels funéraires à partir de la XVIIIe dynastie. Dans la grande Salle, dite des « deux Maât » (allusion à la dualité primitive du royaume d'Égypte), est installée la balance de l'équité en présence du dieu Osiris, maître de l'au-delà: sur l'un des plateaux de la balance on place une statuette de la déesse Maât; sur l'autre plateau, en contrepoids, figure le cœur de l'homme défunt; le cœur était, dans la pensée égyptienne d'alors, le centre et le responsable de toutes les manifestations de la vie physique, de la vie affective, de la volonté et de l'intelligence. Le juste équilibre des deux plateaux témoignait de la droiture de la conduite sur terre de l'homme que l'on jugeait, et lui permettait l'accès à la vie éternelle.

La symbolique de Maât est plus vaste et plus profonde encore ; la déesse incarnait l'ordre, la juste mesure, la rectitude de la création – l'univers « vit de Maât ». Chaque jour, dans le rituel quotidien, le roi ou les prêtres offraient aux dieux d'Égypte une statuette de la déesse, « élevant » Maât jusqu'à la narine divine pour que la vie du dieu se poursuive conformément à l'ordre heureux du monde. Maât, la divine, qui veille tant au bon déroulement des saisons et des jours qu'à l'ordonnance des mouvements célestes, incarne l'éthique universelle.

Min

Dieu anthropomorphe qui, dès la plus haute Antiquité (déjà durant la préhistoire), fit l'objet d'un culte à Koptos – ville située à une cinquantaine de kilomètres au nord de Thèbes, et métropole du 5e nome de Haute Égypte. Sa signification est évidente quand on regarde ses représentations ; Min a le corps étroitement enserré dans une gaine, qui symbolise l'écorce de l'arbre contenant les puissances de vie toujours renouvelées du végétal. Divinité ithyphallique, Min tient dans sa main droite, surgissant hors de la gaine, le long phallus dressé et raide, tandis que le bras gauche haut levé brandit le flagellum ou chasse-mouches royal. Min est, à l'évidence, un dieu de la génération « le taureau qui couvre les femelles ». Les Grecs le comparèrent à Pan, les Romains à Priape. Ses chairs sont souvent peintes en noir ; la couleur est celle du bitume et des ingrédients carbonisés, substance vivifiante, dont on enduisait le corps divin – le noir évoquant la fertilité (noir est le limon qu'apporte la crue du Nil pour fertiliser la terre d'Égypte) et la puissance vitale, la virilité toujours renaissante. Il se peut qu'à l'origine Min ait été un dieu du ciel : ce qui expliquerait pourquoi ses chairs sont parfois aussi peintes en bleu et pourquoi deux grandes rémiges de faucon dominent le mortier qui le coiffe ; il est alors appelé « l'Horus qui lève le bras » (**Horus** : nom habituel du faucon).

Parfois encore un bandeau ceint la tête du faucon-Min, bandeau analogue à celui qui entoure la tête des Bédouins du désert. Hypothèse : Min aurait pu être un très ancien dieu des bords de la mer Rouge, amené en Égypte par les caravaniers à travers les déserts.

De grandes panégyries avaient lieu chaque année en l'honneur de Min et des puissances génitrices de l'univers – attirant un grand nombre de pèlerins et un peuple nombreux. La fête de la « sortie de Min » (connue surtout par les représentations et les textes de l'époque ramesside) avait lieu chaque année au premier mois de la saison sèche, c'est-à-dire vers la fin du mois de mars, au temps des moissons. Les forces créatrices du dieu et celles de la terre se confondaient pendant la liesse des hommes.

Montou

Si le faucon est essentiellement mis en rapport avec le ciel (son milieu naturel), un autre aspect de l'oiseau avait sollicité l'imagination des Égyptiens : celui de prédateur. Vénéré dans la région thébaine, Montou fut considéré en ce lieu comme une divinité agressive, voire guerrière. Montou, figuré comme un faucon ou un homme à tête de faucon, peut aussi prendre la forme du taureau, animal agressif également. Il n'y a pas d'antinomie dans la pensée égyptienne, l'apparence est secondaire, l'essentiel réside dans leur valeur sensible.

N

Nefertoum

Une plante avait été particulièrement remarquée par les Égyptiens : le lotus – appelé *sesheshen* en égyptien ; ce nom est à l'origine, *via* la langue arabe, de notre prénom Suzanne ; les fleurs, appelées *nennefer,* « les belles », sont devenues pour nous « nénuphar » – lotus étant le nom latin.

Le lotus fut l'emblème primitif du jeune dieu de Memphis, Nefertoum, figuré comme un enfant portant le doigt à sa bouche ou comme un jeune homme sur la tête duquel s'épanouissait la fleur sacrée. Parfois c'est de la corolle de la fleur que surgissait la tête du jeune Nefertoum, dont le corps se confondait alors avec le végétal. Il fut très anciennement mis en rapport avec l'astre solaire, à la suite d'un fait d'observation quotidien : à l'aube, la fleur ouvrait ses pétales, qui se refermaient le soir quand l'obscurité recouvrait la terre. À partir de ce fait, les prêtres memphites élaborèrent une théologie simple : à l'origine du monde, dans le chaos liquide encore inorganique, surgit un jour un lotus bleu (« lotus pur né de la terre humide ») ; en s'ouvrant, la fleur devint le berceau du démiurge solaire qui reposait dans la corolle déclose : « son calice est d'or, ses pétales de lapis-lazuli », image colorée du ciel à venir. Lumineux déjà, l'astre préparait son jaillissement au premier jour de la genèse du monde.

Le souci de syncrétisme local, à Memphis, rassembla une triade divine : **Ptah**, le dieu-père – **Sekhmet** : la déesse-mère – Nefertoum, le dieu-fils.

Neith

Déesse archère, particulièrement vénérée dans la ville de Saïs (capitale du 5e nome de la Basse Égypte, dans la partie occidentale du delta du Nil). L'enseigne préhistorique du nome était constituée par deux flèches disposées en croix sur une peau d'animal. Neith, durant toute la période historique, est figurée comme une femme portant en ses mains deux flèches, et parfois un arc ; elle peut aussi, dans ses représentations classiques, porter ces attributs sur la tête. L'ancienneté de son culte est largement attestée dans l'onomastique des noms de reines ; les deux flèches croisées servent aussi de motifs décoratifs sur des vases crétois, contemporains des premières dynasties d'Égypte.

Sa protection guerrière « aplanit le chemin » devant les souverains et les dieux – les hommes aussi. Elle assoupissait avec ses flèches les fantômes et les êtres malfaisants qui rôdent pendant la nuit : on sculptait son image sur les chevets que les Égyptiens utilisaient pour dormir.

La nature de Neith est particulière : féminine essentiellement pendant la période pharaonique, masculine parfois. On remarque que, à Saïs (son lieu de culte originel), elle n'est associée à aucun dieu mâle ; on lui attribue seulement un fils : le dieu-crododile **Sobek**. Certaines représentations la montrent allaitant deux crocodiles à la fois ; la recherche de synthèse, de cohésion religieuse, l'emporte sur la réalité matérielle. Son clergé, comme celui d'Hathor, fut presque uniquement composé de prêtresses. Mais, plus tard, dans les textes retrouvés à Esna, dans le temple de Khnoum (époque de Trajan), elle est appelée « le père des pères, la mère des mères,… issue d'elle-même alors que la terre était encore dans les ténèbres… Tout ce que son cœur contenait vint alors à l'existence ». Déesse-démiurge, aussi.

O

Osiris

Dieu agraire, à l'origine, incarnant les forces immortelles, toujours renouvelées, de la terre et des plantes, Osiris est sans doute pour nous le plus connu des dieux égyptiens, dont les lieux de culte furent nombreux sur les rives de la Méditerranée.

Il fut d'abord vénéré dans la ville de Busiris, située dans la partie occidentale du Delta. Peu à peu se rassemblèrent autour de sa personne les divinités des localités voisines, dans le cadre de la famille : **Isis**, adorée dans le 12e nome de Basse Égypte, fut considérée comme son épouse ; **Horus**, vénéré à Chemmis dans le 19e nome de Basse Égypte, devint le dieu-fils. Puis les lieux de culte d'Osiris, présidant aux puissances fécondantes de la terre, se font de plus en plus nombreux ; il s'associe avec les divinités importantes qui concluent un « compromis » avec ce dieu dont la popularité est grandissante. Les théologiens d'Héliopolis l'incluent dans l'**Ennéade** : il y fut admis comme le fils de Geb et de Nout, et le frère de Nephthys et de **Seth**. À Memphis, auprès de **Ptah**, il s'adjoignit Sokaris, puissance chtonienne et dieu funéraire de la nécropole. En Haute Égypte, il s'installa à Abydos, qui deviendra son lieu de culte essentiel et un grand centre religieux ; à partir de la XIe dynastie, il y supplanta le dieu Khenti-imentiou (« le premier des Occidentaux ») et prit ses attributions funéraires.

Ainsi se constitua peu à peu une personnalité divine – complexe, riche et forte. Osiris est représenté comme un dieu étroitement gainé (la « gaine » évoquant l'écorce de l'arbre, qui donne au dieu ses forces de renaissance végétale). De la gaine, sortent les bras, tenant les attributs de la royauté : le sceptre et le fouet chasse-mouches. Il est coiffé de la haute mitre blanche, parfois flanquée de deux grandes plumes d'autruche. Les chairs d'Osiris sont quelquefois peintes en noir, plus souvent en vert – couleurs de la renaissance.

Une légende, assemblant les traits pris à des sources diverses, se constitua autour de la personne d'Osiris. Les légendes sont diverses : la plus « égyptienne » et la plus ancienne est inscrite dans les textes sculptés dans les pyramides royales à partir de la Ve dynastie. La plus récente, celle présentée dans le *De Iside et Osiride* de Plutarque, à l'époque grecque (trois mille ans après les Pyramides), « brode » autour du texte ancien et révèle des influences spirituelles autres. Version des Pyramides : Osiris, fils de Geb et Nout, était le roi de la terre, un roi aimé, qui avait enseigné aux hommes l'agriculture et les arts. Mais il était jalousé par son frère Seth : celui-ci « lia » Osiris, le « tua » et jeta son cadavre dans l'eau du Nil. Les dieux furent dans l'affliction ; alors Isis (sa sœur-épouse) et Nephthys (la femme de Seth), après avoir exprimé leur chagrin dans de grandes lamentations, se mirent en quête de la dépouille d'Osiris. Ensuite, sa mère Nout, pour sauver le corps de son fils de la putréfaction, « lie » à nouveau ses os, replace son cœur dans son corps et lui remet la tête (actes symboliques d'une nouvelle naissance). Le dieu **Rê** anime le corps reconstitué, assurant ainsi définitivement sa vie nouvelle. Du dieu ressuscité Isis conçoit Horus, qu'elle élève secrètement dans les marais de Chemmis, afin que l'enfant échappe à la vindicte de son oncle Seth. Devenu adolescent, Horus veut venger son père et provoque Seth en combat singulier. Seth arrache l'œil d'Horus et celui-ci émascule son rival (ainsi la trahison et la méchanceté demeureront-elles stériles). Horus donne l'œil retrouvé à son père, qui recouvre ainsi la vue : ce geste, l'offrande de l'œil *oudjat* (« œil sain »), devint un moment important du culte funéraire ; de nombreuses amulettes figurent cet œil, symbole de rattachement fidèle du fils au père. L'assemblée des dieux se réunit alors et proclame juste la cause d'Horus, qui monte sur le trône d'Osiris, devenant ainsi roi de la terre. Quant à Osiris, il allait régner désormais dans le monde souterrain, protégeant les défunts et assurant leur survie.

Rê-Horakhty demande que Seth vienne dans le ciel « en sa compagnie… il hurlera dans le ciel et on aura peur de lui ».

Ce n'est pas là le récit d'aventures purement imaginaires ; les différents épisodes de la légende possèdent souvent une valeur mythique. Que le corps d'Osiris jeté à l'eau devienne « vert et noir » (couleurs du printemps égyptien quand les blés en herbe sortent du limon) ou que, dans la version rédigée par Plutarque, les quatorze morceaux du dieu démembré soient dispersés sur le sol, Osiris demeure une divinité agraire, symbole de la fertilité éternellement renouvelée. « Vigoureux en sa jeune eau », il représente aussi la crue périodique fécondante. La légende osirienne est une part du vieux légendaire sémitique qui présente d'autres récits proches et de valeur analogue : en Phénicie avec Baal, à Byblos avec les aventures d'Adonis.

De grandes fêtes annuelles faisaient revivre la passion d'Osiris. À Abydos, à partir de la XIe dynastie, elles avaient lieu à la fin du mois d'octobre – saison où les eaux de l'inondation se retiraient et laissaient la terre fécondée par le limon. Durant ces fêtes, les aventures du dieu étaient célébrées en de grandes représentations « théâtrales », animées par des prêtres portant des masques imitant le visage des différentes divinités.

P

PTAH

Ptah est un dieu très ancien, vénéré, dès l'origine, dans la capitale du premier royaume d'Égypte : Memphis, à la pointe du delta du Nil, à la jonction de la Haute et de la Basse Égypte. La ville fut capitale du royaume pendant les six premières dynasties, ce qui valut à Ptah un rôle éminent dans l'histoire religieuse.

Ptah est représenté comme un homme debout, tête rase, portant parfois une courte calotte. Son corps est compris dans une gaine, des rubans pendant le long du dos ; de la gaine, sortent seulement les bras tendus, les mains tenant le sceptre royal *ouas* auquel s'ajoutent parfois, en superposition, la croix ansée *ankh* et le pilier *djed* (trois figures exprimant la force, la vie et la stabilité) – la gaine évoquant, nous l'avons déjà dit, l'écorce de l'arbre, qui recèle le *pouvoir créateur* toujours renouvelé de la végétation, ainsi communiqué à Ptah.

Ptah est donc avant tout conçu comme un maître de création. Son nom même est signifiant : « celui qui façonne ». Si profondément ressentie était l'œuvre de Ptah, patron des artisans notamment, que le grand prêtre de son clergé s'appelait « le grand chef de tous les artisans », titre qu'aucun autre clerc ne possédait. L'œuvre de Ptah-démiurge est très particulière. Il créa l'univers, les dieux, les êtres et les choses, non par des moyens matériels ou humains, mais par l'*esprit* – par l'intelligence et le Verbe, fonctions dépendant de deux organes essentiels : le *cœur*, qui conçoit toute pensée, siège de la sensibilité, centre moteur de l'être, et la *langue* qui, en prononçant un mot, donne réalité à l'existence de ce que celui-ci exprime, concrétise ce que le cœur a pensé et voulu. Le mécanisme de cette création intellectuelle, élaborée par les grands prêtres de Ptah, nous est connu grâce à un texte suivi, retrouvé sur une grande stèle de granit, « recopié » par le roi Shabaka (XXVe dynastie) d'après le manuscrit original, qui existait encore à cette époque dans le temple de Memphis. « Toute parole divine vient à l'existence, selon ce que le cœur a conçu et ce que la langue a ordonné. »

Vénéré dans la capitale du royaume, Ptah fut également conçu comme un dieu-roi ; il porte le même titre que Pharaon, « roi du Double Pays ».

Ayant assimilé en partie le dieu Sokaris (divinité de la nécropole memphite) et ses attributions, Ptah poursuit son œuvre de vie dans l'au-delà auprès des défunts.

Ptah demeura, tout au long de l'histoire égyptienne, une divinité « indépendante » – échappant à la solarisation du panthéon sous la XIIe dynastie. Ptah fut un dieu essentiel qui, dans son œuvre de création, donna à l'*esprit* un rôle majeur. À l'époque des Ramsès, la grande trinité sacrée sera composée d'**Amon**, de **Rê** et de Ptah – trois figures divines que l'on peut contempler encore dans la pénombre du Saint des Saints du grand temple d'Abou Simbel. Il sera seulement, comme la plupart des dieux, pourvu d'une famille : une épouse, la déesse-lionne **Sekhmet** – un fils, le jeune dieu-lotus **Nefertoum** – toutes divinités adorées dans la région memphite.

R

Rê

Rê est le nom qui désigne le soleil.

Dès les temps anciens, il fut adoré, de par son essence même, dans de nombreuses villes d'Égypte ; mais sa métropole essentielle demeura, tout au long de l'histoire, la ville que les Grecs, beaucoup plus tard, baptisèrent Héliopolis : Iounou, en égyptien, située au nord-est du Caire actuel, en bordure du désert.

Le roi, conçu comme un être divin, un personnage sacré, fut naturellement mis en rapport très tôt avec lui. Dans un premier temps, dès la IVe dynastie, et plus encore sous la Ve, un syncrétisme religieux, presque étatique déjà, s'élabora autour du dieu Rê. Monuments et textes affirment cette primauté solaire, intimement liée au souverain. Un lien étroit, charnel presque, confondit le dieu et le Pharaon, conçu comme le « fils de Rê » – titre qui figura ensuite dans la titulature royale à toute époque.

Certains éléments architecturaux attestent aussi de ce lien. À partir de la Ve dynastie et jusqu'à la fin de celle-ci, sur la face est de la pyramide (monument funéraire royal, baptisé *pyramide* par les Grecs – *mer* en égyptien), on vit apparaître, à côté du temple funéraire (dit temple haut) où un culte quotidien était rendu au monarque défunt, un temple solaire au service de Rê (temple bas). Les ruines actuelles du temple d'Abou-Gourob (situé en bordure du désert libyque, à quelques kilomètres au nord-ouest de Memphis), construit par le roi Neouserrê (Ve dynastie), permettent de reconstituer le dispositif d'ensemble de ce lieu saint. Il s'agissait d'un temple à ciel ouvert, pour que Rê puisse pénétrer plus aisément en sa demeure ; on accédait par un simple portique à une grande cour, au centre de laquelle s'élevait l'autel ; derrière celui-ci se dressait une pyramide tronquée, surmontée d'un énorme obélisque, dont la forme apparaît ici pour la première fois. L'obélisque égyptien (*benben*) figure la pierre sur laquelle le soleil luisit, lorsque, sortant du chaos originel, il créa l'univers et lui donna la lumière. L'obélisque est une manifestation du culte des *bétyles* (*bet el*: la maison de dieu) très répandu dans les civilisations sémitiques ; le bétyle est une pierre sacrée, considérée comme la demeure d'une divinité. L'obélisque est la *maison de Rê*. La pyramide même représente un pan de lumière solaire figé sur la terre.

Les mythes inspirés par le soleil sont nombreux. Beaucoup se rattachent aux aventures encourues par le dieu durant son voyage diurne dans le ciel-d'en-haut. Dès son apparition au Levant, lumière jaillissante, il est accueilli par un chœur de cynocéphales, tandis que les hommes et les animaux dansent de joie. Rê monte dans son Navire du jour et navigue sur le Nil céleste (le ciel étant conçu comme un décalque de la terre), où des embûches lui sont parfois tendues. Parvenu au terme de son voyage supérieur, au Ponant, il change de navire ; il se fait alors haler dans le Navire de la nuit, au cours des douze heures qui précéderont son arrivée nouvelle au Levant ; cette lumière qui passe sur le Nil inférieur (autre effet de décalque) apporte aux défunts qui se pressent sur les rives du fleuve-d'en-bas un renouveau de vie. Rê croise donc Osiris, maître du domaine souterrain, durant ce périple ; les deux divinités, antagonistes peut-être d'abord, deviendront peu à peu des compagnons complémentaires, assurant la vie nouvelle des défunts.

S

Sekhmet

Désse-lionne.

Le lion était la proie recherchée des grandes chasses royales au désert. C'est dans le désert que vivait le lion, se nourrissant de petit gibier ; mais le soir, pour étancher sa soif, il s'approchait des terres habitées, afin de boire l'eau des oueds tributaires du Nil. Naturellement, les hommes, apeurés, voulurent se faire un allié de ce fauve redoutable. C'est la lionne qui fut déifiée ; elle était sans doute plus agressive que le mâle et c'est elle qui chassait afin de quérir la nourriture pour ses petits.

La déesse Sekhmet (nom qui signifie « la puissante ») fut vénérée notamment dans la région de Memphis (1er nome de Basse Égypte), où elle était considérée comme l'épouse du dieu **Ptah**. Le plus souvent, dans ses représentations, Sekhmet trône en majesté, figurée telle une femme à tête de lionne. Elle est souvent associée, dans le culte qui lui est rendu, à **Bastet**, la déesse-chatte. La chatte, proche de la lionne, est la réplique adoucie du grand fauve du désert ; on la réjouissait au moyen de la danse et de la musique.

Élément féminin et fécond, la lionne Sekhmet peut, dans la pensée religieuse, concevoir et enfanter le roi, qui participera de sa nature divine et dont elle sera la protectrice naturelle. Animal puissant et batailleur, elle sera auprès du souverain dans les combats et assurera la sauvegarde de l'Égypte.

Dans le sanctuaire que le roi **Aménophis III** fit construire, au sud du temple d'**Amon-Rê**, à Karnak, pour la déesse Mout (parèdre d'Amon), on a retrouvé plusieurs centaines de statues en granit noir de la déesse léontocéphale Sekhmet, assimilée à Mout. La même présence divine multiple se retrouve dans le temple funéraire d'Aménophis III à Kom el-Heitan (rive gauche thébaine) ; chaque statue présentant dans le texte qu'elle porte une épithète différente de Sekhmet, l'ensemble constituait une grande litanie de pierre en l'honneur de cette divinité.

Seth

Voir Osiris.

Sobek

Guettant infatigablement sa proie, tapi dans les marais du Nil, ou nageant à fleur d'eau dans le fleuve, le crocodile était, pour les hommes et les animaux, un redoutable danger. Certes, on le chassait, le transperçant avec un harpon à la pointe acérée de silex. Mais, pour l'esprit égyptien, il semblait plus bénéfique de lui rendre hommage comme à un dieu, afin de se le concilier par des rites cultuels. Les poissons constituaient sa nourriture essentielle, mais il happait dans sa gueule tout ce qui passait à sa portée : le pêcheur, le berger des marais, la lavandière…

Le dieu Sobek (dont le nom signifie « le patient », « l'avisé » – allusion à ses veilles secrètes et meurtrières) était représenté soit comme un homme à tête de crocodile, soit sous forme entièrement animale, la tête surmontée du disque solaire. C'est une identité de « *geste* », à l'origine, qui valut à Sobek d'être associé au culte solaire : le crocodile surgit soudain des eaux du fleuve après une longue attente, comme le soleil avait soudain jailli de l'océan primordial au premier jour de la création. Le plan matériel et le plan mythique ne sont pas nécessairement dissociés dans la pensée égyptienne.

Ses lieux de culte sont assez nombreux. Sous la XIIe dynastie, il fut vénéré notamment dans le Fayoum, près du lac Karoun, dans la ville baptisée plus tard par les Grecs Crocodilopolis – où il était considéré comme le maître de l'univers. Mais son lieu de culte essentiel était à Kom Ombo (dans le 2e nome de Basse Égypte, à cinquante kilomètres au nord d'Assouan) ; le temple que l'on visite de nos jours est en fait celui qui fut reconstruit à l'époque gréco-romaine, le temple ancien étant tombé en ruine. Le monument est assez remarquable car le culte qui y était rendu était double, s'adressant aussi à un faucon solaire, le dieu Her-Our (« le grand Horus » – Haroeris, plus tard, pour les Grecs).

Le culte de Sobek fut particulièrement durable ; il était encore assuré bien après les débuts du christianisme : on a retrouvé un papyrus, datant de l'empereur romain Hadrien (vers 135 ap. J.-C.), qui énumère les localités égyptiennes où l'on vénérait toujours Sobek-le-crocodile.

T

Thot

Dans la « forêt » dense des bords du Nil, monde animal et monde végétal se mêlaient dans un fourmillement de vie. Parmi les hautes tiges de papyrus (qui pouvaient alors atteindre jusqu'à six mètres de haut), des oiseaux de toutes sortes volaient et tournoyaient, leur caquetage et leurs chants créaient un univers de bruit, tandis que leurs plumes multicolores assuraient le charme visuel.

Silhouette élégante et fine, hautes pattes élancées, l'ibis nichait dans les marais, ou dans les hautes corolles décloses des papyrus. Corps blanc, tête, cou et queue noirs, il était un élément familier du paysage d'Égypte. Les Égyptiens le considérèrent très tôt comme un oiseau bénéfique, car il détruisait les reptiles, animaux dangereux qui vivaient dans les marais des bords du fleuve ou jusque dans les terres voisines. Cela lui valut d'être considéré comme un dieu de l'ordre, de la mesure et du juste équilibre. Passant du plan matériel (résultant de faits d'observation concrets) au plan mythique, Thot (*Djehouty*, en égyptien) sera le dieu qui remédie aux décroissances mensuelles de la lune, nuisibles, selon la pensée égyptienne, au juste équilibre du monde. Sa signification lunaire est très ancienne, et, très vite, son culte se répandit, depuis le Delta (d'où il est sans doute originaire), dans toute l'Égypte ; son lieu de culte essentiel est la ville d'Hermopolis (métropole du 15e nome de Haute Égypte).

Les représentations de Thot sont diverses, au cours du temps et de l'histoire. Assez rarement figuré en sa forme d'oiseau, il est représenté, plus fréquemment, comme un homme à tête d'ibis, souvent coiffé du croissant lunaire. Dieu-lune, on le considère très tôt comme l'associé de **Rê** en son séjour céleste : « Les deux compagnons qui traversent le ciel, Rê et Thot » – divinités complémentaires qui donnent la lumière aux hommes. Un fait d'histoire religieuse lui conféra aussi la forme de babouin : lorsque Thot, à l'époque pharaonique, se fixa à Hermopolis, il y rencontra d'autres divinités plus anciennes vénérées en ce lieu – et notamment un babouin. De même qu'il n'y a pas d'antinomie entre les formes, il n'y a pas d'antagonisme entre les croyances : et Thot, dans un souci d'alliance avec des divinités plus anciennes, fut aussi représenté comme un babouin accroupi, coiffé du disque lunaire.

Dieu de l'ordre et de la mesure, Thot règne, semble-t-il, sur toutes les opérations intellectuelles. Il est le « prince des livres », l'inventeur du langage et de l'écriture. Aussi devient-il, tout naturellement, le patron des scribes. Souvent, dans les sculptures, un babouin est représenté assis sur l'épaule du scribe écrivant ; ou bien l'animal sacré trône en majesté, perché dans le dos de l'écrivain. Il est également le maître des chiffres, calculateur du temps, des années, des diverses divisions temporelles. Il est, toujours dans cette même acception, le greffier, le secrétaire des divinités : celui qui enregistre les résultats de la pesée du cœur du défunt (voir **Maât**), celui qui inscrit, lors de l'avènement d'un nouveau souverain, les noms du monarque sur les feuilles de l'arbre sacré. Il est encore le maître magicien, qui connaît les formules de vie tenues dans un lieu secret, lesquelles permettaient tant la guérison d'un malade que l'enchantement du monde.

Toueris

L'hippopotame, animal herbivore, n'était pas physiquement dangereux pour l'homme ; mais le paysan du Nil le considérait comme un ennemi ; car, venus en troupe depuis les marais, les hippopotames saccageaient les plantations, se nourrissant des jeunes pousses et piétinant la terre sous leur poids. On chassait donc l'animal avec un harpon, à la pointe de silex, comme pour le crocodile. Mais l'homme préféra se le concilier lui aussi en lui rendant des hommages cultuels.

On divinisa l'animal femelle, baptisée Toueris (*Ta-our*, en égyptien – « la grosse »), image même de la fécondité avec son ventre lourd aux flancs graisseux. On la représenta comme un être composite : Toueris est le plus souvent figurée debout, dressée sur ses pattes postérieures ; son corps d'hippopotame est pourvu d'une gueule de crocodile, de pattes de lion et de mains humaines – éléments permettant à la déesse, éventuellement, une défense efficace, destinée à éloigner les mauvais esprits et les influences néfastes. Elle protégeait notamment les femmes enceintes (dont la silhouette alourdie évoquait celle de Toueris) et assistait traditionnellement les reines et les femmes lors de leur accouchement.

De très nombreuses statuettes (de faïence notamment) la représentaient, appuyée souvent sur le signe hiéroglyphique de la protection magique, tandis que sur son corps étaient peintes les fleurs et les herbes flottantes de son milieu natal.

Chapitre 2

PHARAONS ET REINES DE L'ÉGYPTE ANCIENNE

Avant-propos

De 3200 avant J.-C. jusqu'en 333 (date de la conquête de l'Égypte par le roi de Macédoine, Alexandre le Grand), trente dynasties royales se succédèrent sur le trône d'Égypte – ce qui représente près de trois cents monarques, dont nous ne citerons ci-dessous que les plus remarquables.

Le roi s'appelle traditionnellement en égyptien (depuis Oudimou, le cinquième souverain de la Ire dynastie) *ne-soutbit,* « celui qui appartient au roseau et à l'abeille » – éléments représentatifs de la flore et de la faune des deux « parts » de l'Égypte, pour une monarchie qui se veut unificatrice. Transmis par la Bible, le mot « Pharaon » vient de l'égyptien *per-aâ*, « la grande maison », qui, après avoir désigné le palais, a fini par s'appliquer à son prestigieux habitant. Mais à aucun moment de l'histoire le mot n'a servi de titre *officiel* au roi ; il n'est d'ailleurs d'usage qu'à partir du Ier millénaire avant J.-C. Le terme a simplement été consacré par nous à l'époque moderne.

Le roi d'Égypte est d'essence divine, engendré par les dieux ; se confondant d'abord avec **Horus**, il est aussi considéré comme le fils de **Rê**. Il est un *dieu*, auquel, au temps de **Ramsès II** notamment, on rendit un culte. Sommet d'une société très hiérarchisée, il incarne l'omnipotence du gouvernement, il est l'instance supérieure de tout élément directeur du pays. Il possède le don de l'omniscience, « tout ce qu'il ordonne se réalise ». Il fait régner la justice, protégeant le faible et assurant le bonheur de ses sujets. Il est le héros qui, seul au milieu de la mêlée, massacre les ennemis, pour la sauvegarde du pays. L'harmonie du monde et la bonne marche du cosmos dépendent de lui.

A

Amenemhat

Quatre rois de ce nom régnèrent en Égypte, entre 2000 et 1785 avant J.-C. Leur nom, qui signifie « Amon est le premier », souligne la montée en puissance, à ce moment, du dieu de Thèbes ; ils font partie de la XIIe dynastie.

Les Amenemhat furent des rois réformateurs ; l'une de leurs tâches essentielles fut de remettre de l'ordre dans le pays, de réorganiser l'administration, de redresser l'économie, après la grave crise sociale qui, durant près de deux siècles, avait bouleversé le royaume du Nil (de 2263 à 2040 av. J.-C. environ).

Amenemhat Ier parcourt le pays, brise certaines résistances intérieures et fait réviser les cadastres. Afin que sa succession ne présente pas de difficultés, il nomme son fils **Sésostris** (le futur Sésostris Ier) corégent et le charge de mener des campagnes en Nubie, en Libye et en Asie contre les populations toujours attirées par les richesses de l'Égypte ; il l'associe aussi au pouvoir intérieur. Brisant les ambitions personnelles des nobles provinciaux, il redonne à la Cour son rôle de centre de l'administration. Il fixe la capitale du royaume à Lisht, à la limite de la Haute et de la Basse Égypte, s'éloignant ainsi de Thèbes.

Les souverains, notamment Amenemhat III, aménagent, grâce à de grands travaux, l'oasis de Fayoum (au sud-ouest du Caire actuel). On organisa un système de canaux, régularisant la distribution de l'eau et créant ainsi une grande plaine fertile. Une écluse commandait l'arrivée de l'eau ; un grand barrage protégeait la vallée contre le danger que l'accumulation des eaux (en période de crue) aurait pu constituer.

AMÉNOPHIS

Quatre rois de ce nom régnèrent en Égypte durant la XVIIIe dynastie. Le nom Aménophis (d'usage pour nous) est en fait la transcription grecque du mot égyptien : Imenhotep, signifiant « Puisse Amon être satisfait ».

AMÉNOPHIS II (1450-1425 av. J.-C.)

Fils de **Thoutmosis III**. Il était âgé d'environ dix-huit ans lorsqu'il monta sur le trône d'Égypte. Son père l'avait déjà, de son vivant, associé aux affaires, en qualité de corégent, pendant environ deux ans. Comme ce dernier, Aménophis II fut un roi athlétique et sportif, accomplissant des exploits surhumains ; puissant chasseur, il fut surtout un archer redoutable, pouvant, en saisissant quatre flèches à la fois, transpercer quatre cibles en cuivre d'Asie (inscription sur stèle).

Héros d'une royauté triomphante, il mena, en Asie, deux campagnes militaires. En l'an VII de son règne, il atteignit l'Euphrate ; beaucoup parmi les princes des villes sortaient de leurs citadelles, sans coup férir, pour l'accueillir, tant était grand son prestige militaire. Un traité d'amitié fut signé alors avec le roi du Mitanni. En l'an IX, des engagements locaux, vite résolus, ont lieu à nouveau en Syrie septentrionale ; il triomphe encore de la citadelle de Kadesh, sur l'Oronte, ennemie traditionnelle des rois du Nil. Le dieu **Amon-Rê** lui apparaît en rêve et le guide, assurant sa protection magique. Le rayonnement de l'Empire d'Égypte est immense alors dans l'ensemble du Proche-Orient.

Karnak et la Nubie (notamment à Amada) sont le centre de son activité constructrice. Mais il bâtit des temples pour « ses pères les dieux » tout au long de la Vallée.

AMÉNOPHIS III (1408-1370 av. J.-C.)

Fils de Thoutmosis IV, Aménophis III succéda à son père pour un long règne de trente-huit ans. Sa mère était une princesse mitannienne, fille du roi Artatama Ier ; pour la première fois, un Pharaon avait fait d'une étrangère sa « grande épouse », sacrifiant ainsi au souci de paix l'idée ancienne de la pureté du sang égyptien. Aménophis III renouvela les traités d'alliance, signés par ses prédécesseurs avec le Mitanni et avec **Babylone***. Ces alliances défensives étaient soutenues par de nombreux autres mariages politiques : il épousa la sœur du roi du Mitanni (qui était en fait son cousin), puis la sœur et la fille du roi de Babylone. Mais, en revanche, il semble bien que Pharaon répugnait à donner en mariage l'une de ses filles à un souverain étranger.

L'Égypte était alors la plus grande puissance financière du monde ; l'or entraîne des amitiés précieuses. La correspondance échangée entre les Cours orientales le prouve. Ces lettres témoignent de l'existence, à cette époque, d'ambassadeurs (chaque fois accrédités pour une mission spéciale et non pour un poste fixe), tandis qu'apparaissent les éléments d'un premier droit international, dont Babylone était sans doute la source première. La diplomatie joua un grand rôle durant le règne d'Aménophis III. En revanche, il y eut peu d'expéditions militaires : l'Empire était stable, l'économie prospère.

À la Cour, un personnage joua un rôle important, ce fut la « grande épouse royale », Tiy, qui appartenait à une famille égyptienne d'origine moyenne ; Tiy était une tête politique, conseillant le roi (plus ou moins heureusement parfois). À la Cour encore, Aménophis III épousa aussi plusieurs de ses filles, préludant ainsi aux expériences conjugales des **Ramsès** ; ce qui aurait été considéré comme un inceste impardonnable pour le commun des mortels ne pouvait l'être pour le roi, d'essence divine, échappant donc aux lois des humains.

Aménophis III poursuivit la politique de construction de temples. À Louxor, notamment, il bâtit un nouveau lieu saint, remplaçant celui élevé précédemment par la XIIe dynastie. Dans le sud, le souverain fit bâtir pour Amon l'un des plus beaux temples du Soudan : à Soleb, entre la 2e et la 3e cataracte, sur la rive gauche du Nil. En l'an 30 de son règne, il fit aussi construire à Thèbes, sur la rive gauche du fleuve (rive désormais traditionnelle des tombeaux de la Vallée des Rois), un nouvel ensemble résidentiel : le palais de Malqata – vraisemblablement pour échapper à l'emprise de l'ambitieux clergé d'**Amon**, qui « régnait » sur la rive droite.

Aménophis IV ou Akhenaton (1370-1354 av. J.-C.)

Il était le fils unique d'Aménophis III et de la reine Tiy. Alors adolescent de quinze ans, prince mystique, il allait bouleverser pendant dix ans ce qu'avaient instauré ses prédécesseurs sur le plan politique et religieux. La rupture se produisit en l'an IV de son règne : désormais, la divinité éminente sera **Aton**, le soleil figuré avec des bras aux mains tendues vers la terre et les humains. Le roi prit alors le nom d'Akhenaton (« Celui qui satisfait Aton »). Il abandonna la capitale de ses ancêtres et construisit une nouvelle ville, devenue dès lors centre du gouvernement et résidence de la famille royale, à Tell-el-Amarna, à trois cent vingt kilomètres au nord-est de Thèbes ; il l'appela Akhet-Aton, « l'horizon d'Aton ».

La nouveauté du règne d'Aménophis IV résida dans l'intolérance qui entraîna persécutions et destructions. Jusqu'en Nubie, le roi dépêcha des hommes chargés d'anéantir toute trace des antiques croyances ; beaucoup d'images sacrées furent détruites, les richesses des lieux saints transférées à El-Amarna. À Thèbes, les séides de Pharaon pénétrèrent jusque dans les tombes, s'acharnant, par le martelage des noms, à faire disparaître ceux des dieux jusqu'alors vénérés – et surtout celui d'**Amon**. Cette grande persécution religieuse résulte sans doute d'intrigues graves menées par les prêtres thébains – un complot contre le roi, peut-être. Mais on n'arrache pas leur foi aux hommes, et chacun se tint coi en attendant que passe l'orage ; cela dura dix ans. Entre-temps, les difficultés économiques et politiques croissaient ; l'Empire d'Égypte se démantelait.

Dans le domaine de l'art, si les principes de base ne furent pas vraiment touchés, Pharaon sacrifia au souci de vérité et de naturel, allant jusqu'à la caricature, accentuant les déformations du corps humain : les crânes se prolongent anormalement vers l'arrière, le visage s'allonge, la poitrine se rétrécit, le ventre ballonne au-dessus du pagne – cela, peut-être, pour réagir contre la grâce achevée des représentations de l'époque précédente. Seule la beauté de la reine Néfertiti (dont le nom signifie « La belle est venue ») fut respectée ; princesse d'origine mitannienne, peut-être, elle donna au roi six filles, mais aucun héritier.

C

Cléopâtre VII (69-30 av. J.-C.)

Princesse macédonienne, fille de **Ptolémée** Aulète. Elle était très populaire dans la Vallée, car elle parlait la langue égyptienne et partageait certaines croyances, ce qui n'avait été le cas d'aucun de ses prédécesseurs étrangers. C'est pourquoi elle entendait conquérir le trône qui lui revenait de droit. Dans ce but, elle voulut attirer à sa cause Jules César, essayant de le séduire par ses charmes, au cours de longues navigations sur le Nil ; l'affaire fut bien menée et César installa Cléopâtre sur le trône d'Égypte, dès qu'il se fut débarrassé de son adversaire Pompée, après la journée de Pharsale (en 48).

L'ambition de Cléopâtre ne s'arrêta point là. Elle épousa Antoine, général romain, lieutenant de César, espérant partager avec lui la royauté sur l'Orient. Mais Antoine fut défait à Actium (en 31) par Octave, au cours d'une bataille navale ; Octave était le petit-neveu de César, que celui-ci adopta. La victoire d'Actium assura à Octave la domination sur le monde romain. Mais c'était un homme froid (ou raisonnable) qui résista aux nouvelles tentatives de séduction de Cléopâtre, laquelle avait abandonné Antoine et était toujours en quête de pouvoir. Alors la reine d'Égypte préféra se donner la mort plutôt que de subir l'humiliation du « Triomphe » à Rome ; elle se fit mordre par un aspic (vipère venimeuse).

D

DJOSER (2778 av. J.-C. - ?)

Djoser (« le Magnifique ») fut le premier roi de la IIIe dynastie. Les sources écrites sont trop rares, à cette époque, pour que nous puissions comprendre la raison de ces changements de dynastie, ni l'origine des souverains.

Des inscriptions rupestres et des bas-reliefs nous renseignent toutefois sur certaines activités extérieures au royaume. En Nubie, Djoser conquit la région située au nord de la 2e cataracte, entre Assouan et Takompso. Il exploita les richesses minières du Sinaï, organisant notamment plusieurs expéditions au Ouadi Magharah. Il fixa définitivement la capitale à Memphis (à la pointe du Delta).

C'est dans le domaine de l'art que le règne de Djoser marque une véritable révolution. Jusqu'alors, le matériau architectural employé avait été successivement le papyrus et le clayonnage, puis la brique et le bois ; sous l'impulsion d'un architecte de génie, Imhotep, on employa désormais un matériau plus noble, plus résistant : la pierre taillée. Imhotep rénova aussi les formes architecturales : sur le plateau de Saqqarah (à vingt-huit kilomètres au sud du Caire actuel) s'élève la première pyramide (de soixante mètres de hauteur), à parois non lisses encore, mais comportant six degrés jusqu'au sommet – tirant pour la première fois un parti admirable du site naturel que borde au loin la falaise libyque. Cette première pyramide à degrés, somptueux tombeau royal, est une magistrale transposition dans la pierre du tas de sable rectangulaire qui, dans les sépultures prédynastiques, recouvrait humblement le corps. Escalier grandiose qui permettait au souverain défunt de rejoindre son père **Rê**, le Soleil.

H

Hatshepsout

Royale usurpatrice, Hatshepsout (« la première des nobles dames »), fille de **Thoutmosis Ier**, fut la grande épouse du roi **Thoutmosis II**. De leur union naquirent deux filles. Mais le souverain avait aussi un fils mis au monde par une servante, nommée Isis ; on appela l'enfant Thoutmosis (le futur **Thoutmosis III**), Hatshepsout étant régente.

À la mort de Thoutmosis II, vers 1504 avant. J.-C., la question de la succession se posa, car le petit prince était, semble-t-il, très jeune. Mais, d'après les textes sculptés dans le temple de Karnak, il apparaît qu'il fut choisi par son père (du vivant de ce dernier) et élu par le dieu Amon. L'annonce officielle du couronnement (voir 7e pylône du temple de Karnak) eut lieu au palais royal en présence d'une grande assemblée de hauts dignitaires ; la nouvelle de cette accession au trône d'Égypte fut, selon la coutume, immédiatement diffusée dans les terres méridionales de Nubie et du Soudan.

Mais Hatshepsout était ambitieuse, avide de pouvoir ; entre l'an V et l'an VI du règne de Thoutmosis, elle transforma la régence en royauté usurpée, laissant croire que son père Thoutmosis Ier l'avait, de longue date, prédestinée au trône d'Égypte. En l'an VII eurent lieu les cérémonies du couronnement d'Hatshepsout, qu'elle voulut prestigieuses ; ce fut, en fait, un grand drame liturgique, une vaste mise en scène théâtrale, élaborés par des amis puissants, en s'inspirant de traditions religieuses et littéraires. Thoutmosis III était présent, mais apparaissait toujours en second dans les cérémonies.

Le « règne » d'Hatshepsout créa une menace pour la stabilité intérieure, comme extérieure, de l'État. La « reine » se préoccupa d'abord, négligeant les intérêts supérieurs de l'Égypte, d'assurer son règne en s'entourant de fidèles dévoués à qui elle confia les plus hautes charges. Hatshepsout donna aux clercs d'**Amon**, dont s'étaient toujours méfiés ses prédécesseurs, une place dominante ; ainsi Hatshepsout fut-elle à la fois vizir de fait et grand prêtre d'Amon ; ce cumul de charges politiques et religieuses ne s'était jamais produit jusqu'alors ; c'était là une concession fort dangereuse. Des favoris furent également pourvus de titres de Cour et de prêtrises multiples : ce fut notamment le cas de Senmout, l'ami le plus intime de la reine.

Autre danger : Hatshepsout ne pouvait conduire en personne des opérations militaires, nécessaires pour maintenir la cohésion de l'Empire. Pour compenser cette faiblesse, elle organisa des expéditions de prestige : au pays de Pount, notamment (en l'an IX), suivant la politique de ses prédécesseurs. Pount est une région située à l'est du Soudan, vers la mer Rouge, au nord et à l'ouest de l'actuelle Éthiopie ; on allait y quérir par mer les produits africains locaux, et surtout l'encens, indispensable pour la pratique des cultes. Textes et bas-reliefs du temple de Deir el Bahari relatent glorieusement le voyage.

À Deir el Bahari, pour le temple funéraire de la reine, Senmout sut composer un ensemble architectural remarquable, où les lignes, les volumes et les couleurs s'ajustent suivant des rapports parfaits, en tenant compte du site. La lente ascension des trois terrasses étagées et des rampes au flanc de la colline du désert libyque, la symétrie des portiques, dont les larges horizontales compensent admirablement la longue verticale ascendante des terrasses étagées, constituent un chef-d'œuvre d'équilibre raisonné. Le temple est un *hemispeos*, dont le sanctuaire est creusé dans la falaise.

Horemheb (1339-1314 av. J.-C.)

À la mort d'**Aménophis IV** après le règne de Toutankhamon et celui de deux souverains éphémères, un homme prenait alors en Égypte une importance grandissante : le général Horemheb (« Horus est en fête »), dont les faits d'armes au Proche-Orient lui avaient valu un grand prestige. Vers 1339 avant J.-C., il accéda au trône d'Égypte, à la suite d'un oracle rendu en sa faveur par le dieu **Amon** ; pour légitimer aussi sa souveraineté nouvelle, il épousa une princesse de la lignée royale. Il fut le dernier roi de la XVIIIe dynastie. Roi sauveur, il rétablit la mainmise royale sur l'administration ; il procéda par décret à de nombreuses réformes intérieures ; il rétablit ainsi la stabilité du pays, tandis que s'affirmaient à nouveau les cultes traditionnels. Il fallait aussi assurer la sauvegarde de l'Empire, dont les provinces septentrionales étaient menacées par les Hittites ; général victorieux, il réunifia l'Empire égyptien. Son titre était désormais « Roi d'Égypte et Soleil des Neuf Arcs », titre qui va bientôt figurer dans la titulature des **Ramsès**.

Autre geste de sauvegarde, il choisit pour son successeur le vizir et commandant de l'armée Per-Ramsès (futur **Ramsès Ier**), ayant compris que, désormais, seul un chef guerrier pouvait préserver l'Empire.

K

Kheops (« Puisse Rê me protéger »)
Vers 2650 av. J.-C. – Deuxième roi de la IVe dynastie, fils de **Snéfrou** (premier roi de la dynastie).

Khephren (« Puisse Rê apparaître en gloire »)
Vers 2620 av. J.-C. – Quatrième roi de la IVe dynastie, fils ou frère de **Kheops.**

Peu de documents écrits nous sont parvenus de leurs règnes ; ils sont seulement inséparables dans l'esprit des écoliers de nos jours. Leur puissance est attestée par la grandeur majestueuse des pyramides construites sur le plateau de Gizeh, face au Caire actuel. Elles sont le résultat de longues recherches formelles (après le monument novateur du roi **Djoser** et les trois pyramides du roi **Snéfrou**), aboutissant à la construction de pyramides à parois lisses, magistral accomplissement architectural, destiné à assurer la survie du roi défunt. La plus haute des pyramides est celle de Kheops (hauteur : 146,60 mètres ; côté : 230,90 mètres). De taille inférieure est celle de Khephren (hauteur : 143 mètres ; côté : 215 mètres). En dehors de la pyramide même (avec ses longs couloirs, ses corridors dont les herses pouvaient bloquer l'accès, la chambre funéraire située dans la superstructure où était déposé le sarcophage contenant la momie royale), l'ensemble du dispositif monumental s'étend : dans la Vallée, on construit un temple *bas*, consacré à la préparation de la momie royale ; une longue chaussée montante (494 mètres chez Khephren) permettait d'accéder au temple *haut*, situé sur la face est de la pyramide même, où, chaque jour, un service d'offrandes et des cérémonies garantissaient la survie du monarque.

Le peu que l'on sait sur l'administration du royaume provient de graffitis inscrits notamment sur les rochers du Sinaï ; depuis la Ire dynastie, les rois s'intéressaient à la politique de pénétration dans la péninsule, située sur le chemin de l'Asie ; Snefrou et Kheops (son fils) développèrent beaucoup l'exploration des mines de cuivre et des carrières de turquoise ; des villages d'ouvriers furent créés, protégés par des retranchements contre les nomades pillards.

Les noms mêmes des souverains témoignent de la montée en puissance du clergé d'Héliopolis et des prêtres de **Rê**.

La plus petite des trois grandes pyramides de Gizeh est le tombeau du roi **Mykerinus** ; elle occupe une superficie inférieure de moitié à celle occupée par la plus grande.

M

Merenptah (1229-1218 av. J.-C.)

Quatrième roi de la XIXe dynastie. Fils de **Ramsès II** (son nom signifie « l'aimé de **Ptah** »).

À la fin du règne de Ramsès II, qui mourut fort âgé, Merenptah assura la corégence et peut-être même, déjà, le gouvernement de l'Égypte.

À ce moment, l'équilibre international était gravement menacé : d'une part par les ambitions de l'**Assyrie*** (à l'est), qui cherchait à étendre son influence sur le pays hittite et la Syrie du Nord. D'autre part, de grands mouvements de peuples eurent alors lieu : tandis que les Achéens, après leur victoire sur la ville de Troie, exerçaient une suprématie incontestée sur l'Égée et l'Hellespont, des Doriens (peuple du Nord – Illyrie ?) pénétrèrent en Grèce, ruinant par leurs destructions la civilisation achéenne, brûlant les villes. Les armées hittites arrêtèrent leur progression avant qu'ils n'atteignent l'île de Chypre. Précédant l'invasion de la Grèce par les Doriens, des peuples indo-européens (venus sans doute des régions caucasiennes) cherchèrent à s'installer en Asie Mineure. Le royaume du **Hatti***, après d'héroïques combats, finit par succomber. Venant de Grèce et d'Asie Mineure, les populations autochtones, chassées de leurs résidences, s'embarquèrent sur leurs voiliers, cherchant refuge dans le sud, en quête d'une terre hospitalière, attirées notamment par la riche Égypte ; certains descendirent le long de la côte méditerranéenne. Les textes égyptiens les appellent « Peuples du Nord et de la mer ». C'est dans ce contexte international, lourd de menaces, que Merenptah, âgé alors de soixante ans, succéda à son père Ramsès II.

En l'an IV de son règne, Merenptah se prépara au combat et mena plusieurs campagnes pour repousser les envahisseurs déjà parvenus sur les frontières libyennes et (peut-être) asiatiques. Assuré de ce côté, il décida, en l'an V, d'affronter le risque majeur : en effet, les envahisseurs, organisés maintenant sous la conduite de leur chef Meriag, avaient pénétré dans le delta du Nil et marchaient vers Memphis. Le dieu **Ptah**, dans un songe, exhorta Pharaon au combat, et, le troisième jour du troisième mois de la saison d'été (vers le 22 juin), un combat, qui dura six heures, mit en déroute les ennemis, incapables de résister longtemps à l'armée égyptienne, puissante et entraînée. Le premier assaut des Peuples du Nord et de la mer avait été brisé et Merenptah rentrait triomphalement, avec prisonniers et butin, dans sa capitale, accueilli par la liesse populaire.

À la mort de Merenptah (en 1218), un usurpateur, Amenmes, prit le pouvoir à la suite d'événements que nous connaissons mal jusqu'au retour, en 1213, de l'héritier ramesside légitime : **Séthi II**.

MYKERINUS (« Que demeurait les kas de Rê »)

Vers 2600 av. J.-C. – Cinquième roi de la IVe dynastie. Fils de **Kheops** ou de **Khephren**.

N

NARMER (vers 3200 av. J.-C. - ?)

Premier roi de l'Égypte unifiée (Ire dynastie).

Avec un instinct politique semble-t-il très sûr, Narmer jeta les fondations d'une nouvelle capitale, Memphis, à la pointe du Delta ; quelque temps encore, le centre administratif demeura à Thinis, près d'Abydos. Cette attirance d'une monarchie, récemment unifiée, vers le centre naturel du royaume, se manifesta aussi dans l'emplacement nouveau choisi pour les tombes royales ; si les premiers cimetières royaux furent établis en Abydos, d'autres nécropoles des souverains appartenant aux deux premières dynasties furent retrouvées sur les sites de Saqqarah et d'Hélouan (proches de Memphis).

Narmer et ses successeurs furent de véritables responsables politiques ; grâce à eux, l'ordre pharaonique s'instaura, les bases d'une administration furent établies, qui demeureront jusqu'à la fin de l'histoire ; ils assurèrent militairement le maintien du royaume unifié contre les révoltes locales. On peut parler, avec Narmer, de *miracle égyptien.*

NÉFERTARI

La reine Néfertari fut la première épouse de **Ramsès II** – noble dame de haut lignage, sans doute d'origine thébaine. Fort aimée par le roi, elle joua un certain rôle politique. Le souverain fit construire pour elle le petit temple d'Abou Simbel. Sa tombe est une des plus belles de la nécropole thébaine, remarquable par la finesse et la beauté de ses peintures. Elle mourut en l'an XXIV du règne de Ramsès II.

P

Pépi

Nom de deux rois appartenant à la VIe dynastie (vers 2420-2280 av. J.-C.). Entre eux régna Merenrê, fils de Pépi Ier et frère de Pépi II.

La durée du règne des souverains Pépi fut particulièrement longue – un demi-siècle pour Pépi Ier. Quant à Pépi II, après avoir accédé à la royauté à l'âge de six ans, il garda le pouvoir pendant quatre-vingt-quatorze ans environ : c'est le plus long règne connu de l'histoire.

Avec Pépi Ier, souverain énergique, la royauté s'affirma. L'appareil gouvernemental connut, sous Pépi Ier, un développement important : accroissement du nombre des fonctionnaires, notamment ceux appartenant à la classe des scribes, indispensables dans toutes les activités de l'État. Des expéditions poursuivirent la pénétration vers le Sud, en Afrique ; des explorateurs, tel le prince Hirkhouf (prince d'Assouan, au temps de Pépi II), établirent de nouvelles routes de pénétration suivant des pistes inconnues, bien au-delà de la Nubie, en direction du Darfour. La relation des aventures vécues par Hirkhouf figure dans les inscriptions qu'il fit sculpter dans sa tombe, à Assouan. On explora aussi les chemins de l'Asie ; des campagnes victorieuses au Sinaï et en Canaan, menées par le général Ouni, sous Pépi Ier, mirent fin aux « guerres » entreprises par les nomades des déserts.

Mais la faiblesse de Pépi II, en son grand âge, « ralluma » les ambitions des princes locaux. Une oligarchie allait peu à peu ruiner le système monarchique. Le pays, privé de la stabilité apportée par une monarchie centralisatrice puissante, connut alors pendant près de deux siècles une grave crise sociale, finalement maîtrisée par les souverains **Amenemhat** (sous la XIIe dynastie).

Psammétique

Roi originaire de la ville de Saïs. Il expulsa hors du territoire national, en 663 avant J.-C., les Assyriens (qui avaient mis à sac la ville de Thèbes, après avoir envahi l'Égypte). Il chassa d'Égypte, également, les Éthiopiens, qui avaient régné sur le pays durant la XXVe dynastie. Grâce à la détermination de Psammétique Ier, ni les Éthiopiens ni les Assyriens ne pourront jamais revenir dans la vallée du Nil. Psammétique Ier inaugura la XXVIe dynastie qui, de 664 à 525, va permettre une splendide renaissance nationale après l'occupation étrangère. Deux autres souverains Psammétique continueront son œuvre. L'agriculture connaît à nouveau la prospérité, le pouvoir est rendu à la Cour et à l'administration. Memphis retrouve son rôle de capitale ; dans cette ville connue du nord du pays se multiplient les constructions pieuses. Thèbes n'est pas négligée ; avec ferveur, on reconstruit les monuments détruits par les Assyriens.

Cette indépendance nationale, l'Égypte ne la retrouva que pour un temps. L'invasion des Perses, avec Cambyse, en 525, mit fin à la renaissance saïte.

Ptolémée

Entre 304, date d'accession au trône de Ptolémée Ier, et 30 avant J.-C., date de la conquête romaine, quinze souverains portèrent le nom de Ptolémée.

En 333, le roi de Macédoine, Alexandre le Grand, avait donc conquis l'Égypte ; la royauté sur le pays lui avait été donnée par l'oracle d'**Amon**, dans l'oasis de Siouah, et confirmée par son intronisation officielle dans le temple de **Ptah**, à Memphis. Il fonda en 332 la ville d'Alexandrie, nouvelle capitale pour l'Égypte et port important qui allait profiter de la ruine récente de Tyr. À sa mort, en 304, l'un de ses généraux et garde du corps lui succéda comme souverain de l'Égypte : Ptolémée Ier Soter, fils de Lagos, inaugura la dynastie des Lagides. Il organisa administrativement le pays. Œuvre poursuivie par son fils Ptolémée II Philadelphe (285-247 av. J.-C.), qui établit un rigoureux système d'administration financière et installa des colonies grecques au Fayoum. C'est de son règne que datent les plus célèbres constructions d'Alexandrie : le musée, le phare, la bibliothèque. Non sans quelques querelles intestines, la dynastie se maintint ; elle connut des succès diplomatiques et militaires en Cyrénaïque et en Syrie notamment. Mais l'Égypte supportait mal ces règnes étrangers ; en 187, Ptolémée V Épiphane dut reconquérir la Thébaïde qui s'était révoltée.

L'empereur romain Octave mit fin à la dynastie en faisant assassiner Ptolémée XV Césarion, né de l'union de César et de Cléopâtre, qui aurait pu gêner ses ambitions.

Avec la conquête romaine, en 30 avant J.-C., l'Égypte cessera désormais d'être une nation indépendante, ayant sa capitale et ses rois (fussent-ils étrangers) sur son propre sol, pour devenir une province de l'Empire romain.

R

Ramsès

Ramsès II (1296-1229 av. J.-C.)

Troisième souverain de la XIXe dynastie.

Les Ramsès, deux siècles après les **Thoutmosis**, furent les grands souverains impériaux de l'Égypte. Vers 1296 avant J.-C., Ramsès II (petit-fils de Ramsès Ier et fils de Séthi Ier*, suivant une succession naturelle) accéda à la royauté. Il connaissait les affaires de l'État, car son père l'avait associé au pouvoir en qualité de corégent.

À ce moment, la situation en Asie était de nouveau très menaçante. Mouwatalli, le roi du Hatti, n'avait cessé de nouer de nouvelles alliances avec les peuples de l'Asie Mineure et ceux de la Syrie du Nord, établissant ainsi, face à l'Égypte, un bloc d'hégémonie politique redoutable ; par ailleurs, le Hatti, en développant son commerce avec les peuples du littoral et des îles de la mer Égée, rivalisait avec la politique d'hégémonie égyptienne en Méditerranée. Mouwatalli et Ramsès II se préparèrent à l'affrontement. Ramsès II créa une nouvelle capitale aux marches de l'Asie : Per-Ramsès, une ville mi-égyptienne, mi-asiatique, qui devait assurer la protection de l'Empire et la défense de la vallée du Nil. Il concentra une grande part de son armée dans la ville nouvelle, une armée renforcée par l'adjonction d'une quatrième division, chaque division de l'armée étant placée sous la garde d'un dieu (**Amon**, **Rê**, **Ptah**, **Seth**).

Batailles et épopées. La rencontre entre les deux souverains rivaux devait, une fois encore, avoir lieu à Kadesh, la citadelle sur l'Oronte, en la 5e année du règne. En dépit d'une ruse mensongère de Mouwatalli qui faillit perdre l'Égypte, l'héroïsme de Ramsès sauva l'Empire du Nil, après deux jours de combats épiques. De l'an 6 à l'an 18 de son règne, Ramsès II continua à guerroyer en Asie. Entre l'an 15 et l'an 18, il dut se rendre au Soudan pour mater une révolte et apporter son aide au vice-roi.

Alors un nouveau danger surgit à l'Est: Salmanasar Ier, roi d'Assyrie, envahit le pays de Mitanni et s'installa définitivement sur l'Euphrate. Devant cette menace nouvelle, et peut-être lassés par plus de treize ans de guerre, l'Égypte et le Hatti cherchèrent à s'allier. D'après la correspondance échangée, il semble que ce soit Hattousili III (frère et successeur de Mouwatalli), le plus directement menacé par les ambitions assyriennes, qui ait pris l'initiative de ce rapprochement. Un traité d'alliance fut finalement conclu, le plus anciennement connu dans l'histoire du monde; le texte de ce traité nous est parvenu, en double exemplaire. L'exemplaire hittite fut déposé à Héliopolis, au pied d'une statue du dieu solaire; le texte fut sculpté en hiéroglyphes sur les murs de plusieurs temples en Égypte, en Nubie et au Soudan. L'exemplaire établi par Ramsès II fut déposé au pied d'une statue du dieu hittite Teshoub et recopié sur des tablettes d'argile (en caractères cunéiformes), placées dans les archives officielles du Hatti, où elles furent retrouvées sur le site de Bogaz-Khöy, en Turquie, au début de ce siècle. Des alliances matrimoniales furent conclues après ce traité, à la suite de longs échanges épistolaires. En l'an 34 de son règne, Ramsès II épousa la fille du roi du Hatti, tandis que le frère de la jeune reine vint rendre visite à Ramsès, et passa l'hiver en Égypte. Il est possible aussi que Ramsès ait épousé une autre princesse hittite, sœur de la précédente.

Un demi-siècle de paix et de prospérité s'ensuivit.

L'Empire des souverains ramessides fut conçu par eux comme un pays unique, une grande unité politique, spirituelle et religieuse où peuples et croyances devaient s'intégrer dans un ensemble sans faille. L'Égypte devenait ainsi le centre du monde: Ramsès était un dieu auquel était rendu un culte. C'est là une conception du pouvoir différente de celle des **Thoutmosis**, autres grands conquérants.

Ramsès II fut aussi un souverain bâtisseur. Tout au long de la vallée du Nil, depuis Per-Ramsès jusqu'en Nubie et au Soudan, on rencontre les monuments qu'il fit élever à la gloire des dieux : à Memphis, Karnak, Louxor notamment ; le plus célèbre et le plus important de ces temples étant celui d'Abou-Simbel, en Nubie.

À la mort de Ramsès II, en 1229 avant J.-C., son fils **Merenptah** (le treizième de sa nombreuse descendance) lui succéda. Mais, à la mort de celui-ci, la lignée ramesside fut momentanément interrompue, le pouvoir étant accaparé par quelques usurpateurs – peut-être même par un mercenaire syrien, Iarsou. Pour sauver l'Égypte de l'anarchie et des dissensions intérieures, Sethnakht (militaire de carrière et, peut-être, l'un des nombreux descendants de Ramsès II) va, en 1196 avant J.-C., rendre à l'Égypte l'ordre monarchique qui engendre la prospérité. Il fonde la XXe dynastie et, après deux ans de règne, il transmet le pouvoir à son fils, Ramsès III.

Ramsès III (1198-1166 av. J.-C.)

Deuxième souverain de la XXe dynastie.

Les années de désordre, après le règne de Ramsès II, avaient permis aux ennemis de l'Égypte de se regrouper pour assaillir les terres et les richesses de la vallée du Nil. En Libye, depuis la défaite que leur avait infligée **Merenptah**, les Peuples de la mer s'infiltraient dans le Delta ; en outre, les envahisseurs s'étaient répandus en Cilicie et dans le Naharina : de grands ports phéniciens comme Ougarit étaient détruits et brûlés, Chypre tombait entre leurs mains tandis que le pays de Canaan était recouvert lentement par ces peuples indo-européens, qui, déjà installés dans le grand Empire égyptien de l'Asie, menaçaient directement maintenant le pays même. Contre ces peuples en quête d'asile, Ramsès III va opposer une résistance farouche au cours de grandes batailles terrestres et navales. En l'an V de son règne, les Peuples de la mer attaquent à l'Ouest ; Ramsès et son armée leur barrent le chemin dans le delta même du Nil et reviennent, triomphants, dans la capitale. En l'an VIII, les Peuples de la mer attaquent au Nord, après avoir formé une ligue contre l'Égypte ; le danger venait à la fois de Canaan et de la mer : une grande bataille navale eut lieu dans les bouches du Nil, durant laquelle furent brûlés de nombreux vaisseaux ennemis. En l'an XI, ce fut un nouvel assaut des Peuples de l'Ouest, qui envahirent l'Égypte ; l'armée égyptienne fit un carnage et ramena, victorieuse, captifs et butin, tandis que, tout au long du parcours, le peuple égyptien acclamait son protecteur, Ramsès III, le « vêtement de l'Égypte ». Durant ce temps, le Hatti, en dépit de l'héroïsme de ses rois, succomba peu à peu à l'assaut des Peuples. Seule l'Égypte, semble-t-il, avait sauvé encore une part de son Empire d'Asie. Huit pharaons ramessides régnèrent après Ramsès III. Après Ramsès IV, ce furent des souverains faibles, ne sachant pas résister aux forces diverses qui tendaient à la ruine du pouvoir pharaonique.

Le vieux monde oriental avait été bouleversé par toutes ces guerres. La civilisation phrygienne succéda à celle des Hittites en Anatolie centrale. Sur les rives méditerranéennes, autour des ports de Gaza, Ascalon et Jaffa, un État nouveau apparut, créé par les Palestiou (ou Philistins, peuple indo-européen), qui donnèrent leur nom au pays : la Palestine. Quelques Achéens et les Libou s'installèrent à l'ouest du Delta, dans la région qui prit leur nom : la Libye. D'autres de ces Peuples, toujours en quête d'une terre hospitalière et chassés de tous les rivages, partirent sur les mers. Les Sicules donnèrent leur nom au pays qui les accueillit : la Sicile. Si les Tourousha sont bien les Étrusques (?), ceux-ci naviguèrent alors jusque vers les lointaines terres d'Ombrie. Les grands mouvements des Peuples de la mer constituent en fait le prélude à l'organisation du monde actuel. La *geste* héroïque de Ramsès III est la première grande aventure des *temps modernes*.

En témoignent toujours les inscriptions du temple funéraire du souverain à Médinet-Habou, au sud de la nécropole thébaine.

S

Sésostris

Nom de trois souverains appartenant à la XIIe dynastie. Comme les **Amenemhat**, les Sésostris voulurent, après la crise sociale qui avait ébranlé l'Égypte pendant près de deux siècles, rétablir l'ordre intérieur et pratiquer une politique active et énergique nécessaire à la fois pour protéger les frontières du pays et pour assurer son expansion économique.

Sésostris Ier (1970-1936 av. J.-C.)

Deuxième roi de la XIIe dynastie.

Fils et corégent d'Amenemhat Ier, Sésostris Ier entreprit plusieurs expéditions en Basse Nubie qui lui assurèrent la mainmise sur les territoires du sud jusqu'à la 3e cataracte. Pour organiser plus aisément la défense des territoires conquis, Sésostris Ier commença la grande tâche de construction des forteresses, qui s'échelonnèrent sur les deux rives du Nil, distantes en moyenne de soixante-dix kilomètres chacune et communiquant entre elles par des signaux de fumée. La plus importante était la forteresse de Bouhen, construite au niveau de la 2e cataracte (verrou naturel sur le fleuve). Des garnisons (recrues et troupes permanentes) y stationnaient. Vers les terres d'Asie, **Amenemhat Ier** et Sésostris Ier firent construire, sur la frontière orientale du Delta, les « Murs du Prince », forteresses qui devaient interdire aux Asiatiques l'accès en Égypte.

Sésostris III (1887-1850 av. J.-C.)

Cinquième roi de la XIIe dynastie. Fils de Sésostris II.

L'exploitation du Sinaï est poursuivie. Le long du littoral méditerranéen, Sésostris III mena une campagne militaire jusqu'à Sichem (la ville actuelle de Naplouse), dans la montagne d'Éphraïm ; ainsi augmente-t-il son emprise sur **Canaan***, la future Palestine et la Syrie, intégré au royaume d'Égypte. Au sud, il intègre également à l'Égypte la Basse Nubie. Le royaume se reconstitue et s'étend.

Dans le pays même, il ruine définitivement l'autorité et les velléités d'indépendance des nobles provinciaux qui, pendant la crise sociale, avaient assuré seuls la gestion de leurs nomes.

Ainsi les Sésostris et les Amenemhat ont-ils reconstruit à nouveau la puissance égyptienne.

SÉTHI Ier (1312-1300 av. J.-C.)

Deuxième roi de la XIXe dynastie. Fils de **Ramsès Ier** et père de **Ramsès II**.

Il assura la domination de l'Empire d'Égypte sur la Palestine. Il résista victorieusement aux Hittites, avec lesquels il conclut un nouveau traité de paix.

De nombreux monuments de son règne sont bien conservés : à Thèbes, notamment, le temple funéraire du roi à Gournah ; à Karnak, il poursuivit l'aménagement de la grande salle hypostyle du temple d'**Amon-Rê** : les bas-reliefs qui la décorent et datent en grande partie de son règne présentent les scènes religieuses cultuelles habituelles ; à l'*extérieur* (afin de mieux faire connaître au monde la puissance égyptienne), sont sculptés les récits des victoires de Séthi Ier sur les Bédouins, les Libyens, les Amorrites et les Hittites.

L'hypogée de Séthi Ier, découvert en 1817, est l'un des plus beaux de la Vallée des Rois. L'art du bas-relief, notamment, atteint à ce moment un achèvement parfait.

SHESHONQ Ier (950-929 av. J.-C.)

Premier roi de la XXIIe dynastie – d'origine libyenne.

Petit-fils de Sheshonq l'Ancien, chef de la tribu des Mashaouash, installée en Libye, il fut un souverain énergique tentant de rétablir en Égypte un ordre précaire, avec l'aide de l'armée.

Il dépêcha ensuite celle-ci en Palestine et monta contre Jérusalem. Dans la ville, il s'empara des trésors du temple de Jéhovah et des trésors de la maison de Salomon. Pour commémorer cette victoire et la richesse du butin,

Sheshonq fit élever un grand portique de grès, devant le temple de Karnak : il y fit sculpter la liste des villes d'Édom, de Juda et d'Israël, conquises par l'armée égyptienne.

Un autre Sheshonq (le cinquième peut-être) ne doit sa notoriété qu'à la suite de la découverte de sa sépulture intacte, à Tanis, par l'archéologue français Pierre Montet.

SNÉFROU (vers 2700 av. J.-C.)

Premier roi de la IVe dynastie.

Il envoya des expéditions en Nubie et en Libye, mais on le connaît surtout pour l'érection de *trois* pyramides. C'est l'époque où la forme pyramidale achevée « se cherche » encore, après la construction d'une pyramide à degrés par le roi **Djoser**, à Saqqarah.

À Meidoum (dix-neuf kilomètres au sud de Saqqarah), Snéfrou fit construire une pyramide qui comportait, dans son premier stade, huit marches ; celles-ci ensuite furent « remplies », de sorte que les côtés s'élevèrent en pente continue de la base au sommet ; celui-ci, à l'origine, était vraisemblablement pointu.

Snéfrou fit édifier deux autres pyramides à Dahshour (au sud de Saqqarah, également). La plus méridionale, à parois lisses, présente une forme particulière que les historiens modernes baptisent du nom de « rhomboïdal » : un peu au-dessus de la moitié de sa hauteur, il existe une brusque diminution de l'angle d'inclinaison. La plus septentrionale des deux pyramides élevées par Snéfrou à Dahshour présente une pente régulière de 43 degrés, alors que la pente habituelle des monuments postérieurs est d'environ 52 degrés. Après ces différents essais, on aboutira enfin à la forme accomplie des pyramides qui s'élèvent sur le plateau de Gizeh.

T

Thoutmosis

Quatre souverains de ce nom régnèrent durant la XVIIIe dynastie.

Thoutmosis Ier (1530-1520 av. J.-C.)

Troisième souverain de la XVIIIe dynastie. Fils d'Aménophis Ier.

Il fut l'un des premiers grands conquérants de l'histoire égyptienne ; il créa un vaste Empire qui assura à l'Égypte la prospérité et la richesse, tout en la préservant de toute possibilité d'agression directe venue de puissances étrangères.

Les exploits militaires furent plus importants qu'ils ne l'avaient jamais été – tant en Afrique qu'en Asie. En l'an II de son règne, Thoutmosis Ier pénétra profondément au Soudan ; il fit sculpter sur les rochers de Tombos un hymne de victoire ; il commença à se créer alors une mythologie de roi-héros, les textes s'imprègnent désormais d'un lyrisme épique, réaliste souvent, prélude aux épopées ramessides : « Il a terrassé le chef des Nubiens ; le Nègre que son poing saisit est sans force, sans défense [...] Il n'y a pas un survivant parmi les Hommes-aux-cheveux-crépus qui s'étaient insurgés contre sa protection, il n'en reste pas un seul. Les Nubiens sont à terre, massacrés, rejetés sur le côté, épars sur leurs terres... La peinture de leur bouche est comme un flot de pluie battante [le sang qui s'écoule...]. Son nom maintenant a rejoint le circuit du ciel, il a touché les extrémités de la terre. » En fait, il conquit le territoire soudanais jusqu'à la 5e cataracte.

En Asie, Thoutmosis Ier atteignit l'Euphrate pour la première fois. Afin d'assurer durablement la victoire, il déposa, au bord du fleuve, une stèle-frontière, que son petit-fils Thoutmosis III trouvera encore debout une cinquantaine d'années plus tard – stèle qui marque de manière symbolique la limite septentrionale de l'Empire d'Égypte. Ces engagements guerriers, dont nous connaissons mal parfois le détail, entraînèrent de multiples aventures pour l'armée égyptienne : ainsi en est-il du *Butin des Éléphants,* récit que la fille du roi, **Hatshepsout**, fit sculpter dans son temple funéraire : « La vaillance du roi ramena des éléphants de ses victoires dans les pays du Sud et les pays du Nord... Sa Majesté atteignait le pays de **Niy*** lorsqu'il rencontra ces animaux ; une chose semblable n'était jamais arrivée à aucun de ses prédécesseurs. Alors il ramena en Égypte les éléphants de ce pays et les donna au temple de son père **Amon**. »

Les textes nous renseignent insuffisamment sur l'origine des peuples qui voulurent s'opposer à l'avancée égyptienne dans le nord : des Amorrites (?), vraisemblablement, des Mitanniens, déjà.

Thoutmosis Ier créa l'Empire d'Égypte, allant sur son char, en tête de son armée, sur les chemins de l'Afrique et de l'Asie. Mais cette hégémonie égyptienne, ainsi constituée, va vite susciter des ambitions rivales. Thoutmosis III devra longuement s'opposer, notamment, à celles du Mitanni, quelques décennies plus tard.

THOUTMOSIS III (1520-1450 av. J.-C.)

Cinquième souverain de la XVIIIe dynastie. Petit-fils de Thoutmosis Ier.

Après l'usurpation d'Hatshepsout, Thoutmosis III accéda, seul enfin, au pouvoir en l'an 22 de son « règne officiel ». Il sera un prestigieux souverain, conduisant l'Empire avec courage et lucidité. Il va d'abord rassembler à nouveau l'Empire d'Asie, sérieusement mis à mal par l'inaction militaire d'Hatshepsout, créer les bases essentielles de l'administration des pays placés sous son hégémonie, concevoir une nouvelle idéologie impériale.

Dix-sept campagnes en Asie furent d'abord nécessaires pour venir à bout de la coalition montée par le Mitanni et menée par le prince de Kadesh, grande citadelle située sur l'Oronte, dans la plaine de la Beka, et qui demeurera, jusque sous les **Ramsès**, l'ennemie traditionnelle de l'Égypte. Les guerres furent menées par un grand capitaine et durèrent dix-sept ans : de l'an 22 à l'an 25 de son règne, Thoutmosis III brisa la coalition des princes asiatiques, au cours de campagnes militaires annuelles, remportant notamment une victoire importante devant la place forte de Megiddo, située au débouché des passes du Carmel, au nord-ouest de la ville de Samarie. Les quatre campagnes suivantes permirent à l'Égypte de retrouver la frontière de l'Euphrate et d'affermir à nouveau son hégémonie sur les ports phéniciens. En l'an 33, Thoutmosis engagea toutes ses forces pour vaincre le Mitanni. Une partie de l'armée prit la voie de terre, afin d'assurer au passage la tranquillité dans le pays de Retenou ; une autre partie rejoignit Byblos par mer. Thoutmosis III, dans la ville, fit construire des bateaux que l'on plaça sur des chars tirés par des bœufs ; ainsi équipée, l'armée se dirigea vers l'Euphrate. Surprenant cortège militaire dans le désert de Haute Syrie ! Arrivés au bord de l'Euphrate, les bateaux permirent de franchir le fleuve, et les Égyptiens firent ainsi une incursion victorieuse dans le royaume même du Mitanni : il ne s'est pas agi d'une conquête, l'armée égyptienne étant trop loin de ses bases, mais d'une épreuve d'intimidation qui porta ses fruits. Les expéditions conduites pendant les neuf campagnes suivantes furent purement formelles, destinées seulement à assurer la présence égyptienne en Asie.

Le récit de très nombreuses aventures constitue une geste légendaire. Elles nous sont connues par la grande inscription que Thoutmosis fit sculpter sur les parois nord et ouest du corridor qui entoure le saint des saints du grand temple d'**Amon**, à Karnak – deux cent vingt-cinq lignes de texte, chacune mesurant vingt-cinq mètres de long.

De la 5e cataracte du Nil jusqu'à l'Euphrate, les terres africaines et asiatiques sont « dans la main » de Pharaon.

L'Empire conquis fut gouverné par le souverain avec une grande lucidité. Thoutmosis III distingua, dans les modalités du rattachement des terres impériales au pouvoir central thébain, deux « parts ». L'Afrique, où dominait encore le pouvoir tribal, fut administrée par des gouverneurs et fonctionnaires égyptiens ; il y eut exploitation systématique du pays que concrétisa l'apport de tributs annuels. Très différents furent les principes de gestion des provinces d'Asie, déjà riches d'un grand passé de civilisation. États, principautés, républiques urbaines – cent dix noms figurent dans la liste sculptée dans le sanctuaire de Karnak.

Il ne pouvait être question pour le roi de « balayer » tout un passé historique, et de compromettre ainsi la prospérité des cités syriennes en leur imposant un gouvernement centralisé. Il maintint donc intacte l'organisation politique des villes et des principautés conquises ; les unes avec leurs dynasties princières, les autres avec leurs institutions républicaines, furent les « protégées » du roi d'Égypte qui leur imposa un minimum de contraintes. Laissant à chacune leur autonomie de gestion, il établit des districts avec des gouverneurs égyptiens, qui n'étaient en fait que des administrateurs financiers chargés de percevoir le tribut assigné à chaque État suivant ses richesses.

Avec Thoutmosis III, une tradition impériale se créa – idéologie qui perdurera. Le roi est désormais un « héros » nécessaire. Thoutmosis eut une première *conscience* de l'Empire, conçu comme une fédération d'États en Asie, alors que les terres africaines, au sud, constituaient le prolongement naturel, inséparable, de la métropole. L'Empire devait symboliser aussi une grande unité spirituelle, où les divinités se mêlaient, placée sous l'autorité du roi-dieu.

TOUTANKHAMON (1354-1345 av. J.-C.)

Onzième roi de la XVIIIe dynastie.

Son origine est mal connue. Il régna, jeune adolescent, pendant neuf ans, se préoccupant essentiellement de la restauration des temples saccagés par **Aménophis IV** et du retour des cultes traditionnels.

Quant à la découverte de sa tombe, les incidents – réels ou supposés – qui l'entourent sont bien connus.

ANNEXES

LES SOUVERAINS DE L'ÉGYPTE ANCIENNE

CHRONOLOGIE

La chronologie absolue des règnes n'est pas toujours aisée à établir dans l'histoire de l'Égypte ancienne. En effet, les Égyptiens comptaient les années pour chaque souverain séparément et recommençaient à chaque changement de règne (an V de Ramsès, etc.).

Toutefois, nous disposons aussi de documents établis par les Égyptiens eux-mêmes : classement par dynasties, ordre de succession. Les écrits de Manéthon, prêtre et historien égyptien, nous renseignent heureusement à ce sujet. On a retrouvé également des Tables royales : nomenclatures de pharaons établies à des fins religieuses. L'une d'elles, provenant de Karnak, se trouve actuellement au musée du Louvre. Certains obstacles cependant demeurent : en effet, les sources dont nous disposons sont muettes sur la durée de certains règnes, elles peuvent être incomplètes pour d'autres. Nous disposons encore d'une autre source possible : le recours à un fait astronomique fixe qui pouvait être noté dans le calendrier : il s'agit du lever héliaque de l'étoile Sothis (Sirius, pour nous), qui, le 19 juillet julien, est visible à l'horizon juste avant le lever du soleil ; aussi quand un document signale, pour une époque chronologiquement incertaine, que Sothis s'est levée en telle année de tel roi, on peut déterminer (à quelques années près) la date de l'événement et, par conséquent, situer dans le temps le souverain en question.

Étude difficile. Quant à la mise en rapport avec notre calendrier, elle peut être parfois quelque peu approximative.

Ire et IIe dynasties

Narmer et ses successeurs (à partir de 3200 av. J.-C.).

IIIe dynastie (2778-2723)

Djoser (vers 2778 av. J.-C.-?) et quatre successeurs mal connus.

IVe dynastie (2723-2563)

Snéfrou (vers 2700) – **Kheops** (vers 2650) – Dedefrê – **Khephren** (vers 2620) – **Mykerinus** (vers 2600).

Ve dynastie (2563-2423)

9 souverains – De Ouserkaf à Ounas.

VIe dynastie (2423-2263)

Teti (?) – Ouserkarê (?) – Pépi Ier, Merenrê, **Pépi II** (vers 2420-2280).

De la VIIe à la XIe dynastie

Crise sociale (rois mal connus).

XIe dynastie

8 souverains : 3 Antef, 5 Montouhotep dans l'ordre (2160-2000).

XIIe dynastie (2000-1785)

Amenemhat Ier (2000-1970) – **Sésostris Ier** (1970-1936) – **Amenemhat II** (1936-1906) – Sésostris II (1906-1888) – **Sésostris III** (1887-1850) – **Amenemhat III** (1850-1800) – Amenemhat IV (1800-1792) – Sobekneferourê (1792-1785).

XIIIe et XIVe dynasties

Mal connues.

XVe, XVIe et XVIIe dynasties

Règne des envahisseurs Hyksos (1730-1580).

XVIIIe dynastie (1580-1314)

Ahmosis (1580-1557) – **Aménophis Ier** (1557-1530) – **Thoutmosis Ier** -1530-1520) – Thoutmosis II (1520-1504) – **Hatshepsout** (usurpa le pouvoir royal de 1504 à 1480) – Thoutmosis III* (règne « officiel » : 1504-1450) – Aménophis II (1450-1425) – Thoutmosis IV (1425-1408) – **Aménophis III** (1408-1370) – **Aménophis IV-Akhenaton** (1370-1354) – Smenkarê (règne bref) – **Toutankhamon** (1354-1345) – Aï (1345-1339) – **Horemheb** (1339-1314).

XIXe dynastie (1314-1205)

Ramsès Ier (1314-1312) – **Séthi Ier** (1312-1296) – **Ramsès II** (1296-1229) – **Merenptah** (1229-1218) – Quelques usurpateurs prendront alors le pouvoir – Seul de la lignée ramesside, Séthi II régnera de 1210 à 1205.

XXe dynastie (1200-1085)

Sethnakht (1200-1198) – **Ramsès III** (1198-1166) – De Ramsès IV à Ramsès XI (1166-1085).

XXIe dynastie

De 1085 à 950, séparation des pouvoirs ; dans le Nord, à Tanis, régneront : Smendes – Psousennes Ier et II – dans le Sud, des rois-prêtres : Hérihor.

XXIIe, XXIIIe et XXIVe dynasties dynasties libyennes (950-715)

Sheshonq : 5 souverains ; **Seshonq V** (767-715) – Osorkon : 3 souverains – entre autres.

XXVe dynastie dynastie éthiopienne (715-656)

Piankhi – Shabaka – Shabataka – Taharqa – Tanoutamon.

XXVIe dynastie renaissance nationale (656-625)

Psammétique Ier, II et III, notamment.

XXVIIe dynastie première domination des Perses (525-404)

Cambyse – Darius Ier – Xerxès – Artaxerxès – Darius II.

XXVIIIe à XXXe dynastie dernières dynasties indigènes (404-341)

Achoris – Nectanebo Ier et II, entre autres.

Seconde domination des Perses (341-333)

Artaxerxès III – Arses – Darius III Codoman.

Époque grecque (330-30)

Dynastie macédonienne : Alexandre le Grand – Époque ptolémaïque ou lagide : **Ptolémée**, **Cléopâtre**.

Époque romaine (30 av. J.-C.-384 ap. J.-C.)

LA GRANDE PYRAMIDE DE KHEOPS À GIZEH

STRUCTURE INTERNE ET TECHNIQUE DE CONSTRUCTION

Dans un traité, rédigé à la fin du IIIe siècle avant J.-C., l'ingénieur grec, Philon de Byzance, donne le nom des sept monuments de l'Antiquité considérés alors comme les Sept Merveilles du monde – au premier rang desquelles figure la grande pyramide de Gizeh.

L'entrée de la pyramide se trouve sur la face nord, à quinze mètres au-dessus du niveau du sol. Il semble que différents projets aient successivement modifié l'aménagement intérieur, destinés à « tromper » les voleurs éventuels. En effet, depuis l'entrée, un long couloir s'enfonce dans le sol (dans la substructure du monument), qui, sans doute, devait mener à une chambre funéraire, abandonnée ensuite. Un second couloir s'élève en pente douce, menant à une seconde chambre funéraire, aménagée dans la superstructure, également abandonnée. Ce second couloir fut prolongé par une large galerie (la « Grande Galerie ») aboutissant à une troisième chambre, située dans la maçonnerie même, à quarante-deux mètres au-dessus de la base de la pyramide ; le sarcophage, vide désormais, était déposé le long du mur ouest. Le plafond de la chambre était formé de neuf blocs de granit pesant quatre cents tonnes et surmonté d'un dispositif destiné à la protéger contre la pression du sommet de la pyramide, à savoir cinq compartiments étagés délimités chacun par des plafonds de pierre, et dominés par un toit pointu fait de blocs inclinés l'un contre l'autre. La momie royale une fois déposée dans le sarcophage, on condamnait l'accès de la chambre à l'aide de trois grandes dalles placées au bout de la Grande Galerie, puis par d'énormes blocs de granit obstruant le corridor. Des galeries d'aération furent mises en place, traversant la maçonnerie.

Techniquement, comment a-t-on pu élever la pyramide ? D'après les données archéologiques, il est vraisemblable que l'on hissait les blocs de pierre jusqu'au sommet grâce à des rampes de brique, que l'on prolongeait pour chaque nouvelle assise et sur lesquelles on halait les blocs sur des traîneaux de bois que l'on mouillait pour faciliter le glissement. Chaque assise était posée en partant du centre vers l'extérieur ; la masse des matériaux diminuait ainsi au fur et à mesure que l'on se rapprochait du sommet.

LA VALLÉE DU NIL

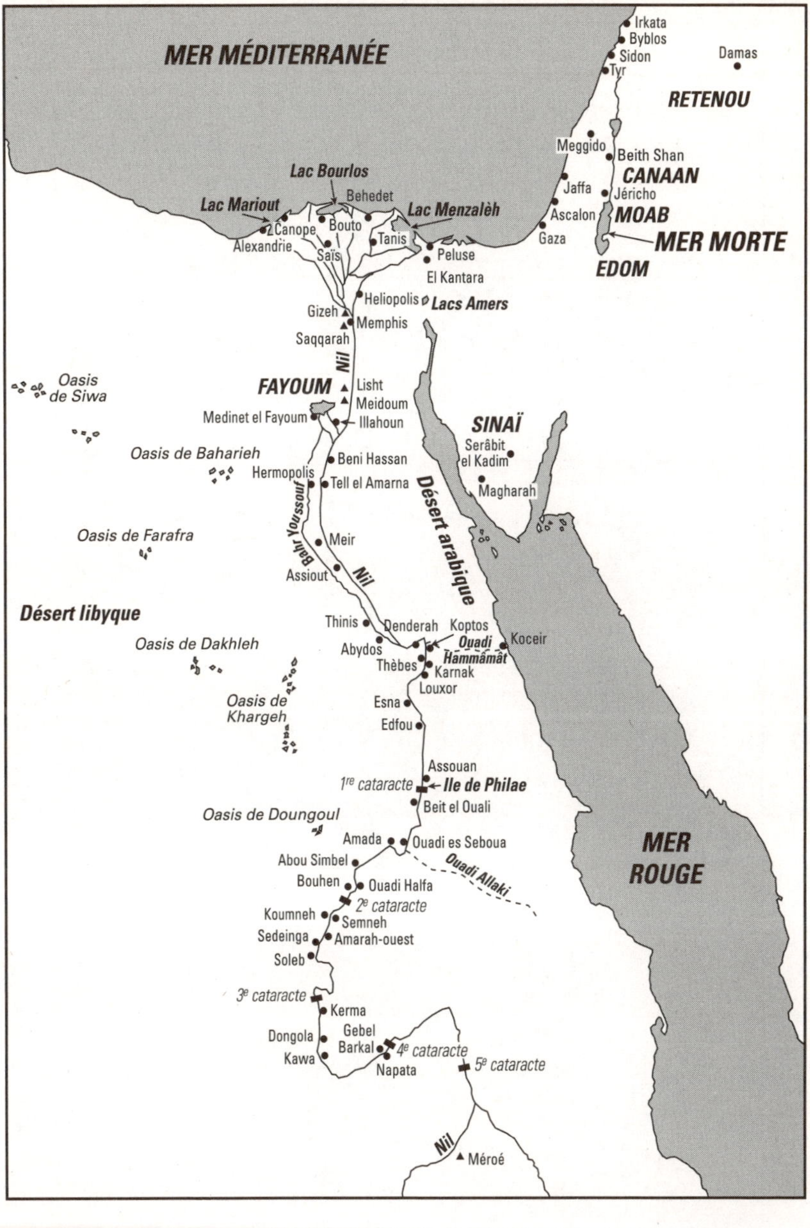

ASIE MINEURE ET MÉSOPOTAMIE
AU TEMPS DE RAMSÈS II

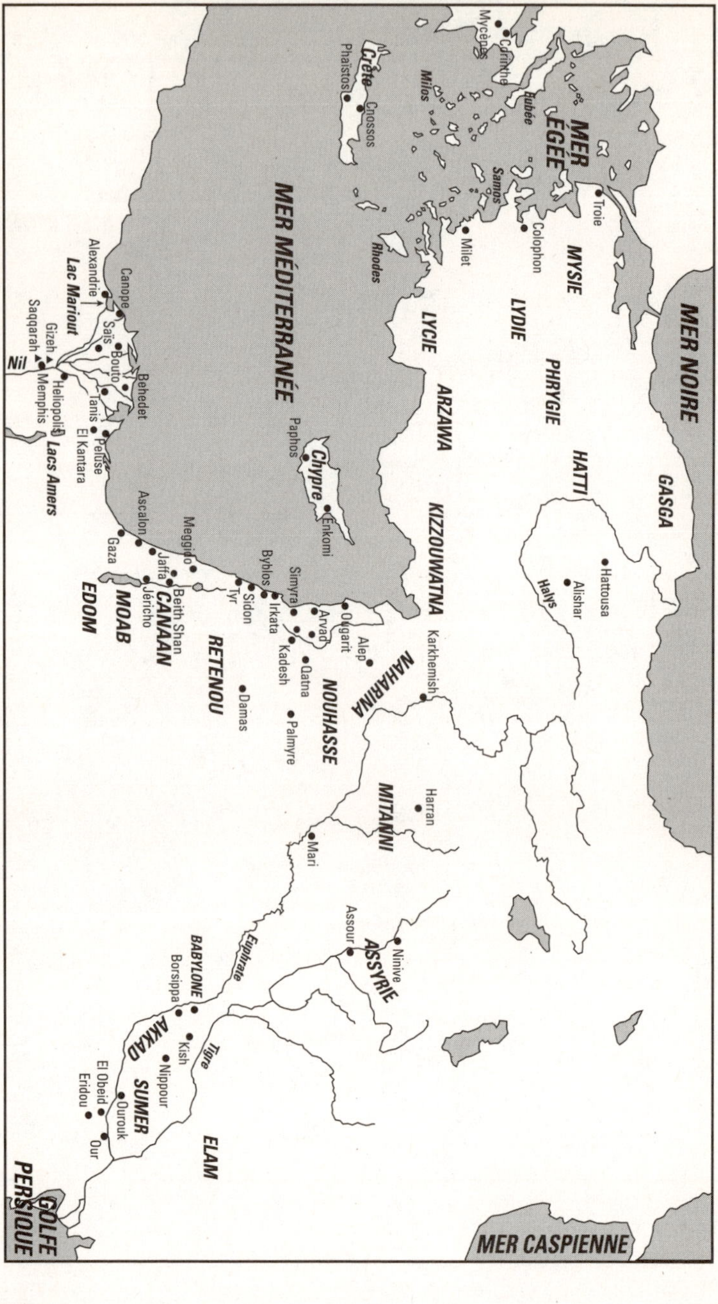

DEUXIÈME PARTIE

Dieux et héros de la mythologie grecque

par Gilles van Heems

AVANT-PROPOS

> « Et c'est ainsi, Glaucon, que le mythe a été sauvé et qu'il ne s'est point perdu. Il peut, si nous y ajoutons foi, nous sauver nous-mêmes... »
>
> (PLATON, *La République*, X, 621 b, d'après la traduction d'É. Chambry, PUF, Paris, 1934.)

Vouloir enfermer la mythologie grecque dans un corset de quatre-vingt-dix pages relève de la gageure. À l'instar de Protée, le mythe grec prend mille formes pour nous échapper, et il est souvent malaisé de se repérer dans la vaste forêt des références mythologiques qui émaillent plus de deux mille cinq cents ans de littératures. Utilisé, raconté, travesti et trahi depuis Homère jusqu'à aujourd'hui, le mythe est au cœur même de la notion moderne de *fiction* ; il nous a dès lors semblé intéressant de fournir au lecteur un petit *vade-mecum*.

Mais en quoi un nouvel ouvrage de ce type serait-il utile, quand a fleuri, dès l'Antiquité, toutes sortes d'études visant à raconter et à interpréter le mythe[1] ? Ainsi, à la suite d'Évhéméros, qui vécut en Sicile autour de 300 avant J.-C., certains ont-ils cherché à prouver que les mythes n'étaient en réalité que des allégories et qu'ils portaient la trace, sous une patine merveilleuse, d'événements qui s'étaient réellement produits et de personnages réels qui auraient été divinisés. De telles reconstructions témoignent, dans leur ardeur à « sauver

1. Sur les différentes sources de la mythologie grecque nous renvoyons à l'excellente présentation qu'en fait P. Grimal en introduction à son dictionnaire (*Dictionnaire de la mythologie grecque et romaine*, Paris, PUF, 1951).

les apparences » (si répandue à l'époque hellénistique dans tous les domaines du savoir), du souci de *prendre au sérieux* ces récits. Et chaque époque, pourrions-nous dire, a cherché, à sa manière, à les « sauver » en en dévoilant ce que l'on croyait alors être la « clé ». Ainsi se sont succédé des interprétations tour à tour cosmologiques, symbolistes, comparatistes, structuralistes ou psychanalytiques. Sans aucun doute toutes ces grilles de lecture ont enrichi notre perception du mythe grec, mais aucune d'entre elles ne saurait donner une explication exhaustive, qu'il serait d'ailleurs illusoire de chercher.

Aussi nous semble-t-il plus que jamais indispensable, devant cette recrudescence critique, de revenir à la source et d'offrir au lecteur les principaux récits de la mythologie grecque. La forme choisie est celle, commode, du dictionnaire, et nous avons décidé de n'y inclure que des noms de dieux et héros grecs, à l'exclusion des créatures monstrueuses. Comme cette mythologie est née en Grèce et nous est connue d'abord et surtout par des œuvres grecques, nous ne donnons que le nom grec de chaque personnage ; un index des entrées par le nom latin, cependant, situé en annexe, permettra au lecteur à qui les noms latins sont plus familiers de retrouver facilement le personnage qu'il cherche. Il est néanmoins deux héros que nous avons présentés sous leur nom latin, *Pollux* et *Ulysse*, éminemment plus connus sous ces noms que sous ceux de *Polydeucès* et *Odysseus*. Quant à la transcription des noms grecs, nous avons préféré nous conformer à la tradition française, toute incohérente qu'elle soit ; ainsi nous parlerons de Thésée plutôt que de *Theseus* ou d'Œdipe plutôt que d'*Oidipous*, mais nous garderons en revanche le terme grec de *Dionysos*. Pour différencier certains noms, nous avons parfois adopté une transcription directe : nous distinguons ainsi Hippolyte (en grec : *Hippolytos*), fils de Thésée, d'*Hippolytè*, reine des Amazones.

Les dimensions de l'ouvrage, on l'aura compris, nous ont contraint à ne choisir que l'essentiel, c'est-à-dire, en définitive, à n'offrir au lecteur qu'un choix subjectif. Subjectif, certes, mais pas irrationnel, et un principe a constamment guidé la rédaction de ce florilège: nous avons retenu les noms des personnages qui interviennent dans les plus importantes œuvres de la littérature ancienne et les épisodes les plus centraux de leur existence. Ces œuvres de référence sont, évidemment, les poèmes homériques, l'*Iliade* et l'*Odyssée*, qui n'ont cessé d'imprimer leur marque dans la littérature « occidentale » ; l'œuvre d'Hésiode, ainsi que les *Hymnes* attribués à Homère, quoique rédigés à des époques variables, forment également des recueils fort précieux pour qui s'intéresse à la mythologie. À cet ensemble, nous avons ajouté les pièces des trois grands tragiques grecs, Eschyle, Sophocle et Euripide, qui se fondent souvent sur des traditions inconnues d'Homère et qui modifient volontiers la version « canonique » du mythe. Enfin, il nous a semblé difficile de ne pas prendre en compte le texte des *Métamorphoses* d'Ovide, qui nous donne accès à des sources alexandrines pour la plupart aujourd'hui perdues et qui, surtout, a eu une influence considérable sur la littérature européenne du Moyen Âge à nos jours. Pour compléter les notices, on trouvera en annexe trois tableaux généalogiques destinés à aider le lecteur à ne pas se perdre dans les « grandes familles » du mythe grec.

Dans chaque notice, les noms des personnages qui possèdent leur propre entrée dans le dictionnaire sont en gras ; le nom est précédé d'une flèche (→) quand le renvoi à un personnage ou un épisode particulier est jugé indispensable.

A

Achille

Fils de Pélée et de la déesse marine **Thétis**, Achille, qui était destiné par sa naissance même à avoir un destin exceptionnel (→ Thétis), est le personnage principal de l'*Iliade*, dont le sujet est la fameuse « colère d'Achille le Péléide ». « Achille aux pieds légers » est le plus vaillant des Achéens et le seul d'entre eux à être vraiment craint par les Troyens ; mais il apparaît bien souvent, dans l'épopée, colérique, orgueilleux et violent.

Dès sa naissance, sa mère, voulant le préserver de la mortalité que lui avait conférée son humain de père, le plongea dans les eaux du Styx ; ce fleuve des Enfers avait la particularité de rendre invulnérable quiconque s'y baignait. Cependant, Thétis tenait son enfant par le talon, et le « talon d'Achille » resta pour toujours le point faible du héros. Quand il fut jeune homme, les chefs achéens lui proposèrent de participer à l'expédition contre Troie ; sa mère lui annonça alors qu'il mourrait prématurément, s'il partait en guerre, mais serait couvert de gloire ; au contraire, s'il restait chez lui, sa vie serait obscure, mais fort longue. L'impétueux Achille opta sans hésiter pour la vie de gloire. Une autre version dit que Thétis aurait alors caché son jeune fils, déguisé en fille, dans le palais de Lycomède, roi de Scyros, qui n'avait que des filles. Il fut pourtant retrouvé par **Ulysse**, qui déjoua la ruse en présentant des armes au jeune travesti.

Achille partit pour Troie accompagné de **Patrocle**, son grand ami, et de Phœnix, qui avait été son précepteur. Thétis lui donna la cuirasse, les armes et le bouclier forgés par **Héphaïstos** pour Pélée, ainsi que deux chevaux donnés par **Poséidon**.

La vraie colère d'Achille, celle que chante l'*Iliade*, fut causée par Agamemnon. Au début de la dixième année du siège, **Apollon** envoie la peste ravager le camp des Achéens ; il est courroucé par l'attitude d'Agamemnon, qui avait enlevé Chryséis, la fille de Chrysès, son prêtre. Lors de la même razzia, Achille avait ramené la belle Briséis. Pour sauver le camp, Agamemnon est contraint de rendre à son père Chryséis, mais, s'estimant lésé, il exige qu'Achille lui donne Briséis en retour. Celui-ci ne peut refuser, mais décide, devant cette injustice, de se retirer du conflit. Commence alors pour les Achéens une série de défaites éclatantes ; sans Achille, les Troyens ne craignent plus de venir combattre devant les tentes de leurs ennemis ; Patrocle, devant l'imminence du danger, demande à son ami de lui prêter ses armes divines, et sort, ainsi vêtu, combattre les Troyens ; mais le grand Hector le tue au cours d'un duel. La mort de son ami pousse Achille à revenir au combat, d'abord pour reprendre le corps de son ami (il veut lui assurer une digne sépulture), ensuite pour faire douze prisonniers troyens, en vue de les sacrifier au souvenir de Patrocle.

La dernière action d'éclat d'Achille est, d'après Homère, son duel contre Hector. Quand la rencontre a lieu, Zeus contraint Apollon à abandonner Hector, qu'il protégeait de sa faveur divine – il détestait en outre Achille qui avait tué l'un de ses fils. Le combat est incertain, mais Achille finit par tuer Hector, qui lui prédit, en mourant, sa mort prochaine et le prie de restituer son corps à sa famille. Achille, dans son orgueil plein de cruauté, emporte le cadavre du héros troyen, l'attache à son char et fait chaque jour le tour de la ville. Priam vient alors le voir dans sa tente et le supplie de lui rendre le corps de son fils qui attend sépulture. Achille, ému, le lui rend, contre paiement d'une forte rançon.

L'*Iliade* s'achève sur les funérailles d'Hector ; mais Achille trouve peu après la mort : Pâris tire une flèche qu'Apollon guide vers le talon du héros, la seule partie vulnérable de son corps (→ Pâris). Dans l'*Odyssée*, enfin, Ulysse rencontre l'âme du héros, et l'ombre d'**Agamemnon** décrit les jeux funèbres organisés en l'honneur d'Achille, ainsi que la querelle qui éclata au sujet de ses armes (→ Ajax 2, Ulysse).

Actéon

Fils d'Aristée et d'une nymphe, Actéon est, par son père, petit-fils d'**Apollon** et descend par sa mère de **Cadmos**. Il fut élevé par le centaure **Chiron**, qui lui apprit l'art de la chasse. Le jeune homme passait le plus clair de son temps à chasser avec sa meute de cinquante chiens. Or, un jour qu'il pistait le gibier dans une forêt, il aperçut **Artémis**, nue, qui se baignait dans une source ; offensée par ce regard, la déesse se vengea aussitôt : elle transforma le chasseur en cerf et Actéon fut dévoré par ses propres chiens (→ Artémis).

Adonis

Cette divinité et son culte, d'origine orientale (la légende se déroule en Syrie), sont connus de Hésiode, mais se répandent surtout à l'époque hellénistique.

Le mythe raconte comment Myrrha conçut pour son père (un roi dont le nom et le royaume varient) un désir incestueux. **Aphrodite**, irritée, lui avait en effet inspiré cet amour interdit. Myrrha trouva un stratagème pour coucher pendant douze nuits avec son père, jusqu'à ce que ce dernier s'en aperçût et voulût tuer sa fille. Celle-ci prit la fuite, poursuivie par son père, et pria les dieux de la protéger ; ils s'exécutèrent en la transformant en arbre, l'arbre à myrrhe. Mais Myrrha était enceinte et, quelques mois plus tard, l'écorce de l'arbre qu'elle était devenue se fendit et laissa sortir un enfant. Aphrodite le recueillit et, frappée par son immense beauté, le confia en secret à **Perséphone** pour qu'elle l'élève. Mais cette dernière, qui était tombée sous le charme du garçon, refusa, le jour convenu, de rendre Adonis à la déesse. **Zeus** fut alors pris pour arbitre et il trancha : pendant un tiers de l'année Adonis resterait auprès de Perséphone, il passerait un second tiers avec Aphrodite et occuperait le dernier tiers de l'an à sa guise. Adonis choisit de toujours passer deux tiers de l'année avec Aphrodite, et un seul tiers avec Perséphone. Ce jeune garçon, doté d'une beauté extraordinaire, fut tué par la jalousie d'**Arès**, qui lança contre lui un sanglier furieux.

Adonis, mort dans la fleur de l'âge, au faîte de sa splendeur, représente une divinité de la végétation et des fleurs, engendré par un arbre et condamné à vivre un tiers de l'année sous terre auprès de la souveraine des Enfers, avant de renaître, pour le reste de l'année, avec l'aide de la déesse de l'amour.

Agamemnon

Fils d'**Atrée** et d'Aéropé, Agamemnon règne sur Argos. Roi maudit pour les exactions de son père (→ Atrée), il est le frère de **Ménélas** et le second mari de **Clytemnestre** ; celle-ci fut contrainte de l'épouser, alors qu'il avait tué son premier mari, Tantale, son propre cousin. Ensemble ils eurent trois filles, Chrysothémis, **Iphigénie** et **Électre**, et un fils cadet, **Oreste**. Son autorité personnelle lui vaut le commandement de l'expédition achéenne contre Troie, rassemblée pour venger l'honneur de son frère (→ Hélène, Ménélas), mais il fait souvent figure de personnage cruel et un tantinet obstiné.

Avant même son arrivée à Troie, il est responsable du premier sang versé pour la guerre ; il s'était vanté, après avoir tué un cerf à la chasse, d'avoir fait mieux qu'**Artémis** ; celle-ci ordonna alors à tous les vents de cesser de souffler sur Aulis, où était stationnée la flotte, tant que le roi ne lui aurait pas sacrifié sa fille Iphigénie, encore vierge. Sous la pression des soldats et de son frère, Agamemnon fit venir sa fille sous prétexte de la marier à **Achille** ; mais en fait, au jour prévu, il lui fit trancher la tête en l'honneur de la déesse courroucée. Artémis, dit-on, remplaça à cet instant la jeune fille par une biche, et l'envoya servir son culte en Tauride

(→ Oreste), mais Clytemnestre ne pardonna jamais cette seconde offense.

C'est encore à son comportement qu'est due la fameuse colère d'Achille, ô combien funeste aux Achéens ; contraint par **Apollon** de rendre à son père la jeune Chryséis, qu'il avait enlevée au cours d'une razzia dans les environs de Troie, Agamemnon avait forcé Achille à lui donner sa propre captive, Briséis, entraînant ainsi le retrait d'Achille des hostilités et toute une série de défaites pour les Achéens (→ Achille).

Son retour à Argos est marqué du sceau de la vengeance : Clytemnestre, qui éprouvait une terrible rancœur envers son mari depuis leur mariage et plus encore depuis le sacrifice de leur fille, avait pris pour amant **Égisthe**, avec qui elle prépara le meurtre d'Agamemnon. Alors que celui-ci rentrait de Troie avec **Cassandre** comme prisonnière (et concubine), Clytemnestre le tua et Égisthe prit le pouvoir à Argos. Agamemnon fut vengé par ses enfants, Oreste et Électre (→ Électre, Oreste).

AJAX

1. Fils d'Oïlée, « Ajax le petit » prend part à l'expédition achéenne contre Troie à la tête du contingent locrien. Il est petit et rapide ; mais il est surtout célèbre pour son arrogance, sa cruauté et son impiété. C'est lui qui, la nuit du sac de Troie, viole dans le temple d'**Athéna**, au pied de la statue de la déesse, Cassandre ; il encourt pour cela la colère de la fille de **Zeus** (→ Athéna), qui envoie une tempête sur son navire, alors qu'il cherche à rentrer chez lui. Son bateau coule, mais lui-même est sauvé de justesse par **Poséidon** ; mais comme Ajax attribuait son salut à sa seule vaillance et non à l'aide de Poséidon, ce dernier laissa Athéna le foudroyer.

2. Fils de Télamon, « Ajax le grand » s'oppose en tout point au précédent. Il est grand, courageux, manie la lance et l'épée. Il est le plus valeureux des Achéens après **Achille**. Il participe à l'expédition en tant que chef du contingent de Salamine. Il s'illustre à de nombreuses reprises dans la guerre et dirige souvent les troupes achéennes ; plusieurs combats l'opposent à **Hector**, mais il ne parvient jamais à le vaincre (→ Hector). Après la mort d'Achille, les Achéens débattent pour savoir à qui reviendraient les armes du héros, forgées par **Héphaïstos** à la demande de **Thétis**, la mère du héros. Comme celle-ci les avait promises au plus vaillant des Achéens, on interrogea les prisonniers troyens pour départager les chefs ; ceux-ci répondirent que c'était **Ulysse**, qui obtint les armes tant convoitées, alors qu'il ne s'était pas particulièrement illustré dans les combats. Ajax ne supporta pas ce qu'il jugeait une traîtrise ; il devint fou et massacra en pleine nuit les troupeaux des soldats achéens ; au petit jour, revenu à la raison, il comprit sa folie et se donna la mort.

Alexandre → Pâris.

Amphitrite

Souveraine de la mer, Amphitrite est une fille de **Nérée** (c'est donc une Néréide). Elle est surtout connue pour être la femme de **Poséidon**, le dieu des eaux, qui l'enleva après l'avoir vu danser avec ses sœurs près de l'île de Naxos. Elle gouverne auprès de son époux les créatures marines.

Andromaque

Fille d'Éetion, roi de Thèbes (en Mysie), Andromaque est l'épouse d'**Hector**, fils de **Priam** et héros de Troie. Elle lui donna un fils, **Astyanax**. Durant le siège de Troie, **Achille** mit à sac sa ville natale et tua son père et ses sept frères. Cette femme, de grande taille et d'une beauté extraordinaire, est la figure même de l'épouse, douce et aimante, et de la mère attentionnée. Après la prise de Troie, certaines versions prétendent qu'elle fut emmenée comme esclave par Néoptolème (surnommé aussi Pyrrhos), le fils d'Achille, en Épire, et qu'il eut d'elle plusieurs fils. À sa mort, il légua à Hélénos, le frère d'Hector, qu'il avait emmené avec Andromaque, son royaume ainsi que la femme de son frère défunt (→ Astyanax, Hector).

Andromède

Fille de Céphée, roi d'Éthiopie, et de Cassiopée, cette jeune fille eût été promise à un odieux destin, si **Persée** n'était venu à son secours. Cassiopée, en effet, s'était vantée d'être plus belle que les Néréides, qui, piquées au vif, avaient prié Poséidon de punir cette orgueilleuse mortelle. Le dieu des ondes envoya alors un affreux monstre marin ravager les côtes éthiopiennes. Un oracle apprit à Céphée que, pour délivrer son pays, il devait sacrifier au monstre sa fille ; Andromède fut donc enchaînée à un rocher perdu en pleine mer et attendait avec frayeur que le monstre vînt l'emporter, quand Persée, de retour de son expédition contre Méduse, passa dans le ciel d'Éthiopie ; il vit Andromède, dont il tomba immédiatement amoureux, et promit à ses parents de la sauver, s'ils lui donnaient sa main. Le héros s'élança alors sur ses sandales ailées et plongea, le glaive en avant, contre le monstre qui s'apprêtait à dévorer la jeune fille. Il défit ses liens, et l'emmena à Tirynthe, où ils régnèrent tous deux (→ Persée). À sa mort, Andromède fut changée en constellation, tout comme sa mère et son époux.

Antigone

Fruit des amours incestueuses entre **Œdipe** et **Jocaste**, Antigone a une sœur, Ismène, et deux frères, **Étéocle** et **Polynice**. Elle est l'incarnation de la piété filiale et fraternelle, puisqu'elle accompagne son père jusqu'à Colone, quand il se força à partir en exil, après avoir découvert qu'il avait épousé sa propre mère (→ Œdipe). Après la mort de son père, Antigone revint à Thèbes, que gouvernait alors son frère Étéocle ; à l'issue de la guerre où s'entre-tuèrent les deux frères (→ Étéocle, Polynice), Créon, l'oncle des enfants d'Œdipe, organisa des funérailles publiques en faveur d'Étéocle, mais interdit à Polynice, jugé ennemi public, toute sépulture. Antigone, invoquant des « lois non écrites » dictées par les dieux, passa outre à cet interdit, et alla ensevelir son frère proscrit ; Créon l'apprit et la condamna à mort au nom de l'État. La jeune fille fut enterrée vive dans le tombeau de ses ancêtres ; son fiancé Hémon l'accompagna dans la mort en se suicidant.

Aphrodite

Aphrodite est la plus belle des déesses et règne sur l'amour et le désir. Contrairement à tous les autres **Olympiens**, elle ne descend pas de **Cronos**, mais directement d'**Ouranos** ; on raconte, en effet, que lorsque Cronos trancha les organes sexuels de son père, les gouttes de sang et de sperme donnèrent naissance, au contact de la mer, à Aphrodite. On la dit née de l'écume, sans doute par une étymologie populaire et fausse qui la rapproche du mot grec *aphrós,* « écume ». Au sortir des flots, elle fut portée jusqu'à Cythère, puis jusqu'à Chypre, îles consacrées depuis ce jour à la déesse, par le souffle puissant des Zéphyrs ; là, les Heures, déesses des saisons, et les Grâces l'habillèrent et la parèrent avant de l'emmener chez les dieux qui, ravis par sa beauté, l'accueillirent dans la joie.

Car il est certain que la caractéristique principale d'Aphrodite est sa beauté et la grâce qu'elle met dans chacun de ses gestes. Elle est la divinité qui inspire le désir charnel à toutes les créatures, et sa puissance n'a aucune borne, puisqu'elle peut contraindre le cœur des hommes comme celui des immortels. Son attribut principal est, on le comprend sans peine, sa nudité et c'est dans ce simple appareil qu'elle est le plus souvent représentée. Les colombes lui sont consacrées, dans la mesure où leur plumage sans tache et leur vol gracieux semblent rendre hommage à la déesse ; on dit même qu'elle possède un char tiré par ces oiseaux.

Aphrodite a donc un empire sans partage sur les cœurs. Aussi **Zeus**, sans doute par dépit, puisqu'il avait déjà pour épouse **Héra**, lui donna-t-il comme mari **Héphaïstos** le boiteux. Cette union avec le dieu du feu est à comprendre d'un point de vue symbolique; mais un mariage de la plus belle des déesses avec le dieu le plus repoussant de l'Olympe ne pouvait durer bien longtemps. Elle était amoureuse d'**Arès**, et comme son mari passait le plus clair de son temps dans sa forge, elle put assouvir sa passion. L'union de la puissance musculaire et virile avec la déesse des charmes de la féminité était consommée, et les rencontres régulières et secrètes des deux amants durèrent jusqu'à ce que **Hélios**, le Soleil, le dieu qui voit tout, les découvrît un beau matin. Il alla sur-le-champ tout raconter à Héphaïstos qui prépara sa vengeance: le mari trompé forgea un filet incassable et invisible, dans lequel les deux amants furent pris; ils furent ainsi exposés à la vue de tous les Olympiens, qui rirent bien longtemps de la mésaventure! De cette union de la force et du désir naquit **Éros**, le désir personnifié, mais aussi Deimos et Phobos, « Terreur » et « Effroi »; l'un accompagne toujours sa mère, tandis que les autres font cortège à leur père (→ Arès).

Aphrodite est à l'origine de la guerre de Troie et du siège de dix ans qui s'y déroula. En effet, le jour des noces de Pélée et de **Thétis**, les parents d'**Achille** (→ Thétis), Éris (« la Discorde »), qui, pour des raisons évidentes, n'avait pas été invitée aux noces, décida de se venger en lançant sur la table du festin une pomme sur laquelle était écrit « à la plus belle ». Trois déesses prétendirent à ce titre et voulurent avoir la pomme, Héra, **Athéna** et Aphrodite. Zeus, qui n'osait départager de peur de représailles, chargea **Hermès** d'emmener les trois rivales auprès d'un berger troyen, **Pâris**. Les trois déesses tentèrent alors de corrompre le juge: Héra, femme du grand Zeus, lui proposait le pouvoir; Athéna, déesse de l'intelligence et de la guerre, lui promettait une vie de sagesse et l'invincibilité au combat. Aphrodite, quant à elle, n'eut qu'un mot à lui dire: « **Hélène** »; c'était la plus belle femme du monde, et Pâris fut conquis à la seule idée de pouvoir l'épouser. Aphrodite fut ainsi déclarée, sans trop de difficulté, la plus belle et gagna la pomme de la discorde. Pâris se rendit aussitôt à Sparte, où vivaient Hélène et son royal mari, **Ménélas**, et la déesse l'aida à enlever la jeune femme, donnant ainsi le départ à l'expédition des armées achéennes contre Troie (→ Hélène, Ménélas).

Le jugement de Pâris décida des préférences d'Aphrodite pour les Troyens ; elle sauva la vie de son protégé lors de son duel contre Ménélas ; elle veillait aussi sur son fils **Énée** et le défendit contre Diomède ; elle le guida également tout au long de son périple qui devait le conduire en Italie, après la prise de Troie par les Achéens (→ Énée).

Aphrodite eut, on s'en doute bien, de nombreuses aventures amoureuses, avec des dieux comme avec des hommes ; parmi les plus célèbres, il convient de rappeler son amour pour le bel **Adonis** (→ Adonis).

Apollon

Apollon est une très ancienne divinité, peut-être prégrecque. **Létô**, enceinte de Zeus, encourait la jalousie d'**Héra**, qui ne supportait pas la nouvelle infidélité de son mari ; or, cette dernière avait ordonné à la terre entière de refuser à Létô un endroit pour accoucher. L'indésirable finit néanmoins par trouver refuge dans une île flottante, minuscule caillou ballotté par les flots, qui accepta de devenir le lieu de naissance des enfants de Létô, en échange de la célébrité. Et de fait : dès que Létô eut mis au monde ses jumeaux, Artémis d'abord, puis Apollon, l'île se fixa en prenant le nom de Délos (« la visible »).

Cet **Olympien** incarne la lumière solaire dans toute son ambivalence. Destructeur comme l'astre du jour, il est le dieu qui purifie par sa chaleur brûlante. C'est lui qui envoie la peste et lance les flèches qui déciment les hommes. Mais il est aussi le dieu qui guérit, et, comme son fils **Asclépios**, il est la divinité tutélaire des médecins. Assimilé au soleil, il est le dieu qui voit et sait tout (car tout se fait sous le soleil) ; aussi comprend-on pourquoi il est le dieu par excellence des prophéties et des oracles. Enfin, ce dieu lumineux, dont l'épiclèse le plus répandu est Phoibos, « le brillant », est aussi le dieu des arts, en particulier de la musique et de la poésie (arts que les Grecs ne séparaient pas), possesseur de la lyre, qui, avec ses sept cordes, symbolise l'astre solaire aux mille rayons ; on dit qu'il passe de longues heures avec les **Muses** sur le mont Parnasse. Dieu archer, il possède un arc et un carquois rempli de flèches d'or – dont il se sert pour frapper quiconque soulève sa colère. Enfin, c'est un dieu berger : figure du soleil, il était chargé de garder les troupeaux de bœufs célestes que sont, pour l'imaginaire symbolique, les nuages qui « paissent » autour du soleil. Tout comme sa sœur, Apollon a d'ailleurs une vocation agreste. Le loup, le cygne et le corbeau, oiseau prophétique, lui sont consacrés. Ce dieu aux beaux cheveux blonds et bouclés est donc doté d'une personnalité complexe : à la fois doux et ami des arts, il ne cesse jamais d'être l'un des plus terribles Olympiens, chargé par **Zeus** même, d'après Homère, de donner la mort aux hommes, tandis que sa jumelle, **Artémis**, s'occupe, l'heure venue, de faire disparaître les femmes.

Apollon se mit très vite à chercher un lieu où il pût rendre oracle et annoncer aux hommes ce que le destin leur réservait. Parcourant la mer sur un dauphin, il débarqua à un endroit, dominé par une colline où vivait un monstre terrible, Python, serpent gigantesque, fils de **Gaia**, qui, du fond de son antre obscur, rendait déjà un oracle. De toute évidence, la place était déjà prise. Qu'à cela ne tienne : Apollon défia le monstre et le putréfia à l'aide de ses flèches de lumières. Il avait gagné, brillamment, la bataille, mais souillé par le sang de Python, il dut aller se purifier avant de pouvoir devenir le dieu officiel de l'oracle le plus célèbre du monde grec, consulté par les plus grands souverains de l'Antiquité. La ville prit le nom de Delphes, parce que, croyait-on, le dieu y était arrivé à dos de dauphin (en grec, *delphís*). Apollon répondait aux fidèles à travers la bouche d'une vierge du pays, appelée la pythie, en souvenir de l'ancien occupant des lieux.

Sa vocation poétique et musicale lui fut révélée à la suite de sa querelle avec **Hermès** (→ Hermès), qui lui fit don de la lyre inventée par lui ; il devint très vite le meilleur des musiciens et remporta la victoire sur le satyre Marsyas qui s'était vanté d'être meilleur musicien que lui. À plusieurs reprises il aida les mortels, et devint même l'esclave de l'un d'entre eux, Admète. Apollon avait en effet tué les Cyclopes, qui servaient Zeus, pour venger la mort de son fils foudroyé par ce dernier (→ Asclépios) ; le roi des dieux, bouillant de colère, lui ordonna de se mettre une année entière au service du roi Admète, dont il devint même l'ami. Ainsi, grâce à Apollon, Admète eut un char tiré par un lion et un sanglier, gage demandé par Pélias, père d'Alceste, pour la donner en mariage. Le dieu alla même jusqu'à prier les **Moires** de ne pas faire mourir Admète, si, au jour fixé pour sa mort, il trouvait quelqu'un qui consentît à mourir à sa place ; or, au jour prévu, personne, pas même ses vieux parents, ne voulait prendre la place d'Admète. Seule sa femme, par amour, accepta de mourir. Et sans **Héraclès**, qui descendit aux Enfers pour la ramener, Alceste aurait abandonné son époux à sa solitude éternelle.

Ce dieu proche des hommes fut le soutien principal des Troyens, pendant la guerre qui les opposa aux Achéens. Cette préférence remonte à la fondation même de la cité : **Poséidon** et lui aidèrent **Laomédon** à bâtir la muraille de Troie et, malgré le parjure de ce dernier, Apollon, contrairement à Poséidon, apporta son soutien à **Priam** et à ses enfants. Il aida maintes fois le vaillant **Hector** dans la bataille et guida la flèche de **Pâris** qui devait être fatale à **Achille**. C'est lui d'ailleurs qui, au premier chant de l'*Iliade*, envoie la peste au camp des Achéens, pour punir **Agamemnon** d'avoir enlevé Chryséis, la fille de son prêtre. Il porta également secours à **Oreste** et le soutint constamment durant sa longue vengeance (→ Oreste).

D'une beauté extraordinaire, Apollon n'eut pourtant pas que des succès auprès de ceux et celles qu'il voulait séduire. **Cassandre**, la belle Troyenne, repoussa ses avances ; la nymphe Daphné, poursuivie par un Apollon très entreprenant, résolut de s'enfuir ; quand elle se trouva bloquée dans sa fuite par le fleuve Pénée, son propre père, la nymphe, qui avait fait vœu de rester vierge, le pria de la sauver : et au moment où Apollon approcha les mains de celle qu'il aimait, il toucha l'écorce et le feuillage d'un laurier (Daphné signifie « laurier » en grec). Éperdu d'amour, il en fit son arbre sacré.

Le dieu eut une violente dispute avec Héraclès, un jour que ce dernier, après le meurtre d'Iphitos, alla consulter la pythie à Delphes ; il voulait savoir, en effet, comment il pourrait expier ce crime et se libérer de sa folie. La pythie, horrifiée, refusa d'abord de lui répondre ; Héraclès, qu'il valait mieux ne pas contrarier, s'empara alors du trépied sacré sur lequel la pythie dévoilait les prophéties d'Apollon, et ce dernier apparut pour reprendre son bien. Zeus dut séparer ses enfants, et Apollon finit par dévoiler à son demi-frère qu'il serait guéri quand il aurait servi trois ans comme esclave. Le héros remercia Apollon et en propagea le culte au cours de ses voyages par amitié pour un dieu qui, comme lui, n'avait pas eu honte d'être l'esclave d'un homme.

Arès

Olympien, fils de **Zeus** et d'**Héra**, Arès est le dieu de la guerre ; il règne sur les champs de bataille, et se réjouit des carnages et des combats sanguinaires. D'une beauté toute virile, d'une stature imposante, il se montre aux hommes accompagné d'un cortège épouvantable, composé de ses enfants Deimos et Phobos (« Terreur » et « Effroi »). On le représente généralement avec la barbe et armé d'un casque, d'une cuirasse, d'une lance, d'une épée et d'un bouclier ; le vautour, parce qu'il vole souvent au-dessus des champs de bataille désertés, lui est consacré.

Ce dieu de violence, qui sème la terreur et l'épouvante sur son passage, préside, avec **Athéna**, sa demi-sœur, à la guerre ; ils forment néanmoins un couple antithétique, et les légendes grecques montrent souvent Arès et sa violence aveugle et stupide vaincus par Athéna et ses protégés. Ainsi, au cours de la guerre de Troie, Athéna aide Diomède à blesser Arès qui combattait au milieu des Troyens (→ Athéna) ; quand, dans ses pérégrinations, **Héraclès** dut combattre Cycnos, fils d'Arès devenu brigand de grand chemin, Arès prit part à la bataille pour sauver son fils ; il lança sa lance sur Héraclès, qui aurait été tué, si Athéna elle-même ne l'avait protégé de son bouclier ; profitant de la confusion, Héraclès frappa Arès à la cuisse, qui s'enfuit piteusement vers l'Olympe.

Arès, fort de sa virilité, eut plus d'une partenaire ; sa compagne la plus célèbre fut **Aphrodite**, avec qui il eut une relation adultère. Cette union de la beauté et de la force, du désir et de la violence, donna naissance à de nombreux enfants : **Éros** (« désir amoureux »), Harmonie, Deimos et Phobos (→ Aphrodite). Il eut une descendance nombreuse avec des mortelles ; mais ces enfants, pour la plupart, s'illustrèrent comme criminels ou bandits de grand chemin ; nous avons déjà signalé Cycnos, qu'il eut de Pyréné ; de la même femme naquit Diomède de Thrace (à ne pas confondre avec le Diomède de l'*Iliade*), qui donnait à manger à ses chevaux de la chair humaine, et que tua Héraclès (→ Héraclès).

Ariane

La belle Ariane, fille de **Minos**, roi de Crète, et de Pasiphaé, joue un rôle important dans les exploits de **Thésée** en Crète ; tombée amoureuse du héros athénien, elle lui donne une pelote de fil pour lui permettre de retrouver son chemin dans le labyrinthe de **Dédale**, où est enfermé le Minotaure. Après sa victoire sur le monstre, Thésée emmène sa promise avec lui ; mais il dut l'abandonner, alors qu'elle dormait, sur l'île de Naxos ; il lui était interdit, selon les lois divines, de l'épouser, puisqu'il avait tué son demi-frère, le Minotaure – Ariane et le monstre étaient en effet tous deux enfants de Pasiphaé (→ Minos, Thésée). Éperdue de tristesse, la jeune fille fut consolée par l'arrivée de **Dionysos** et de son cortège sur l'île de Naxos. Charmé par sa beauté, il l'épousa et l'emmena même sur l'Olympe.

Artémis

Fille de **Zeus** et de **Létô**, Artémis est la sœur jumelle d'**Apollon** et son aînée ; à peine née, elle aida sa mère à accoucher de son frère (→ Apollon). Elle forme avec lui un couple complémentaire qui représente le ciel sous ses deux aspects : tandis qu'Apollon est la lumière diurne qui illumine le ciel et la terre, Artémis est la Lune dont l'éclat blafard donne à la terre une apparence secrète et mystérieuse ; si à Apollon revient l'or et sa luminosité étincelante, Artémis préfère l'argent et ses reflets pâles et froids ; le frère a connu mille aventures amoureuses, mais la sœur a fait vœu de toujours rester vierge.

Le symbolisme nocturne d'Artémis en fait ainsi avant tout la déesse du monde sauvage et de toutes les contrées que la civilisation et l'expansion humaines n'ont pas atteintes, les forêts, les montagnes boisées et les grottes où se cachent les animaux sauvages qui sont consacrés à la déesse. Elle s'oppose ainsi à une autre déesse de la nature, **Déméter**, qui a en partage la nature cultivée, civilisée par l'homme. Artémis préside aussi à l'activité que l'on pratique dans cette nature non cultivée, la chasse, et c'est sous les traits et l'habit d'une chasseresse, vêtue d'une tunique courte pour lui permettre de courir, et armée d'un arc et d'un carquois aux flèches d'argent, qu'elle est le plus souvent représentée. La biche, vierge farouche de la forêt, rebelle au joug et à la main de l'homme, est l'animal qui lui ressemble le plus.

La déesse a été très tôt assimilée à une divinité grecque très ancienne du nom d'**Hécate**, qui présidait au monde obscur de la magie, et dont les statues, à trois têtes, étaient souvent posées aux carrefours. La magie étant une activité entourée de secret, pratiquée la nuit et mettant en œuvre les forces de la nature la plus « sauvage », on comprend pourquoi Hécate a pris les traits d'Artémis.

Les aventures que l'on prête à la déesse illustrent son caractère farouche et un tantinet « sauvage » ; fort vindicative, elle avait pour rôle d'emporter les femmes dans une mort violente, mais sans douleur, quand celles-ci mouraient subitement, et le mythe grec est rempli d'épisodes de vengeance dont elle est à l'origine. L'un des plus célèbres est celui de Niobé, qu'Artémis et son frère punirent durement de s'être vantée d'être plus féconde que Létô, en tuant, respectivement, ses six filles et ses six fils. Mais le plus souvent, c'est son propre honneur qu'Artémis cherche à venger.

Orion était un chasseur géant, fils d'Euryalé et de **Poséidon** lui-même ; il avait reçu de son père le don de marcher sur la mer. Or ce chasseur, doué d'une immense beauté, avait cherché à violer la déesse ; celle-ci, après lui avoir échappé, envoya un scorpion qui piqua le géant au talon et, pour rendre plus étincelante encore sa vengeance, transforma en constellations non seulement Orion, mais aussi le Scorpion, qui poursuit éternellement le chasseur au firmament. Mais sa colère la plus fameuse – et sans doute aussi la plus cruelle – fut celle qu'elle éprouva contre **Actéon**, qui l'avait surprise au bain (→ Actéon).

Enfin, le cycle troyen doit à Artémis son premier épisode sanglant. La déesse est en effet à l'origine du sacrifice d'**Iphigénie** par son père **Agamemnon**. Ce dernier avait eu le malheur de s'exclamer, après avoir tué un cerf, alors que la flotte des Achéens attendait à Aulis de partir pour Troie, qu'il avait mieux chassé qu'Artémis elle-même ; piquée au vif, la déesse ordonna aux vents de cesser de souffler dans la région d'Aulis et contraignit la flotte à rester au port. Les soldats s'impatientaient ; l'expédition elle-même était au bord du fiasco. On consulta le devin **Calchas** qui déclara que la cause de ce calme surnaturel était la colère d'Artémis et qu'il fallait, pour l'apaiser, sacrifier à la déesse Iphigénie, la propre fille du roi. Agamemnon finit par se résoudre à obéir – au grand dam de son épouse Clytemnestre et pour son propre malheur ; mais la déesse, dit-on, horrifiée par le crime qui allait être commis, substitua à l'instant fatal une biche à la jeune fille, qu'elle envoya en Tauride (l'actuelle Crimée) pour assurer et propager son culte dans ce pays lointain (→ Iphigénie).

Asclépios

Fils d'**Apollon** et de Coronis, Asclépios est un héros passé maître dans l'art de la médecine. Il tient son savoir moins de son père que du centaure **Chiron**, qui l'éleva. Il trouva même le moyen de ressusciter les morts, grâce au sang de **Méduse** que lui avait confié **Athéna** ; et c'est parce que **Zeus** craignait que cette découverte ne menaçât l'ordre du monde qu'il foudroya Asclépios ; Apollon, pour se venger, tua alors les Cyclopes (→ Apollon) et transforma son fils en constellation, le Serpentaire. Car le serpent, et plus précisément deux serpents enlaçant un bâton, le caducée, sont le symbole d'Asclépios, devenu très vite figure tutélaire des médecins. Très tôt son culte se développe à Épidaure, et la tradition lui attribue de nombreux enfants, dont Panacée, « celle qui soigne tout ».

Astyanax

Astyanax (« Seigneur de la ville ») n'est que le surnom donné par les Troyens au fils du grand **Hector** et de la belle **Andromaque**, en l'honneur de son père, le héros de la cité. Ses parents l'appellent Scamandrios, du nom du fleuve qui arrose Troie. Dans l'*Iliade* il n'est qu'un tout jeune enfant et apparaît à la scène d'adieu d'Hector à Andromaque.

Son sort à la fin de la guerre varie selon les sources ; d'après certains, il est précipité du haut des murs de Troie par les chefs achéens ; mais d'autres le font survivre et devenir un héros fondateur de nouvelles cités (→ Andromaque, Hector).

Athéna

Athéna, déesse **olympienne**, est fille de **Zeus** et de Métis, la sagesse personnifiée. Elle symbolise originellement la foudre dans son éclat lumineux, ainsi que l'indique la légende de sa naissance : Zeus, une fois assis sur le trône, comprit qu'il ne pourrait garder le pouvoir sans la sagesse de Métis qui était sa femme ; or, un oracle avait prédit que le mari de Métis serait vaincu par l'enfant qu'il aurait d'elle. Il décida donc d'avaler la jeune mariée et assimila ainsi la sagesse de son épouse, ainsi que l'enfant qu'elle portait. Mais un jour, éprouvant de vives douleurs à la tête, il demanda à **Héphaïstos** de venir le délivrer en lui donnant un coup de sa hache; le divin forgeron s'exécuta, et dans un fracas épouvantable le front de Zeus s'ouvrit et laissa sortir une Athéna adulte et en armes de son cerveau. Cette légende fut très tôt interprétée dans un sens intellectuel: Athéna, déesse de l'intelligence, sort tout armée (c'est-à-dire intellectuellement formée) du cerveau de son père. Mais Athéna, comme les principaux dieux grecs, est avant tout la personnification d'une puissance élémentale, l'éclair; elle sort en effet du « front » de Zeus, c'est-à-dire du ciel; la lance qu'elle porte rappelle la puissance dévastatrice de la foudre et son casque brillant, la lumière aveuglante de l'éclair. Pour la même raison, on lui prête un regard étincelant. Cet éclat lumineux de l'éclair est secondairement le symbole de l'intelligence dans toutes ses manifestations brillantes et ingénieuses. De là vient qu'Athéna est célébrée comme la déesse de l'intelligence – qu'elle inspire généreusement aux hommes – et qu'elle préside à toutes les inventions technologiques. Enfin, elle garde de son origine céleste une puissance toute particulière qui fait d'elle la déesse de la guerre, mais d'une guerre qui se veut stratégique, réfléchie et défensive, plutôt que lutte sanguinaire et violente; en cela, elle est l'antithèse d'**Arès**.

Comme sa demi-sœur **Artémis**, Athéna a fait vœu de rester vierge; mais la ressemblance ne va pas plus loin: Athéna est une divinité « urbaine », comme en témoigne la tradition qui en fait la déesse protectrice de nombreuses cités, dont la plus célèbre, puisqu'elle porte son nom, est Athènes elle-même. La littérature et les arts figurés la représentent ainsi toujours en armes: ornée d'un casque d'airain, d'un bouclier rond où est peint le visage de la Gorgone Méduse, et tenant dans la main droite une lance étincelante, elle porte sur la poitrine l'égide, peau de chèvre tannée, utilisée comme pièce de cuirasse dès la plus haute Antiquité; c'est là un privilège qu'elle tient du grand Zeus, son père, et qui symbolise sa vocation de protectrice. La chouette, dont le regard brille dans la nuit, est l'animal qui lui est dédié.

Cette déesse porte-égide, comme l'appellent souvent les poètes, est donc tout naturellement la protectrice de nombreux héros ; ainsi **Ulysse**, l'homme « aux mille ruses » lui doit, tout au long de son périple, un soutien indéfectible. C'est elle qui fournit à **Persée** les objets qui lui permettent de vaincre **Méduse** et de rapporter sa tête : le glaive tranchant d'Arès, les sandales ailées d'**Hermès** qui permettent de voler, le casque de **Hadès** qui rend invisible et, surtout, son propre bouclier (→ Persée). Dans la saga des Sept contre Thèbes, elle protège **Tydée**, jusqu'à ce que sa sauvagerie barbare la dégoûte et la dissuade de lui conférer l'immortalité (→ Tydée). **Bellérophon**, **Jason** ou **Héraclès** l'ont aussi pour déesse tutélaire. Enfin, elle protège le jeune **Oreste**, le pousse à assouvir sa vengeance et obtient son acquittement lors de son jugement à Athènes (→ Oreste). Le mythe explicite ainsi une conviction grecque : la force et l'industrie humaines ne peuvent rien sans l'intelligence active qu'inspire, par l'intermédiaire de sa fille, le grand Zeus.

Cette guerrière farouche prit naturellement part à la bataille opposant les dieux aux **Géants** (→ Géants) ; elle mit à mort **Pallas** en l'écorchant (et de là viendrait le nom sous lequel elle est souvent appelée) et poursuivit Encelade jusqu'en Sicile. Elle eut alors l'idée de lui jeter dessus l'île de Sicile tout entière pour l'immobiliser à tout jamais.

Depuis le jugement de **Pâris** (→ Pâris), Athéna est hostile aux Troyens, et lors de la guerre elle soutient surtout Ulysse, dont la ruse et l'inventivité lui sont particulièrement agréables. Elle intervient directement dans la bataille pour soutenir Diomède durant son combat contre Arès, qui était descendu sur le champ de bataille. La déesse guida la lance du soldat achéen qui alla frapper le ventre d'Arès et le fit s'enfuir, honteux et dépité. Toutefois, au cours du sac de la ville, la barbarie d'**Ajax** fils d'Oïlée (→ Ajax 1) la fit changer de camp : celui-ci viola **Cassandre** dans le temple de la déesse, devant sa propre statue, qui, horrifiée, détourna le regard. Elle n'accorda dès lors sa protection qu'à Ulysse et chercha à perdre les autres Achéens.

La déesse aux yeux pers assure également sa vocation protectrice auprès des cités ; beaucoup d'entre elles lui vouent un culte, mais celle qui lui est le plus liée est sans aucun doute Athènes, qui lui doit son nom même. On raconte qu'après la fondation de la ville les Athéniens hésitaient sur le choix de la divinité tutélaire ; Athéna et **Poséidon** se disputaient cet honneur. Ce dernier fit surgir sur l'acropole une source d'eau salée : il offrait aux Athéniens la maîtrise des mers. Ils choisirent pourtant Athéna et son singulier présent, un olivier. L'huile et la nourriture ne leur feraient jamais défaut, et son feuillage toujours vert serait pour le monde un symbole de paix. Avec Athéna, les Athéniens choisissaient la sagesse et la prospérité qu'assurent l'agriculture et l'industrie artisanale.

Figure tutélaire de l'intelligence sous toutes ses manifestations, Athéna était adorée, nous l'avons dit, comme la patronne des techniques et de l'industrie humaine. La légende d'Arachné l'illustre à merveille : Arachné (« araignée ») était une jeune Lydienne qui avait acquis une grande réputation dans l'art de tisser et de broder. Elle devint tellement célèbre qu'elle se mit, tant son orgueil enflait à mesure de l'admiration qu'on portait à son travail, à défier Athéna de faire si bien qu'elle. La déesse accepta de participer au concours afin de la punir de sa démesure, qui était, aux yeux des Grecs, la plus grave faute qu'un être pouvait commettre. Athéna, dit-on, stupéfaite de la perfection du travail de sa rivale, transforma Arachné en araignée, qui depuis passe sa vie à tisser.

Atrée

Fils de Pélops et d'Hippodamie, Atrée et son frère **Thyeste** sont le prototype des frères ennemis, au même titre qu'**Étéocle** et **Polynice** ; mais la haine que ces personnages se vouent franchit un degré supplémentaire dans l'horreur et la sauvagerie. Les crimes commis par Atrée sont à l'origine d'une malédiction qui pèse sur sa descendance, les **Atrides**, représentés par **Agamemnon**, **Ménélas** et leurs propres enfants (→ Agamemnon, Ménélas).

Chassés par Pélops pour le meurtre de leur demi-frère Chrysippos, Atrée et son frère trouvent refuge à Mycènes chez le père d'Eurysthée ; à la mort du roi, les habitants de Mycènes demandent, pour se conformer à un oracle, qu'un descendant de Pélops monte sur le trône. La rivalité d'Atrée et Thyeste naît de là. Atrée prend le pouvoir grâce à Zeus qui oblige le Soleil à se coucher à l'Est, prouvant ainsi qu'il soutient Atrée. Devenu roi, celui-ci exile immédiatement son frère.

Mais comme il avait appris que sa femme, Aéropé, l'avait trompé avec Thyeste, il conçut une abominable vengeance. Il invita son frère à un banquet de réconciliation, au cours duquel il lui donna à manger ses propres enfants découpés en morceaux. Après le repas, il lui révéla la composition du menu et, ivre de joie, le chassa à nouveau. Thyeste alors viola sa propre fille, Pélopia, pour lui donner un fils, **Égisthe**, qui lui permit de se venger (→ Égisthe).

Atrides

On désigne par ce nom (« les fils d'**Atrée** ») **Agamemnon**, **Ménélas** et leur propre descendance. Cette famille est en proie à une terrible malédiction depuis le crime commis par Atrée contre son frère (→ Atrée, Thyeste) ; elle n'en fut libérée qu'après la vengeance d'**Oreste** et son acquittement au tribunal de l'Aréopage (→ Oreste).

B

Bellérophon

Ce héros corinthien était, selon la légende, fils de **Poséidon**. Mais c'est Glaucos, fils de **Sisyphe**, le mari de sa mère, qui l'a élevé. Bellérophon s'était réfugié chez le roi Proétos à la suite d'un homicide, mais celui-ci, croyant qu'il cherchait à séduire sa femme, l'envoya chez le roi de Lycie, Iobatès, avec ordre de le mettre à mort. Le roi le pria alors de débarrasser son pays de la Chimère – monstre mi-chèvre mi-lion qui crachait du feu et dont la queue était un serpent –, certain qu'il ne survivrait pas. Mais les dieux veillaient. Poséidon, dieu des chevaux, selon les uns ou **Athéna** selon les autres, en lui offrant un mors magique, lui permirent de dompter Pégase, le cheval ailé (→ Persée). Grâce à cette monture surnaturelle, Bellérophon vint à bout sans peine de la Chimère. Iobatès, étonné d'un tel exploit, lui confia d'autres missions dangereuses, dont le héros revenait toujours vainqueur ; il finit alors par reconnaître en lui le fils d'un dieu, et en fit son héritier.

Toutefois l'histoire de Bellérophon se termine mal ; grisé par ses hauts faits, le héros entreprit un jour de monter au sommet de l'Olympe pour voir où habitaient des dieux. Monté sur Pégase, il était déjà bien haut, quand **Zeus** fut contraint de punir sa démesure : il envoya un taon qui piqua le cheval ailé ; son écart désarçonna Bellérophon, qui s'écrasa au pied du mont sacré.

C

Cadmos

Cadmos est le fils d'Agénor, roi de Tyr, et de Téléphassa. Son père l'envoya lui, ainsi que ses frères, à la recherche d'Europe (qui avait été enlevée par **Zeus**, transformé en taureau ; → Zeus). Arrivé en Grèce, Cadmos apprend par l'oracle de Delphes qu'il doit fonder une ville, là où s'arrêterait une vache. En Phocide, il se mit à suivre une vache, dont les flancs étaient tachés de blanc, jusqu'en Béotie, où elle s'arrêta, épuisée de fatigue ; c'est là que le héros décida de fonder Thèbes. Il trouva non loin une source qui était gardée par un terrible dragon engendré par **Arès** ; Cadmos le tua et, sur les conseils d'**Athéna** qui lui était apparue en rêve, il prit les dents du monstre et les mit en terre ; aussitôt surgirent des soldats tout armés, appelés *Spartoi* (« les semés »).

Cadmos, cependant, dut servir pendant huit ans Arès, qu'il avait offensé en tuant son descendant ; mais après sa pénitence, il devint roi de Sparte et put épouser Harmonie, la fille d'Arès. Leurs noces furent fastueuses, et tous les dieux y participèrent. Le couple eut quatre filles, Autonoé, Ino, Agavé et Sémélé, la mère de **Dionysos**.

Héros fondateur de Thèbes, Cadmos est donc à l'origine du cycle légendaire thébain et passe surtout pour un roi sage.

Calchas

Calchas est le plus fameux devin du monde grec ; originaire de Mycènes, il reçut son don d'**Apollon** et fut associé à l'expédition contre Troie en qualité de « devin officiel » (→ Achille, Agamemnon, Artémis, Iphigénie).

Cassandre

Fille de **Priam** et d'Hécube, Cassandre est la sœur jumelle d'Hélénos et la sœur cadette d'**Hector**. Elle a reçu le don de prophétie d'Apollon lui-même : le dieu tomba amoureux de la jeune fille et lui promit le don de divination en échange de son amour ; mais Cassandre refusa de se donner à lui et Apollon, pour la punir de ce refus, la condamna à prophétiser sans jamais être crue. Ainsi Cassandre passa-t-elle son temps à prêcher dans le désert : en vain elle annonça, lorsque **Pâris** emmena à Troie **Hélène**, que cet enlèvement causerait la ruine de la ville ; elle s'opposa sans effet à ce que l'on fît entrer le grand cheval de bois, rempli de soldats, laissé sur la plage par les Achéens.

Lors de la prise de Troie, **Ajax**, fils d'Oïlée, fit tomber sur les Achéens la colère d'**Athéna** en violant Cassandre devant sa propre statue, qui détourna les yeux de la scène (→ Ajax 1, Athéna).

Cassandre, condamnée à dire la vérité sans pouvoir persuader, est une figure tragique par excellence, qui annonce un malheur dès lors inéluctable. Elle fut associée, après la guerre, au destin d'Agamemnon, dont elle devint la prisonnière. À cause de l'amour que le roi lui portait, elle fut assassinée avec lui par la fureur de **Clytemnestre** (→ Agamemnon, Clytemnestre).

Castor → Dioscures.

Charon

Charon est un démon infernal, dont le rôle est de faire passer les morts de l'autre côté du Styx, le fleuve des

Enfers. Il est représenté comme un passeur, sur sa barque, avec une longue gaffe en main.

Chiron

Fils de **Cronos**, qui avait pris la forme d'un cheval, et d'une fille d'Océan, Chiron a l'apparence d'un centaure, mais n'appartient pas, au sens strict, au groupe des centaures, qui sont nés d'Ixion. Doué de l'immortalité, il avait acquis une grande sagesse et avait été l'ami de Pélée, le père d'Achille ; il fut le précepteur de nombreux héros, comme **Achille**, **Jason** ou **Asclépios**. Il fut un jour blessé par une flèche d'**Héraclès**, dont le poison était incurable. Retiré dans sa grotte, il ne put trouver le repos qu'en recevant le don de mortalité de la part de **Prométhée**.

Circé

Cette fille d'**Hélios** est la sœur d'Æétès, roi de Colchide, et la tante de **Médée**. Comme sa nièce, Circé est une puissante magicienne, qui joue un grand rôle lors du périple d'**Ulysse** sur les côtes de l'Italie (→ Ulysse).

Clytemnestre

Fille de Tyndare et de **Léda**, elle est née du même œuf que **Castor**, tandis qu'**Hélène** et **Pollux** sont fils de **Zeus** transformé en cygne (→ Léda). Clytemnestre eut pour premier mari Tantale, fils de **Thyeste**. Mais celui-ci fut tué par **Agamemnon** qui la prit de force pour épouse.

L'outrage trouva son comble, aux yeux de Clytemnestre, avec le sacrifice d'**Iphigénie** à Aulis (→ Agamemnon, Iphigénie). Rentrée à Argos, elle n'eut de cesse d'ourdir sa vengeance ; avec son amant **Égisthe** elle assassina son mari dès son retour de Troie. **Oreste** et **Électre** vengèrent la mémoire de leur père sept ans après, en tuant Clytemnestre et son amant, mettant fin à la malédiction qui pesait sur les **Atrides** (→ Atrée).

Cronos

Fils d'**Ouranos** et de **Gaia**, Cronos est le plus jeune des Titans ; il appartient à la génération des dieux ayant régné sur terre avant l'avènement des **Olympiens** qui sont issus de lui ; la tradition lui attribue aussi comme fils **Chiron**.

Cronos prit le pouvoir en tuant son père, à la demande de sa mère ; il émascula Ouranos et, une fois sur le trône, fit emprisonner ses frères, les Hécatonchires (des géants dotés de cent bras) et les Cyclopes ; marié à l'une de ses sœurs, **Rhéa**, il gouvernait le monde. Comme Gaia lui avait prédit qu'il serait détrôné par l'un de ses fils, il dévorait systématiquement ses enfants, **Hestia**, **Déméter**, **Héra**, **Hadès** et **Poséidon**. Mais quand Rhéa mit au monde **Zeus**, elle le cacha et donna une pierre emmaillotée à la voracité de son mari, qui ne s'aperçut de rien. Une fois adulte, Zeus vint libérer ses frères et sœurs et, tous ensemble, ils combattirent Cronos et les Titans. La victoire revint aux Olympiens, une fois que Zeus eut délivré les Hécatonchires et les Cyclopes ; Cronos et les Titans, vaincus, furent enchaînés à leur place (→ Zeus).

D

Danaé

Fille d'Acrisios, roi d'Argos et d'Eurydicé, Danaé est la mère de **Persée** ; alors qu'elle était enfermée dans une tour de bronze, réputée imprenable, par son père, qui avait appris d'un oracle que son petit-fils le tuerait, **Zeus**, qui l'aimait, se changea en pluie d'or et s'infiltra à l'insu d'Acrisios dans la prison de la belle. À la naissance de Persée, le roi, de peur que l'oracle ne se réalise, exposa mère et fils sur un radeau (→ Persée).

Dédale

Archétype de l'artiste/artisan, capable de créer tout ce que son cerveau conçoit, Dédale passait pour être le père de toute une série d'inventions.

Exilé à la cour du roi **Minos**, il se met au service de la famille royale : il invente pour Pasiphaé, la femme de Minos, que **Poséidon** avait rendue folle d'amour pour un taureau (→ Minos, Poséidon), un déguisement de vache, qui lui permet de s'accoupler à la bête ; il construit pour Minos le fameux labyrinthe où est enfermé le Minotaure ; il suggère à **Ariane** de donner à **Thésée**, pour l'aider à se guider dans le « dédale » qu'est le labyrinthe, une pelote de fil.

Quand Minos eut découvert la trahison de son architecte, il l'enferma, avec son fils **Icare**, dans le labyrinthe ; Dédale eut l'idée de coller sur son dos et sur celui de son fils une paire d'ailes (→ Icare) et gagna ainsi la Sicile, où il se cacha à la cour du roi Cocalos. Minos le retrouva mais fut tué avant de pouvoir se venger.

Déméter

Fille de **Cronos** et de **Gaia**, Déméter est une **Olympienne** de la première génération. Elle forme un couple symbolique et mystique avec Korè (« la jeune fille »), la fille qu'elle a eue de **Zeus**, son frère, au point qu'elles sont souvent adorées ensemble.

Cette déesse-mère, à distinguer de Gaia, la terre « cosmogonique » des origines, incarne la terre cultivée ; on la représente souvent par un épi de blé, qui est le produit par excellence de l'agriculture, cet art bienfaisant qu'elle a enseigné aux hommes. Le pavot et, plus généralement, les fruits et les légumes lui sont consacrés.

Le mythe de l'enlèvement de Korè est à comprendre de manière symbolique. Korè, dit-on, cueillait des fleurs sur la plaine d'Enna, en Sicile. Son oncle **Hadès**, tombé amoureux d'elle, décida de l'enlever. Il fit s'ouvrir la terre sous les pieds de la jeune fille et l'emporta sur son char dans les méandres de son royaume souterrain. Là, il l'épousa, et la jeune fille, qui prit désormais le nom de **Perséphone**, régna avec lui sur les Enfers. Déméter, qui n'avait entendu qu'un cri, se mit à chercher, folle de douleur, sa fille pendant neuf jours et neuf nuits, sans prendre ni repos ni nourriture. Quand elle eut appris que son propre frère avait commis cet acte, elle décida de quitter ses fonctions. Affranchis de son autorité, les plantes cessèrent de croître, les arbres perdirent leurs feuilles, bref, le monde était menacé de désertification et les hommes de famine. Zeus, pour le salut de tous, dut intervenir et ordonna à son frère de rendre Korè à sa mère. Mais la malheureuse jeune fille avait mangé, dans son exil souterrain, un pépin de grenade. Or, une loi inflexible voulait que quiconque avait mangé quoi que ce fût dans le royaume des morts ne pût jamais en ressortir. Déméter, au comble du désespoir, menaçait d'abandonner à tout jamais le monde. Zeus trouva un compromis : durant six mois Perséphone resterait auprès de son mari dans le monde d'en bas, mais durant les six autres mois, elle serait rendue à sa mère.

Ce mythe explique ainsi pourquoi pendant six mois (automne-hiver), le monde végétal est dépouillé ; toutes les plantes se désolent avec Déméter de l'exil de Korè-Perséphone ; les feuilles tombent comme les larmes de la déesse. En revanche, dès que la jeune fille retourne auprès de sa mère, au début du printemps, et jusqu'à la fin de l'été, la végétation renaît et les moissons sont abondantes. Au-delà de cette explication superficielle, le mythe insiste de manière pertinente sur le lien symbolique qui unit intimement le monde végétal au monde souterrain ; pour les Grecs, tout ce qui sur terre pousse et fleurit ne peut exister qu'avec l'accord du maître du royaume souterrain. Korè-Perséphone symbolise avec force ce lien entre la surface de la terre, cultivée, et son riche sous-sol qui nourrit les cultures.

Le culte à mystères de Déméter était répandu dans tout le monde grec, mais le sanctuaire d'Éleusis, en Attique, était son lieu de culte le plus célèbre.

Dionysos

L'histoire de Dionysos est celle d'un dieu qui peine à prouver sa légitimité ; fruit des amours de **Zeus** pour une mortelle, Sémélé, la fille du roi de Thèbes, **Cadmos**, Dionysos aurait dû n'être qu'un « demi-dieu ». Les circonstances de sa naissance, néanmoins, expliquent son statut divin : Sémélé, exaltée par l'idée d'avoir eu le grand Zeus pour amant, s'en vanta immédiatement, avec une jubilation compréhensible, à ses sœurs ; celles-ci, mi-jalousie, mi-incrédulité, lui dirent que son amant l'avait abusée en se faisant passer pour le dieu. Sémélé – il en allait de son honneur – supplia Zeus de faire la démonstration de sa divinité ; il consentit de mauvais gré, et se présenta à elle sur son char étincelant de foudre. Sémélé mourut sur le coup. Le dieu recueillit alors le fœtus qu'elle portait en elle et le plaça dans sa cuisse. Les qualités nutritives du sang de Zeus – l'ichor – firent tant que l'embryon atteignit vite sa maturité et, surtout, que le jeune enfant était désormais immortel.

Ce dieu vient probablement d'Orient, comme le suggèrent sa parenté avec le Phénicien Cadmos et divers éléments de son culte. Dieu de la vigne et du lierre – les plantes qui enivrent –, il est aussi honoré comme dieu du théâtre. Sa nature est ambivalente : dieu bienveillant de la végétation luxuriante, il se montre implacable dans sa vengeance et cruel envers ses détracteurs. On le représente couronné de vigne et de lierre ; il tient en main le thyrse, bâton entouré de vigne, et conduit un cortège composé de bacchantes – « celles qui crient "Bacchos" » (l'épithète du dieu qui, latinisée, est devenue son nom habituel à Rome) –, de ménades et de satyres, divinités mineures des bois. Aux périodes archaïque et classique, Dionysos est vêtu d'une longue robe brodée et il porte une barbe fournie. Mais à partir du milieu du Ve siècle et à l'époque hellénistique, il prend la figure d'un jeune homme imberbe aux longs cheveux bouclés. La panthère, animal à la fois oriental – le dieu passe pour avoir vécu en Inde – et sauvage, lui est consacrée.

Son histoire est en fait une longue quête pour prouver sa légitimité. Exilé dès sa naissance en Orient par Zeus, qui craignait la jalousie d'**Héra**, son voyage de retour vers la Grèce est ponctué de vengeances envers ceux qui refusent de reconnaître en lui un dieu. C'est à Thèbes, sa propre patrie, que Dionysos subit le plus cuisant échec : son cousin Penthée interdisait à son peuple de se livrer aux bacchanales (fêtes en l'honneur de Dionysos, où les participants, essentiellement des femmes, étaient en proie à un délire mystique). Dionysos se vengea de sa manière favorite : il rendit folles Agavé, la mère du roi, et ses sœurs, si bien qu'elles crurent voir en Penthée – qui était parti à leur recherche sur les pentes boisées du Cithéron – un fauve, qu'elles poursuivirent et qu'elles écartelèrent à mains nues.

Plus tard, voulant traverser la mer Égée, Dionysos demanda à un équipage de l'emmener avec lui. Il s'agissait de pirates étrusques, qui s'imaginaient, à la vue des beaux vêtements du jeune homme, pouvoir réclamer une rançon exorbitante. Dionysos ne s'aperçut qu'en pleine mer de leurs intentions ; mais au moment où les pirates s'approchaient de lui pour l'attacher, une vigne géante poussa sur le bateau, et prit dans ses vrilles voiles, coque et rames ; quant aux pirates, Dionysos les changea en dauphins. Le navire aborda dans l'île de Naxos, où Dionysos rencontra **Ariane**, qui y avait été abandonnée par **Thésée** (→ Ariane).

Il put enfin gagner l'Olympe, où il fut reconnu par tous les dieux. Il participa même à la gigantomachie, la guerre des dieux contre les **Géants**, au cours de laquelle il tua Eurytos de son thyrse. Cet épisode confirme sa violence innée et sa sauvagerie sanglante ; on dit que, alors qu'il était enfant, il avait su apprivoiser des panthères. Cette accointance avec la sauvagerie (symboliquement représentée par le séjour prolongé du dieu en terre « barbare ») prend forme dans son culte, où les fidèles absorbent de la viande crue.

Dioscures

On désigne sous ce nom (« les fils de **Zeus** ») **Castor** et Polydeucès (plus connu sous le nom latin de **Pollux**). En réalité, seul Pollux est le fils de Zeus : le dieu souverain était en effet amoureux de **Léda**, la femme de Tyndare. Comme elle n'aurait jamais trompé son mari, Zeus prit la forme d'un cygne si beau que Léda le caressa sans crainte. Quelques mois plus tard, elle pondait deux œufs, contenant, l'un, Castor et **Clytemnestre**, l'autre, Pollux et **Hélène**. Ces derniers sont les enfants de Zeus, les autres ceux de Tyndare.

Les deux frères étaient toujours ensemble et s'aimaient d'un tel amour fraternel que rien, même la mort, n'a pu les séparer. En effet, quand ils enlevèrent les filles de Leucippe, qui étaient promises à leurs cousins Idas et Lyncée, un combat entre prétendants et ravisseurs eut lieu, où Castor et Lyncée trouvèrent la mort. Zeus, pour venger Pollux, blessé dans la lutte, foudroya Idas et voulut donner l'immortalité à son fils ; mais celui-ci demanda que cette immortalité fût partagée avec son frère défunt, et elle leur fut accordée alternativement, un jour sur deux ; ils trouvèrent, ensemble, place au ciel comme constellation des Gémeaux.

E

Égée

Égée est le roi d'Athènes et le père de **Thésée**, qu'il avait conçu en s'unissant à Æthra dans la ville de Trézène (sur les circonstances de cette naissance → Thésée). Il doit sa mort à la négligence du héros : alors qu'il guettait son retour de Crète, Égée aperçut le navire de son fils voilé de noir, signe convenu en cas de défaite. Le roi, croyant que son fils était mort, courut aussitôt se jeter dans la mer qui, depuis, porte son nom.

Égisthe

Fils de **Thyeste** et neveu d'**Atrée**, Égisthe est au cœur de la haine des deux frères ; il est, de plus, maudit par sa naissance : sa mère, Pélopia, n'est autre que la fille de Thyeste ! Celle-ci, qui ignorait qui était le père de son enfant, se maria ensuite à Atrée, qui demanda à Égisthe de lui amener Thyeste, pour en finir avec lui. Mais Thyeste reconnut son fils, et persuada Égisthe de tuer Atrée à sa place. Il s'exécuta et Thyeste put régner à la place de son frère.

Lors de la guerre de Troie, Égisthe devint l'amant de **Clytemnestre**, qui prépara avec lui sa vengeance contre **Agamemnon** (→ Clytemnestre). **Oreste** et **Électre** les tuèrent pour venger le meurtre de leur père (→ Oreste).

Électre

Fille d'**Agamemnon** et de **Clytemnestre**, Électre est la plus courageuse et la plus déterminée des filles du roi ; contrairement à Chrysothémis, elle joue un rôle de premier plan dans la vengeance d'**Oreste**.

Après l'assassinat d'Agamemnon commis par Clytemnestre et **Égisthe**, Électre mène une vie d'esclave ; c'est qu'Égisthe lui en veut d'avoir aidé le petit Oreste à s'enfuir ; surtout, il craint qu'elle ne fasse naître un héritier mâle à Agamemnon, capable un jour de le venger. C'est pourquoi il la marie à un vieillard.

Quand, sept ans plus tard, Oreste, qu'elle avait quitté tout enfant, revient sur la tombe de leur père, elle le reconnaît et prépare avec son frère tant attendu leur vengeance ; ils assassinent ensemble Clytemnestre et Égisthe ; elle se marie à Pylade, leur cousin et le grand ami d'Oreste (→ Oreste).

Énée

Énée jouit d'une double ascendance divine : par sa mère, qui n'est autre qu'**Aphrodite**, et par son père, Anchise, qui descend du fils de **Zeus**, Dardanos. Le plus valeureux des Troyens après **Hector**, Énée était protégé des dieux ; **Apollon**, le premier allié des Troyens, mais aussi **Poséidon**, Zeus et surtout Aphrodite, lui vinrent en aide à plusieurs reprises durant le conflit. Ils savaient, en effet, qu'Énée serait amené à régner sur les Troyens. Mariée à une fille de **Priam**, Créüse, Énée avait un fils, Ascagne. Le récit du départ d'Énée de Troie, portant sur ses épaules son père et emportant avec lui les dieux protecteurs de Troie, est le point de départ de l'*Énéide* de Virgile, qui raconte comment, après un long périple, le prince troyen débarqua en Italie, à l'embouchure du Tibre, près de l'endroit où s'élèverait, quelques générations après, la ville de Rome.

Érinyes

Nées avant les **Olympiens** de la terre fécondée par le sang d'**Ouranos** émasculé, les Érinyes sont chargées de punir les crimes sacrilèges. Gardiennes de l'ordre établi et implacables vengeresses, elles poursuivent plus particulièrement ceux qui ont tué un membre de leur famille (comme **Œdipe** ou les **Atrides**). Ces trois sœurs, Alectô, Tisiphoné et Mégère, ont des ailes et une chevelure hérissée de serpents ; dans leurs mains elles tiennent des torches et des fouets ; leur jugement est impérieux et les dieux eux-mêmes ne peuvent s'y opposer (→ Oreste). Par leur fureur qui ôte toute paix au coupable, ces divinités symbolisent la conscience.

Éros

Dieu de l'amour et du désir, Éros était considéré à l'origine comme une sorte de principe universel régissant toutes les créatures. Puis peu à peu ont été élaborées diverses légendes qui lui ont donné une forme humaine et une généalogie. En général, on en fait naturellement le fils d'**Aphrodite** et d'**Arès** (→ Aphrodite). L'iconographie et l'imagination hellénistiques le représentent sous les traits d'un enfant ailé et armé de flèches.

Étéocle

Fils d'**Œdipe** et de **Jocaste**, Étéocle forme avec son frère **Polynice** un couple de frères ennemis. Portant la malédiction de l'inceste, les deux frères ne pouvaient que connaître un terrible destin, surtout après qu'Œdipe, chassé de Thèbes, les eut une seconde fois maudits.

Pourtant, les deux frères avaient décidé, pour éviter toute discorde, de régner alternativement un an chacun. Étéocle eut le premier mandat. Mais, lorsque son frère vint, un an après, pour occuper le trône, il le chassa sans ménagement. Polynice rassembla six autres chefs et organisa l'expédition des Sept contre Thèbes (→ Polynice). Lors d'un duel, les deux frères s'entre-tuèrent, et Étéocle, contrairement à son frère, reçut des funérailles publiques (→ Antigone).

G

Gaia

Le Chaos originel avait donné naissance à cinq créatures : le Tartare (le monde souterrain), Nyx (la Nuit), l'Érèbe (les Ténèbres), **Éros** et Gaia (personnification de la Terre). Il s'agit donc d'une des divinités les plus anciennes. Elle enfanta **Ouranos** (le Ciel), avec qui elle s'unit (puisque le ciel recouvre la terre, comme un amant sa bien-aimée) pour engendrer les Titans, en particulier **Cronos** et **Rhéa**, les parents des premiers **Olympiens**. Déesse-mère par excellence, la Terre a donné naissance à de nombreuses créatures ; comme elle est dépositaire de nombreux secrets cachés en elle, on lui attribue aussi beaucoup d'oracles et de prophéties. Ainsi le sanctuaire de Delphes, avant de passer à **Apollon**, lui était-il dédié (→ Apollon).

Par son ancienneté, Gaia veille également à l'ordre du monde et à l'équilibre entre les divinités. Fatiguée de la tyrannie d'Ouranos, elle fournit à Cronos la faucille qui lui permit de castrer son père ; pareillement, elle désapprouva le comportement de Zeus lors de son avènement, et elle incita les **Géants** à se révolter contre les Olympiens (→ Géants).

Géants

Créatures nées de **Gaia** (ce qui explique leur autre nom, *Gêgeneís*, « nés de la Terre »), les Géants jouent un rôle important au début du règne de **Zeus**.

Quand Zeus eut vaincu et emprisonné les Titans dans

le Tartare, Gaia, folle d'indignation, souleva les Géants contre les **Olympiens** ; ce fut le début d'une terrible guerre, la gigantomachie. Zeus savait qu'il ne pourrait vaincre ces immortels sans l'aide d'un homme ; il s'unit donc à une mortelle pour engendrer un héros d'une puissance inégalée, **Héraclès**, dont les flèches pouvaient les détruire. De plus, Zeus défendit au Soleil, à la Lune et à l'Aurore de se lever, tant qu'il n'aurait pas vaincu les Géants. C'est que Gaia produisait une herbe capable de rendre les Géants invulnérables aux coups des mortels. Ainsi privée de lumière, la déesse fut incapable d'aider ses protégés. Zeus, secondé par Héraclès, par d'autres Olympiens (**Apollon**, **Athéna**, **Dionysos**, **Hécate**, **Héphaïstos**, **Hermès** et **Poséidon**) et par les Moires (déesses du destin), parvint à les neutraliser tous.

H

Hadès

Fils de **Cronos** et de **Rhéa**, ce frère aîné de **Zeus** reçut, lors du partage de la terre entre Zeus et ses frères (→ Zeus), le monde souterrain ; seigneur du Tartare et de tout ce qu'il contient, Hadès (« l'Invisible ») règne sur les morts ; il possède un casque, offert par les Cyclopes, qui lui permet de se rendre invisible. Son territoire, qui renferme toutes les richesses du monde, lui a valu le surnom de Pluton, « le riche ».

Il se donna pour reine **Perséphone**, la fille de Déméter, qu'il enleva un jour, alors qu'elle cueillait des fleurs en Sicile (→ Déméter), et lui fit manger un pépin de grenade pour l'empêcher de remonter à la surface de la terre (l'absorption de la moindre nourriture, en effet, interdisait de quitter les Enfers). Perséphone, dès lors, trône à côté de son mari six mois par an. Hadès, quant à lui, ne quitte presque jamais son palais souterrain. Il règne avec sévérité sur les morts et interdit à quiconque pénètre dans son royaume d'en ressortir. Seul **Héraclès**, **Thésée** et **Orphée** ont pu échapper à cette terrible loi.

Pour l'assister dans sa tâche, trois juges, Éaque, **Minos** et Rhadamanthe, ont pour rôle de juger les âmes et de les envoyer soit dans les champs Élysées, si elles ont fait le bien, soit dans le Tartare, où elles subiront un châtiment éternel ; une foule de démons, également, aide le dieu (→ Charon).

HÉCATE → ARTÉMIS.

HECTOR

Fils aîné de **Priam** et d'Hécube, Hector est le défenseur le plus vaillant de la Troie assiégée, celui qu'adule et vénère le peuple de Troie, celui qu'écoutent toujours Priam et les princes d'Asie, et celui que craignent les chefs achéens. Marié à **Andromaque**, il est le père modèle du petit **Astyanax**, qu'effraie le cimier de son casque ; il a de nombreux frères et sœurs, comme **Pâris** ou **Cassandre**, mais il voue une tendresse particulière à Troïlos, son plus jeune frère ; l'épopée homérique nous le présente comme un homme plein d'humanité, et il est, en définitive, le vrai héros de l'*Iliade*.

Rempart de la ville contre la fureur achéenne, il remporte, lors de la dixième année du siège (celle que raconte l'*Iliade*), de brillantes victoires. Il défait les rangs ennemis, désemparés depuis qu'Achille a déserté le champ de bataille. Il rencontre **Ajax** le grand ; le duel dure jusqu'à la nuit, et les ennemis se quittent en s'échangeant des présents : Ajax donne son baudrier d'or, et Hector son épée (qu'utilisera le fils de Télamon pour se suicider → Ajax 2).

Durant l'assaut des Troyens contre les navires achéens, Hector joue, une fois de plus, le premier rôle ; protégé par **Apollon** et par **Zeus** en personne, il manque de tuer **Nestor** et Diomède ; l'urgence de la situation pousse Patrocle à regagner le combat et, revêtu des armes de son ami Achille, il sort de sa tente. Hector le tue et récupère l'armure d'Achille.

La mort de Patrocle provoque le retour d'Achille ; Homère en fait le vainqueur d'Hector, qu'il tue au bout d'un long combat. En mourant, le fils de Priam prédit à Achille sa mort prochaine et le pria de restituer son corps à son père. L'arrogant Achéen non seulement repoussa la requête du mourant, mais attacha son cadavre à son char, et fit trois fois le tour de Troie. Priam alla dans la tente d'Achille lui demander le corps de son fils bien-aimé contre paiement d'une rançon et, soutenu par les dieux, il réussit à le persuader (→ Achille, Priam).

HÉLÈNE

Fille de **Zeus** changé en cygne et de **Léda**, Hélène est née du même œuf que **Pollux**, celui qu'avait fécondé Zeus, alors que son frère **Castor** et sa sœur **Clytemnestre** sont les enfants de Tyndare (→ Dioscures, Léda).

Hélène était la plus belle femme du monde et une foule de prétendants cherchaient à l'épouser. Tyndare eut l'idée alors de leur faire prêter serment de respecter le choix de sa fille, et de venir en aide à son mari, si jamais il avait besoin d'eux. Hélène choisit **Ménélas** et devint ainsi reine de Sparte.

Elle fut toutefois la récompense promise par **Aphrodite** à **Pâris** lorsqu'il départagea les trois déesses (→ Pâris), et Hélène, charmée par la beauté et les richesses du fils de Priam, partit sans trop de difficultés pour Troie. Ménélas se fit fort du serment prêté par les anciens prétendants d'Hélène pour rassembler une expédition destinée à retirer Hélène de Troie.

À Troie, Hélène fut vite l'objet de la haine du peuple, qui voyait en elle la cause de ses malheurs. Elle fut mariée à Pâris et, après sa mort, à son frère Déiphobe. Hélène, quoique respectée par Priam et Hector, jouait cependant le jeu des Achéens : elle aida **Ulysse** à voler le Palladion et, quand le cheval fut dans la ville, agita les torches du haut des murailles pour indiquer aux Achéens cachés sur l'île de Ténédos qu'ils pouvaient revenir prendre la ville.

Hélène, en réalité, était certaine que, quoi qu'il arrivât, elle serait toujours sauvée par sa beauté. Et de fait, quand Ménélas la retrouva, il voulut la tuer d'un coup de lance, mais il fut littéralement désarmé par la beauté de son épouse. Elle rentra ainsi saine et sauve à Sparte, où elle se racheta une conduite.

Hélios

Hélios est la personnification du Soleil ; fils des Titans Hypérion et Theia, il est l'une des plus anciennes créatures du monde ; son rôle est de mener son char de feu, tiré par quatre chevaux, depuis les portes de son palais d'Orient jusqu'à l'Océan ; du haut de son char, Hélios voit tout et rien de ce qui se fait sur terre ne lui échappe.

Héphaïstos

Fils d'Héra, on lui attribue généralement **Zeus** pour père – bien que certaines versions lui donnent pour seul parent Héra, qui aurait mal supporté la naissance d'**Athéna** du crâne de Zeus. Cet **Olympien** règne sur le feu et, secondairement, sur les métaux, qu'il permet de domestiquer. Ses forges sont situées dans les volcans, où il travaille sans cesse avec l'aide des Cyclopes. Il a pour fonction principale de forger les éclairs de Zeus. Sa maîtrise du feu et son activité quotidienne en font une divinité puissante et redoutable au combat ; mais il est surtout renommé pour l'habileté de ses mains et est adoré, conjointement à Athéna, par tous les artisans, qui ne pourraient vivre sans avoir domestiqué le feu. Ce dieu à la barbe drue est généralement habillé comme un forgeron et s'appuie sur son marteau.

Ses débuts furent néanmoins difficiles : affligé de claudication dès sa naissance, ce dieu dégoûta, par sa laideur, sa propre mère, qui, folle de rage d'avoir enfanté un boiteux, le jeta du haut de l'Olympe. Heureusement, sa chute fut amortie par la mer et il fut recueilli par Théthys et Eurynomé, deux divinités marines. Il fut élevé par elles pendant neuf ans et leur fabriqua, plein de reconnaissance, des bijoux merveilleux. Toutefois, Héphaïstos ourdissait un plan pour revenir sur l'Olympe. Il envoya à sa mère un trône tout en or, où il avait caché des chaînes invisibles. Sa mère s'y assit aussitôt, sans se méfier : les chaînes, tout à coup, l'emprisonnèrent, et elle fut incapable de s'en libérer. Les dieux durent faire appel à Héphaïstos, qui revint sur l'Olympe monté sur un âne et libéra sa mère.

Ce dieu apporta à Zeus un précieux secours, d'abord en forgeant les éclairs dont il se servait pour foudroyer ses ennemis, ensuite en participant à la guerre contre les **Géants** (il tua Clytios avec son marteau chauffé à blanc).

Malgré sa laideur repoussante (ou peut-être grâce à elle ?), il eut pour épouse la belle **Aphrodite**, qui le trompait cependant avec **Arès**. Alerté par **Hélios**, le dieu qui voit tout, Héphaïstos les prit au piège de filets invisibles et incassables (→ Aphrodite, Arès).

Cet habile forgeron fabriqua, à la demande de **Thétis**, les armes de Pélée et, à la demande d'Aphrodite, celles d'Anchise, le père d'**Énée** ; Zeus fit appel à ses compétences pour enchaîner **Prométhée** dans le Caucase. Enfin, cet inventeur infatigable façonna avec de la boue le corps de **Pandore**, la première femme.

Héra

Fille de **Cronos** et de Rhéa, Héra règne sur le monde en tant qu'épouse de **Zeus**, son frère. On l'invoque comme la déesse du mariage et de la famille. Jalouse et rancunière, elle passait pour avoir une voix terrible. Le paon est d'ailleurs l'animal qui la représente le mieux : son plumage merveilleux et comme parsemé d'yeux – Héra est aux aguets de la moindre infidélité de son mari – s'allie à une voix étonnamment peu suave. De son mariage avec Zeus naquirent **Héphaïstos**, **Arès**, Ilithye, la déesse de l'accouchement, et Hébé, la déesse de la jeunesse.

Le jour de son mariage avec Zeus, **Gaia** lui offrit des pommes d'or, symbole de fertilité, qu'elle déposa dans le jardin qu'elle avait à l'extrême occident du monde, le jardin des Hespérides (→ Héraclès).

La mythologie grecque illustre à maintes reprises la jalousie de la déesse, souvent à l'origine de bien des malheurs pour ses rivales ; ainsi, elle utilisa son influence sur sa fille Ilithye pour retarder l'accouchement de **Létô** (→ Létô) et la naissance d'**Héraclès**. Elle poursuivait de sa haine les partenaires de son mari et les enfants illégitimes que celui-ci pouvait avoir, surtout s'ils étaient mortels : Héraclès eut à subir tout au long de son existence la haine d'Héra, et ce n'est qu'après s'être réconcilié avec elle qu'il put obtenir l'immortalité ; elle poursuivit **Io** de sa colère (→ Io) et chercha à tuer son fils, Épaphos. Elle avait mis Io – qui était alors une vache – sous la garde d'Argos, un être doté de cent yeux, et qui n'en fermait jamais que la moitié. Quand **Hermès** l'eut tué (→ Hermès), la déesse, dit-on, plaça les yeux de son serviteur sur les plumes de son animal favori, le paon. Son courroux implacable, enfin, est aussi à l'origine de la cécité de **Tirésias**.

Après le jugement de **Pâris**, qui attribue la pomme d'Éris à **Aphrodite** (→ Aphrodite, Pâris), elle se range du côté des Achéens et soutient plus particulièrement **Achille** et **Ménélas**. Elle protège **Jason** et aida les Argonautes à conquérir la toison d'or (→ Jason).

Héraclès

Héraclès est sans doute, par ses qualités exceptionnelles, le héros le plus aimé des Grecs ; homme qui par sa force surhumaine et son courage invincible a su se hisser au rang de dieu, il est un symbole que se sont approprié des générations de dirigeants, d'artistes et de penseurs. D'abord célébré pour sa force sans égale, c'est peu à peu son courage et sa capacité à se dépasser qui furent mis en avant. Certes, ce héros physique d'entre tous, par son inclination pour la bonne chère et les belles filles, a souvent pris une teinte égrillarde et parfois même ridicule, en particulier à l'époque tardive ; il n'en reste pas moins l'une des figures les plus importantes pour comprendre la pensée grecque. Fils de **Zeus**, le dieu céleste, Héraclès est par essence un guerrier ; mais contrairement à **Arès**, la force est toujours, chez lui, secondée par l'intelligence ; preuve en sont la tendresse qu'a **Athéna** pour le héros et l'aide qu'elle lui apporte constamment. Les artistes le représentent traditionnellement revêtu de sa peau de lion, de son arc et de sa massue.

Sa naissance en fait un être d'exception : Zeus, qui désirait donner aux hommes un héros capable d'anéantir les fléaux qui les menaçaient et de vaincre les **Géants** qui se rebellaient, choisit une mortelle, Alcmène, pour porter son enfant. Pour ne pas éveiller les soupçons de cette femme fidèle, il prit l'apparence de son mari, Amphitryon, parti à la guerre. Mais pour engendrer un héros exceptionnel, Zeus avait besoin de temps : il ordonna à l'Aurore de retarder son lever, afin de disposer d'une nuit plus longue. Pour parfaire son œuvre, Zeus demanda enfin à **Hermès** de déposer l'enfant sur la poitrine d'**Héra** pendant son sommeil ; Héraclès put ainsi boire le lait de la déesse, condition nécessaire à son immortalité. La déesse, dit-on, réveillée en sursaut, éloigna vivement l'enfant, et le lait qui s'échappa de son sein forma dans le ciel la Voie lactée. Héra devait rester l'ennemie la plus acharnée du héros : elle en voulait à Zeus d'avoir choisi une autre qu'elle pour enfanter le plus vaillant des hommes. Aussi envoya-t-elle sur le berceau d'Héraclès, une nuit, deux énormes serpents. Mais le tout jeune Héraclès (il n'avait que huit mois !) étouffa sans peine à mains nues les deux bêtes. Ce fut là le prélude à une longue carrière d'exploits.

L'épisode le plus fameux est sans doute la série de douze « travaux » qu'il dut accomplir sous les ordres de son cousin Eurysthée. Rendu fou par Héra, le héros avait en effet tué ses enfants et sa femme, et avait dû, pour expier ses fautes, servir son cousin comme un esclave. Celui-ci, jaloux de l'évidente supériorité d'Héraclès, l'envoya affronter les dangers les plus terribles dans le vain espoir qu'il en mourrait.

Les douze travaux

1. *Le lion de Némée*. Ce lion, d'une taille et d'une férocité surnaturelles, ravageait la région de Némée. Sa peau le rendait insensible aux armes des hommes ; Héraclès, abandonnant son arc et sa massue, l'affronta à mains nues et parvint à l'étouffer. Il utilisa les griffes du fauve pour découper sa peau et la porta dès lors comme armure. Ainsi revêtu de la peau de lion, il devenait invulnérable aux armes.

2. *L'hydre de Lerne*. La région marécageuse de Lerne était hantée par un monstre aux multiples têtes dont l'haleine était mortelle et le sang empoisonné. Comme ces têtes, une fois coupées, repoussaient aussitôt, Héraclès demanda à son neveu Iolaos de l'aider : à chaque fois qu'il tranchait une tête, ce dernier devait brûler le cou avec une torche. Une fois le monstre vaincu, Héraclès eut l'idée de tremper la pointe de ses flèches dans le sang de l'hydre, les enduisant ainsi d'un poison incurable.

3. *Le sanglier d'Érymanthe*. Héraclès reçut l'ordre de débarrasser la terre d'un sanglier ; Héraclès le pista dans la forêt d'Érymanthe et le ramena vivant à Mycènes.

4. *La biche de Cérynie*. Cette biche, consacrée à **Artémis**, avait des sabots d'airain et courait aussi vite que le vent. Pendant un an, Héraclès la poursuivit sans pouvoir l'attraper. Il finit cependant par la blesser et par la capturer.

5. *Les oiseaux du lac Stymphale*. Ces animaux aux ailes de métal tranchantes comme des lames étaient la plaie de la région. Héraclès les acheva tous de ses flèches empoisonnées.

6. *Les écuries du roi Augias*. Riche de centaines de bœufs, ce roi n'avait jamais pris la peine de nettoyer ses immenses stalles. Héraclès, pour ce faire, dut détourner le cours de deux fleuves, l'Alphée et le Pénée, pour leur faire traverser les écuries ; son travail fut ainsi accompli en une seule journée, comme le lui avait prescrit Eurysthée.

7. *Le taureau de Crète*. Ce taureau magnifique, que **Minos** n'avait pas sacrifié à **Poséidon** (→ Minos), ravageait l'île. Héraclès, pour l'amener vivant à Eurysthée, dut attraper la bête et traverser avec lui la mer.

8. *Les juments de Diomède*. Ce terrible roi de Thrace possédait quatre juments qu'il nourrissait de viande humaine. Héraclès punit cette barbarie en donnant le maître en pâture à ses bêtes et ramena les juments à Eurysthée.

9. *La ceinture de la reine Hippolytè*. Hippolytè, reine des Amazones, avait reçu d'Arès une ceinture symbolisant son pouvoir sur son peuple. Héraclès l'obtint après une âpre guerre.

10. *Les bœufs de Géryon*. Ces animaux étaient gardés sur une île perdue au milieu de l'océan. Héraclès, pour y parvenir, dut convaincre, arc à la main, **Hélios** de lui prêter la barque qu'il utilisait pour traverser l'océan. Parvenu sur l'île, il emmena le troupeau et, après un long périple à travers l'Espagne, la Gaule et l'Italie, il arriva au palais d'Eurysthée.

11. *Cerbère*. Eurysthée pensait bien en finir avec Héraclès en l'envoyant à la recherche de Cerbère, le chien à trois têtes qui garde les Enfers. Il n'avait pas tort : seule l'aide d'Athéna et d'Hermès lui permit de maîtriser le terrible molosse sans recourir à ses armes.

12. *Les pommes d'or du jardin des Hespérides*. Ces fruits, donnés à Héra par **Gaia** le jour de son mariage avec Zeus, étaient gardés dans un jardin à l'extrême occident du monde. Seul Atlas pouvait les prendre ; Héraclès dut alors porter la voûte céleste à la place du Titan, qui refusa de reprendre son fardeau quand il eut rapporté les pommes. Héraclès fit mine d'accepter de garder le ciel sur ses épaules, mais demanda à Atlas de le reprendre un instant, le temps pour lui de trouver un coussin. Le Titan ne se méfia pas et Héraclès en profita pour partir, avec les pommes, jusqu'à Mycènes. C'est au cours de ce voyage qu'il tua Cycnos (→ Arès).

Ces douze travaux accomplis, Héraclès fut libéré de sa servitude et son crime fut racheté. Il vécut bien d'autres aventures, tua bien des ennemis, et dut même expier un nouveau crime en servant trois ans Omphale (→ Apollon).

Il se maria avec Déjanire, sœur de Méléagre, selon un vœu qu'il avait fait à ce dernier rencontré aux Enfers (→ onzième Travail). Or, un jour, le couple utilisa les services d'un Centaure, Nessos, pour traverser un fleuve ; l'homme-cheval emmena d'abord Héraclès sur l'autre rive, puis prit dans ses bras Déjanire ; profitant de l'occasion, il chercha à la violer, mais fut tué par une flèche d'Héraclès aux premiers cris poussés par sa femme. Toutefois, avant de mourir, le Centaure donna à celle-ci une fiole de son sang en lui faisant croire qu'il s'agissait d'un philtre d'amour, qu'elle pourrait utiliser si un jour elle croyait qu'Héraclès ne l'aimait plus. Déjanire crut ce jour arrivé quand Héraclès prit une concubine, Iole ; elle versa alors le sang de Nessos sur une tunique de son mari ; or, ce sang avait été contaminé par le poison de la flèche d'Héraclès ; quand celui-ci endossa la tunique, il sentit aussitôt la brûlure du poison envahir tout son corps ; il n'eut que le temps de monter au sommet de l'Œta, d'y construire un bûcher et de s'y immoler. Sa mort par le feu ne fut en fait qu'un passage : libéré de son humanité, le héros eut l'insigne honneur de monter sur l'Olympe, guidé par sa protectrice Athéna ; réconcilié avec Héra, il se maria avec Hébé, la déesse de la jeunesse, et siégea sur la montagne sacrée.

Hermès

Fils de **Zeus** et de Maia, une nymphe de la pluie, Hermès est l'un des plus jeunes **Olympiens**. Derrière la diversité apparente de ses attributs et de ses fonctions se cache une unité symbolique : Hermès est dieu du vent, et c'est seulement ainsi qu'on peut comprendre les légendes qui se rapportent à lui. Comme le vent qui souffle parmi les arbres et dans les roseaux, Hermès est naturellement un dieu musicien ; cette valeur symbolique, ensuite, explique la vitesse avec laquelle il se déplace et la fonction de messager des dieux que lui a attribuée Zeus. Le vent qui gonfle les voiles et apporte la pluie féconde fait également de lui le dieu du commerce et des profits, honnêtes ou malhonnêtes (la frontière séparant le vol du commerce étant, pour les Grecs, fort ténue...). Pour les mêmes raisons, il est le dieu des voyageurs, sur mer comme sur terre, et l'on place sur les routes des bornes à son effigie. Enfin, on comprend pourquoi il est chargé de conduire les âmes des morts auprès de Hadès (l'âme étant assimilée, selon la conception antique, à un souffle). On l'appelle alors Hermès Psychopompe (« guide des âmes »).

Sur les documents figurés, il apparaît d'abord comme barbu ; puis, vers l'époque classique, il évolue vers une figure plus juvénile, perd sa barbe et devient un modèle athlétique pour la jeunesse. On le reconnaît à ses attributs : les sandales ailées (qui lui permettent d'aller si vite), le pétase, un chapeau à large bord porté par les voyageurs, et le caducée.

Hermès est, de naissance, un dieu rusé ; né dans le secret d'une grotte – sa mère allait retrouver Zeus la nuit, pour que personne n'ait vent de cette union –, il arriva bien après l'avènement de Zeus et des Olympiens et dut lutter pour se faire reconnaître. Le mythe l'associe, dès le jour de sa naissance, à **Apollon** ; quittant sa grotte natale, il alla voler les bœufs de son demi-frère, qui était absent. Pour plus de sûreté, le petit malin fit marcher les bœufs à l'envers, afin d'égarer quiconque voudrait suivre leurs traces, et les cacha dans sa grotte. Près de l'entrée, il vit une tortue ; il trouva l'animal si drôle qu'il le prit, l'évida et fabriqua avec sa carapace une lyre. À son retour, Apollon utilisa ses pouvoirs de divination pour savoir ce qui s'était passé, et se rendit sur-le-champ à la grotte où vivaient Maia et son fils ; là, les deux dieux se disputèrent violemment. Hermès pour se réconcilier offrit à son demi-frère l'instrument qu'il avait inventé ; le dieu de la musique, charmé par les sons de la lyre, fit aussitôt la paix avec le dernier-né de Zeus et le chargea, dorénavant, de garder ses bœufs ; et les deux frères devinrent les meilleurs amis du monde. Cette légende illustre les liens symboliques qui unissent le vent, les nuages (représentés par les bœufs) et le soleil (Apollon) : les nuages en effet, qui, comme les bœufs par leurs déjections, fertilisent la terre par l'eau qu'ils répandent, sont ramenés par le vent auprès du soleil, leur « bouvier ». Mais elle permet aussi de rattacher Hermès au dieu-musicien par excellence.

Admis sur l'Olympe, Hermès prit la fonction de messager des dieux ; c'est à lui, par exemple, que Zeus confie la mission d'emmener **Héra**, **Athéna** et **Aphrodite** devant **Pâris** (→ Aphrodite, Pâris). Dans la guerre contre les **Géants** il tue Hippolytos grâce au casque d'Hadès qui rend invisible. C'est encore sa ruse naturelle qui lui permet de tuer Argos, gardien aux cent yeux, envoyé par Héra pour garder **Io** transformée en vache (→ Io). On dit qu'il l'endormit avec son caducée magique, et qu'il put facilement ensuite le tuer. On lui prête la paternité de **Pan**, le dieu sylvestre, et d'Hermaphrodite, qu'il eut avec Aphrodite et qui avait un corps de femme mais un sexe d'homme.

Hermione

Fille de **Ménélas** et d'**Hélène**, Hermione fut mariée à Néoptolème, le fils d'**Achille**. Sa stérilité la rendit jalouse d'**Andromaque**, que son mari avait ramenée comme captive (→ Andromaque).

Hestia

Fille aînée de **Cronos** et de Rhéa, elle est la plus ancienne de tous les **Olympiens** ; déesse du feu qui brûle dans le foyer, elle a fait vœu de rester toujours vierge (malgré les avances d'**Apollon** et de **Poséidon**) et de ne jamais quitter son palais sur l'Olympe. Parce que c'est elle qui règne sur le foyer et la maison, elle a un autel dans toutes les demeures.

Hippolyte

Thésée eut un fils de la reine des Amazones, **Hippolytè**, qu'il appela Hippolyte. Ce garçon gardait de son ascendance maternelle un goût prononcé pour la vie sauvage et un culte pour **Artémis** ; son mépris pour **Aphrodite** et tout ce qu'elle représentait lui valut d'encourir une terrible vengeance de la part de celle-ci : elle rendit **Phèdre**, la seconde femme de Thésée, folle amoureuse du jeune homme, qui, pour avoir été éconduite, raconta à Thésée que son fils avait essayé de la violer ; dans sa fureur noire, Thésée, le protégé de Poséidon, maudit Hippolyte, qui s'enfuit sur son char. Le dieu envoya alors un monstre marin qui effraya les chevaux, provoquant un accident mortel.

I

Icare

Fils de **Dédale**, Icare fut enfermé avec son père dans le labyrinthe de **Minos** (→ Dédale). Son père trouva néanmoins un stratagème pour s'enfuir : il colla avec de la cire une paire d'ailes sur ses épaules et celles de son fils, et ils s'envolèrent tous deux. Mais une fois à l'air libre, Icare, grisé par sa nouvelle liberté, commença à s'élever vers le Soleil, et il s'en approcha tant que la cire fondit et que le jeune homme plongea dans la mer.

Icare est l'un de ces héros qui, comme **Phaéton** ou **Bellérophon**, sont punis pour leur démesure : oublier que l'on n'est qu'un homme et se croire un dieu sont les défauts qui horrifiaient le plus les Grecs.

Io

Généralement présentée comme fille du dieu-fleuve Inachos, Io habitait à Argos, quand **Zeus** tomba amoureux d'elle. Il envoya un songe à la jeune fille qui l'incita à céder à ses avances et il put ainsi s'unir à elle. Mais pour couper court aux questions de **Héra**, qui soupçonnait une nouvelle infidélité de son mari, Zeus transforma Io en vache d'une blancheur immaculée ; Héra demanda alors que cet animal lui fût consacré et elle le fit mettre sous la garde d'Argos, un homme doté de cent yeux, qui n'en fermait jamais que la moitié. Zeus, par pitié pour la pauvre Io, envoya **Hermès** la délivrer : celui-ci utilisa son caducée magique pour endormir Argos, le tua et libéra la vache. Mais Héra n'en fut pas quitte pour autant : elle envoya un taon – symbole de la folie qui tourmente l'âme – harceler Io, qui commença alors un long périple par tout l'Orient (son voyage donna son nom au détroit du Bosphore, « le Pas de la vache »). Sa souffrance prit fin en Égypte, où Zeus lui rendit forme humaine et, lui touchant le front, la fit accoucher de leur fils, Épaphos, « le Touché ».

Iphigénie

Fille d'**Agamemnon** et de **Clytemnestre**, Iphigénie fut sacrifiée à **Artémis** par son père à Aulis, pour permettre à la flotte des Achéens de partir pour Troie (→ Agamemnon, Artémis). Au moment de l'exécution, la déesse la remplaça par une biche et l'emmena en Tauride (la Crimée actuelle) pour servir et propager son culte. Elle devait sacrifier tous les naufragés qui parvenaient sur les côtes. Mais un jour, elle reconnut dans ces naufragés son frère **Oreste** et son ami Pylade, qui étaient venus en Tauride précisément pour prendre la statue d'Artémis. Iphigénie la leur donna et rentra avec eux en Grèce.

J

Jason

Jason est né à Iolcos, où son père Æson régnait. Mais Pélias, un fils de **Poséidon**, s'empara du trône, chassa Æson, qui était son demi-frère et, un oracle l'ayant averti qu'il serait tué par un descendant d'Éole, fit mettre à mort tous les Éoliens. La mère de Jason, effrayée, fit quitter la ville à son fils nouveau-né et le confia à **Chiron**, qui l'éleva.

Plusieurs années après, Jason revint à Iolcos ; il avait perdu, au cours de son voyage, une de ses sandales, et Pélias, relevant ce détail, fut pris d'une vive inquiétude : un second oracle l'avait averti de se méfier d'un homme portant une seule sandale. Jason apprit qui était Pélias, et réclama aussitôt le trône qui lui revenait ; Pélias accepta à la condition que Jason lui ramenât la toison d'un bélier d'or, consacrée à **Arès** et gardée par le roi de Colchide (la Géorgie actuelle), Æétès.

Jason, héros protégé par **Héra** et **Athéna**, partit donc à la conquête de la Toison d'or ; il rassembla pour cela une cinquantaine d'hommes, parmi lesquels figuraient **Orphée**, les **Dioscures** et leurs cousins Idas et Lyncée, **Héraclès**, ainsi que Zétès et Calaïs, fils du vent Borée ; Argos, l'un d'entre eux, inspiré par Athéna, construisit le navire blanc Argo.

Un long périple commença alors pour Jason et les Argonautes (« les marins d'Argo »), et après maintes escales ils arrivèrent au détroit du Bosphore, qu'ils devaient emprunter pour arriver en mer Noire. Or, deux rochers mobiles en barraient l'entrée ; Jason, sur le conseil d'un devin qu'ils avaient aidé durant leur voyage, lâcha alors une colombe qui traversa presque sans encombre (les rochers ne lui arrachèrent qu'une plume de la queue) le détroit. Les Argonautes prirent donc le même chemin, et les rochers ne leur ôtèrent qu'une partie de la poupe ; puis, longeant le Caucase, ils arrivèrent en Colchide.

Jason expliqua à Æétès le but de sa mission et le roi ne lui refusa pas la Toison ; il devait simplement réussir trois épreuves : mettre le joug à deux taureaux cracheurs de feu, labourer un champ et semer les dents du dragon d'**Arès** (→ Cadmos) ! Jason ne put réussir qu'avec l'aide de **Médée**, la fille d'Æétès, une puissante magicienne. Elle lui donna un baume qui le rendit invulnérable au fer et au feu et lui expliqua de se méfier des soldats qui naîtraient des dents du dragon. Suivant ses conseils, Jason vint à bout des trois épreuves et emporta la Toison ; il n'avait pas à se soucier du dragon qui la gardait, car Médée utilisa ses sortilèges pour l'endormir. Voyant qu'Æétès ne voulait plus honorer sa promesse, Jason s'enfuit alors avec Médée et son frère Apsyrtos ; comme Æétès les poursuivait, Médée eut un affreux stratagème : elle découpa son frère en morceaux qu'elle jeta un à un à la mer ; leur père fut contraint de ralentir pour ramasser les bouts de son fils qui flottaient à la dérive, et il perdit de vue les fugitifs.

Les Argonautes parvinrent en Grèce après un second long voyage qui les amena, cette fois, en Méditerranée occidentale. De retour à Iolcos avec la Toison, Jason put prendre sa place de roi légitime et, avec l'aide de Médée, sa femme, se vengea de Pélias en le faisant tuer par ses propres filles : Médée leur fit croire qu'en le faisant bouillir dans un chaudron elles le feraient rajeunir… Le couple dut alors quitter Iolcos et ils vécurent longtemps à Corinthe. Jason finit cependant par répudier Médée pour se fiancer à Créüse, que la sorcière tua, ainsi que les enfants qu'elle avait eus de Jason. Celui-ci rentra à Iolcos, où régnait un fils de Pélias, le chassa du pouvoir et retrouva définitivement la place qui lui revenait de droit.

L

Léda

Léda est la femme de Tyndare, roi de Sparte. Sa beauté attira l'attention de **Zeus**, qui eut l'idée de se changer en cygne ; Léda s'approcha de lui et Zeus en profita pour s'unir à elle sans qu'elle s'en rendît compte. Le soir même, Tyndare fit l'amour avec elle ; elle pondit quelque temps après deux œufs, dont un seul était le fruit de ses amours divines : de cet œuf, naquirent **Pollux** et **Hélène** ; **Castor** et **Clytemnestre**, nés de l'autre œuf, étaient pleinement humains.

Létô

Fille de Titans, Létô a porté deux des enfants de **Zeus** les plus puissants, **Apollon** et **Artémis**, encourant pour cela la redoutable colère d'**Héra**. Celle-ci avait interdit à la terre de l'accueillir ; Létô finit par arriver sur une île flottante et inconnue, Délos, qui accepta de devenir la terre natale des dieux à naître. Ses douleurs durèrent neuf jours, car Héra avait ordonné à Ilithye, déesse de l'accouchement, de ne pas la libérer. Zeus envoya Iris la persuader d'aider Létô, et la Titanide mit au monde ses jumeaux, Artémis d'abord, puis, un jour après, Apollon (→ Apollon). Figure de la mère prête à tout pour ses enfants, Létô fut toujours tendrement aimée par Apollon et Artémis.

M

Médée

Fille du roi Æétès, Médée est petite-fille d'**Hélios** et nièce de la magicienne **Circé**. Son destin est lié à celui de Jason, qu'elle a aidé lors de sa quête et qui est devenu son mari, avant d'être répudiée et d'épouser ensuite Égée (→ Jason, Thésée).

Ménélas

Fils d'**Atrée** et d'Aéropé, Ménélas est le frère d'**Agamemnon**. Ils furent chassés tous deux de Mycènes par **Égisthe** et allèrent se réfugier à Sparte auprès du roi Tyndare, le père nourricier d'**Hélène**. Celle-ci choisit, parmi ses prétendants, Ménélas et, à la mort des **Dioscures**, le trône de Sparte leur revint. Ils eurent pour fille **Hermione**.

Le jugement de **Pâris** allait tout changer : **Aphrodite** avait promis au jeune Troyen la plus belle des femmes, et celui-ci alla à Sparte, alors que Ménélas était absent, et enleva Hélène. À son retour, Ménélas rassembla tous les prétendants qui avaient juré à Tyndare de venir en aide au mari qu'Hélène se serait choisi, s'il faisait appel à eux, et organisa l'expédition contre Troie.

Au tout début de la guerre, Ménélas affronte Pâris en duel, parvient à le blesser, mais le Troyen est aussitôt protégé par Aphrodite qui l'entoure d'un nuage et l'emmène chez lui. Quand, plus tard, les Troyens attaquent les navires, Ménélas se distingue en blessant Hélénos et tuant quelques soldats ennemis. Lors de la prise de la ville, il fit partie du contingent de soldats cachés dans le cheval de Troie ; après avoir retrouvé sa femme, incapable de la tuer, il se réconcilia avec elle (→ Hélène). Ils partirent alors pour l'Égypte et la Grèce ; de retour à Sparte, une fois n'est pas coutume, ils vécurent heureux de longues années.

Minos

Ce légendaire roi de Crète passait pour être le fils de **Zeus** et d'Europe. Son règne, réputé pour avoir été fort juste, commença toutefois dans l'impiété ; à la mort de son père nourricier Astérion, Minos demanda à **Poséidon** de lui envoyer un présage qui lui permette de réclamer le trône, que revendiquaient aussi ses frères. Le dieu envoya alors le plus beau et le plus puissant taureau qu'on eût jamais vu. Minos, ébloui par sa beauté, garda l'animal pour lui, au lieu de le sacrifier à Poséidon, comme pourtant il l'avait promis. Le dieu irrité rendit alors Pasiphaé, la femme de Minos, amoureuse du taureau, et elle parvint, grâce à l'aide de **Dédale**, à s'accoupler avec lui. De cette union monstrueuse naquit le Minotaure (« le taureau de Minos »), que le roi cacha dans le labyrinthe construit tout exprès par Dédale (→ Dédale).

Il est certain que la légende de Minos contient des souvenirs de l'époque où, dès le deuxième millénaire avant J.-C., la Crète était à la tête d'un empire qui s'étendait sur toute la mer Égée et sur la Grèce continentale. C'est ainsi qu'on prête à Minos plusieurs guerres contre les cités grecques ; il remporta une victoire contre Athènes, dont il recevait un tribut annuel de sept jeunes garçons et sept jeunes filles, qu'il donnait en pâture au Minotaure (→ Thésée).

Il trouva la mort à la cour du roi Cocalos, en Sicile, alors qu'il recherchait Dédale qui s'était enfui du labyrinthe (→ Dédale). À sa mort, Minos, réputé pour sa sagesse, devint l'un des trois juges des âmes, aux côtés d'Éaque et de Rhadamanthe.

Muses

Filles de **Zeus** et de Mnémosynè, la personnification de la mémoire, les Muses veillent avant tout sur les arts poétiques (poésie, musique, théâtre) ; elles passent pour donner aux poètes leur inspiration – n'oublions pas que, dans l'Antiquité, la création poétique ne reposait que sur la tradition orale et la mémoire des poètes, qui rendaient donc tout naturellement un culte aux filles de la Mémoire.

Elles passent le plus clair de leur temps en Piérie (près du mont Olympe), ou sur l'Hélicon, la montagne « poétique » par excellence, où elles dansent en compagnie d'**Apollon**. Voici la liste canonique des Muses et de l'art que chacune d'elles représente : Calliope, la poésie épique ; Clio, l'histoire ; Euterpe, la flûte ; Melpomène, la tragédie ; Terpsichore, la danse et le chant des chœurs ; Érato, la poésie lyrique ; Polymnie, les hymnes et, plus tard, la pantomime ; Thalie, la comédie et la poésie bucolique ; Uranie, l'astronomie.

N

Nérée

Ce « Vieillard de la mer », fils de Pontos, personnification de la mer, et de **Gaia**, est une très ancienne divinité marine, capable de se transformer en n'importe quelle créature. Ses cinquante filles, les Néréides, sont également des déesses marines (→ Amphitrite, Thétis).

Nestor

Nestor participa à l'expédition achéenne contre Troie comme roi de Pylos ; vieillard respecté et écouté, il passe pour le plus sage de tous les chefs achéens.

O

Œdipe

Œdipe (« Pied-Enflé ») doit ce nom aux circonstances de sa naissance : son père Laïos, le roi de Thèbes, avait appris d'un oracle que, s'il avait un fils, celui-ci le tuerait. Quand sa femme **Jocaste** lui eut donné un fils, Laïos s'empressa de le faire exposer aux dangers de la forêt, et Œdipe fut accroché par les pieds à un arbre. Des bergers le recueillirent et l'emmenèrent chez le roi de Corinthe, Polybos, qui l'éleva comme son fils.

Devenu adulte, Œdipe alla consulter l'oracle de Delphes, qui lui révéla qu'il tuerait son père et épouserait sa mère ; croyant que cette prophétie concernait Polybos et sa femme, il préféra s'exiler et partit pour Thèbes. À un carrefour, son char croisa celui de Laïos ; une dispute éclata entre les deux hommes et Œdipe, en colère, tua Laïos sans savoir qui il était. Arrivé à Thèbes, il se rendit fort populaire en débarrassant la population de la Sphinx, monstre ailé mi-femme, mi-lion, qui dévorait quiconque ne savait répondre à ses questions. Elle lui demanda : « Qui marche d'abord sur quatre pattes, puis sur deux et enfin sur trois ? » Œdipe répondit aussitôt qu'il s'agissait de l'homme à chacun des stades de sa vie, et le monstre, stupéfait, se jeta du haut de sa colonne. Les Thébains, pour honorer ce nouveau héros, lui donnèrent la main de Jocaste et le trône de la cité. Œdipe eut d'elle quatre enfants, **Étéocle**, **Polynice**, Ismène et **Antigone**. L'oracle était accompli, et une terrible épidémie de peste s'abattit sur la ville. **Tirésias**, le devin thébain, révéla qu'Œdipe était le fils abandonné par Laïos ; Jocaste, horrifiée par l'inceste qu'elle avait commis, se tua ; Œdipe se creva les yeux, et décida de s'exiler, après avoir maudit ses fils. Antigone, en revanche, accompagna son père jusqu'à Colone, en Attique, où il mourut (→ Antigone).

Olympiens

On désigne sous ce nom les divinités qui ont succédé aux premières créatures (**Gaia**, **Ouranos** et leurs enfants les Titans). On les appelle ainsi, parce qu'elles ont élu domicile sur le mont Olympe en Thessalie. La première génération des Olympiens rassemble les six enfants de **Cronos** et de **Rhéa** (**Hestia**, **Héra**, **Déméter**, **Hadès**, **Poséidon** et **Zeus**), ainsi qu'**Aphrodite**, la fille d'Ouranos ; de la seconde génération font partie les enfants divins de Zeus : **Athéna**, **Apollon** et **Artémis**, **Dionysos**, **Hermès**, **Arès**, et **Héphaïstos**.

Oreste

Fils cadet d'**Agamemnon** et de **Clytemnestre**, Oreste est un vengeur : c'est lui qui, sept ans après le meurtre de son père, fit payer à sa mère et à **Égisthe** leur forfait. Sa vengeance, qu'il commet à l'instigation de certains dieux, tout en contrevenant aux lois édictées par d'autres, en fait un personnage tragique d'une extrême profondeur.

À la mort d'Agamemnon, Oreste n'était qu'un enfant, et il aurait été tué avec son père (il était son seul héritier mâle) si sa sœur **Électre** ne l'avait pas envoyé en secret auprès de son oncle Strophios, roi de Phocide, où il fut élevé avec son cousin Pylade, qui devint son inséparable ami. À Delphes, **Apollon** lui ordonne de venger son père. Il tue, avec l'aide de sa sœur Électre, Égisthe et Clytemnestre. Mais Oreste devient fou et est poursuivi sans relâche par les **Érinyes** ; à Delphes, Apollon le purifie de son crime, mais l'oblige à se soumettre au jugement que réclament les trois déesses de la vengeance. Ce jugement a lieu à Athènes, où est créé le tribunal de l'Aréopage. Les juges sont partagés, et c'est **Athéna**, la présidente de la séance, qui donne sa voix décisive en faveur de l'acquittement d'Oreste. Libéré des Érinyes, le protégé d'Apollon doit ensuite, pour être guéri de sa folie, se rendre en Tauride et rapporter la statue d'**Artémis**. Oreste et Pylade y rencontrent **Iphigénie**, la grande prêtresse d'Artémis, qui reconnaît son frère, l'aide à voler la statue et à la rapporter en Grèce (→ Iphigénie). Une fois de retour, Oreste se marie à **Hermione** et règne sur Argos.

Orphée

Orphée est le chanteur par excellence, poète et musicien. Fils du dieu-fleuve Œagre et de la **Muse** Calliope (« À la belle voix »), Orphée est représenté en train de chanter en s'accompagnant de la lyre ou de la cithare.

Il participa à l'expédition des Argonautes (→ Jason), et réussit par son chant à vaincre la douce mélodie des Sirènes.

L'épisode le plus célèbre de son mythe est la descente aux Enfers qu'il fit pour ramener son épouse bien-aimée, Eurydice, qui avait marché sur un serpent. Il charma grâce à sa musique tous les démons infernaux et parvint à émouvoir **Hadès** et **Perséphone**, qui consentirent à ce qu'il ramenât sa femme dans le monde des vivants, à condition que, durant leur remontée, il ne se retourne jamais vers elle. Orphée marchait donc devant sa femme, et ils avaient presque atteint la lumière du jour, quand, pris soudain d'une vive inquiétude, il se retourna : Eurydice disparut aussitôt et resta à jamais prisonnière du royaume des morts.

Ouranos

Premier-né et premier mari de **Gaia**, Ouranos est la personnification du Ciel. De leur union naquirent les Titans, les Hécatonchires et les Cyclopes ; mais Gaia, lasse de la tyrannie d'Ouranos, demanda à son dernier-né, **Cronos**, de la débarrasser de son époux. Celui-ci émascula alors son père avec une faucille et prit le pouvoir (→ Cronos, Gaia). Des gouttes de sang et de sperme qui coulèrent de la blessure naquit **Aphrodite**.

P

Pallas → Athéna.

Pan

Dieu des forêts, des bergers et des troupeaux, Pan est fils d'**Hermès** et d'une nymphe. Mi-homme, mi-bouc, ce dieu vivait dans les montagnes boisées, les cavernes et tous les endroits sauvages ; ses cris et ses apparitions subites provoquaient chez les bergers une peur terrible, précisément qualifiée de « panique ». Amant infatigable, il passait son temps à poursuivre jeunes filles et jeunes garçons de ses assiduités. Ainsi, la nymphe Syrinx, pour lui échapper, se transforma en roseau ; Pan, attristé, le coupa en sections de différentes longueurs et fabriqua la syrinx, ou flûte de Pan.

Pandore

Première femme créée par **Héphaïstos** sur l'ordre de **Zeus**. Ce dernier cherchait un moyen de se venger de **Prométhée** et des humains qu'il avait aidés. Il fit donc faire cette femme, la para de toutes les beautés et l'envoya auprès d'Épiméthée, le frère de Prométhée, qui la prit pour femme malgré les recommandations de son frère. Pandore avait avec elle une jarre, donnée par les dieux, qu'elle ne devait ouvrir sous aucun prétexte. Mais la curiosité fut la plus forte : Pandore ouvrit la jarre, de laquelle s'échappèrent tous les maux qui s'abattirent sur l'humanité. Elle la referma cependant à temps pour garder l'Espérance, que contenait également la jarre.

Pâris

Quand Hécube mit au monde Pâris, elle fit un terrible cauchemar : elle rêva qu'elle enfantait une torche qui mettait le feu à Troie. Sur les conseils des devins, **Priam**, qui en était le père, décida d'abandonner l'enfant ; mais le petit Pâris fut recueilli par des bergers et élevé dans les montagnes de Troade sous le nom d'**Alexandre**. Il gardera de cette enfance un goût prononcé pour le pastoralisme.

Une fois adulte, il participa aux jeux organisés par Priam pour commémorer sa propre mort. Il remporta toutes les épreuves et fut reconnu par sa sœur **Cassandre** ; c'est ainsi que Pâris retrouva sa place de prince de la ville.

Pourtant, la vision d'Hécube n'allait pas tarder à se réaliser : un jour qu'il gardait ses troupeaux, **Hermès** amena **Héra**, **Athéna** et **Aphrodite**, qu'il devait, sur ordre de **Zeus**, départager. Chacune d'elles, en effet, revendiquait la pomme envoyée par Éris lors des noces de Pélée et **Thétis** (→ Aphrodite). Sensible aux propos d'Aphrodite – elle lui promettait l'amour d'**Hélène**, la plus belle femme du monde –, Pâris déclara que la pomme lui revenait, et partit pour Sparte afin d'enlever Hélène ; sa beauté et sa richesse eurent tôt fait de convaincre la belle Hélène de le suivre et, profitant de l'absence de son mari, les deux amants gagnèrent Troie.

Ce fut là le point de départ de la guerre de Troie ; durant le conflit, Pâris, en tout point l'antithèse de son frère **Hector**, ne s'illustra pas par sa vaillance : lors de son duel contre **Ménélas**, Pâris, blessé, ne dut son salut qu'à l'intervention d'Aphrodite. Son seul coup d'éclat fut d'avoir tué **Achille** d'une flèche envoyée dans son talon ; encore faut-il rappeler que la flèche fut guidée par **Apollon**. Pâris mourut cependant peu après d'une autre flèche, lancée cette fois par Philoctète, et enduite d'un terrible poison.

Patrocle

Fils de Ménœtios, Patrocle est l'ami le plus cher d'**Achille** ; on en fit couramment, quand l'homosexualité se répandit dans la société grecque, un couple d'amants. Au cours de la guerre de Troie, quand les Troyens attaquèrent les vaisseaux achéens, alors qu'Achille s'était retiré des hostilités (→ Achille), il revêtit les armes divines de son ami et partit combattre, mais fut rapidement tué par **Hector**, qui récupéra l'armure d'Achille. Sa mort causa une telle douleur au Péléide, qu'il partit aussitôt au combat et ramena douze prisonniers qu'il sacrifia en son honneur.

Pénélope

Pénélope, qui a attendu durant vingt ans le retour de son mari **Ulysse**, passe pour le modèle de la femme vertueuse et fidèle. Pendant toutes ces années, en effet, elle dut élever seule son jeune fils Télémaque (né peu avant le départ d'Ulysse) et tenir le palais ; de plus, cent huit prétendants, venus des environs, la pressaient de se remarier avec l'un d'eux. Pour différer sa réponse, elle leur dit qu'elle choisirait un nouveau mari dès qu'elle aurait terminé l'ouvrage qu'elle tissait pour Laërte, le père d'Ulysse ; mais, chaque nuit, elle défaisait le travail qu'elle avait fait le jour. Elle ne fut débarrassée d'eux qu'au retour de son mari (→ Ulysse).

Persée

Fils de **Zeus** et de **Danaé**, Persée a connu une naissance miraculeuse (→ Danaé). Ocrisios, le père de Danaé, qui avait appris d'un oracle que son petit-fils le tuerait, avait, à la naissance de Persée, mis sa fille et son enfant à la mer dans un coffre, en pensant qu'ils mourraient en mer ; mais c'était sans compter sur l'aide de Zeus, qui les fit arriver sains et saufs sur l'île de Sériphos. Sur cette île, régnait un certain Polydectès qui tomba amoureux de Danaé ; mais Persée, qui avait grandi, ne le laissait pas approcher de sa mère ; le roi eut donc l'idée, pour éloigner Persée, de l'envoyer chercher un cadeau d'anniversaire extraordinaire, la tête de la Gorgone Méduse. Les Gorgones étaient trois sœurs terribles ; deux d'entre elles étaient immortelles ; seule Méduse pouvait être tuée. D'une laideur effroyable, Méduse avait une chevelure hérissée de serpents, des dents de sangliers, une peau écailleuse et de grandes ailes qui lui permettaient de voler ; de plus, quiconque croisait son regard était aussitôt transformé en statue de pierre ! Persée dut partir à sa recherche. Mais **Athéna** et **Hermès** décidèrent d'aider leur demi-frère ; la première lui prêta son bouclier de bronze en vue du combat et lui conseilla d'aller voir les Grées (« les Vieilles »), qui vivaient en Afrique, trois sœurs des Gorgones qui connaissaient leur repaire. Hermès lui prêta son épée recourbée et une besace. Persée parvint par la ruse à ce que les Grées lui dévoilent la cachette de Méduse et à ce qu'elles lui donnent deux objets dont il avait besoin : le casque d'**Hadès** qui rend invisible et des sandales ailées ; grâce à elles, il arriva très vite dans la grotte où vivaient les Gorgones et, durant leur sommeil, s'approcha de Méduse. En s'aidant du bouclier d'Athéna comme d'un miroir, il lui trancha la gorge. Du sang versé par Méduse naquit Pégase, le cheval ailé (→ Bellérophon). Persée mit la tête de Méduse dans sa besace, se rendit invisible et s'échappa avant que les deux sœurs immortelles ne pussent le rattraper. En rentrant auprès de sa mère, il rencontra **Andromède**, qu'il sauva d'un terrible destin avant de l'épouser (→ Andromède). Une fois mariés, ils se rendirent tous deux à Sériphos, où Polydectès terrorisait Danaé ; Persée arriva à temps et, brandissant du sac la tête de Méduse, le changea en statue de pierre. Il rendit alors aux dieux qui l'avaient aidé tous les objets magiques dont il avait profité, et Athéna plaça la dangereuse tête de Méduse au centre de son boulier.

Persée retourna alors à Argos voir son grand-père ; mais ce dernier, qui n'avait pas oublié l'oracle, alla se réfugier en Thessalie. La prophétie se réalisa néanmoins, quand Persée, qui participait à des jeux funèbres, tua par accident Ocrisios qui faisait partie du public. Affligé par son geste malheureux, Persée renonça au trône d'Argos, qu'il échangea contre celui de Tirynthe, où il finit sa vie.

Perséphone

Fille de **Zeus** et de **Déméter**, Perséphone (ou Korè, de son vrai nom) est, comme sa mère, une déesse du blé ; sa vie changea néanmoins radicalement le jour où elle fut enlevée par **Hadès** (→ Déméter, Hadès). Bien qu'elle passe la moitié de l'année en compagnie de sa mère, Perséphone intervient surtout comme reine des Enfers, trônant aux côtés de son mari ; à ce titre, elle joue un rôle dans la légende d'**Adonis** (→ Adonis).

Phaéton

Ce fils d'**Hélios** avait été élevé par sa mère Clyméné dans l'ignorance de sa généalogie. Quand il apprit qui était son père, il supplia Hélios de lui laisser conduire son char une seule journée. Le dieu, malgré ses réticences, lui laissa les rênes, et Phaéton partit. Mais le quadrige solaire n'était pas facile à guider ! Les chevaux, ne reconnaissant pas leur maître, allaient ou trop bas, desséchant des régions entières, ou trop haut, jetant la terre dans le froid et manquant de brûler les étoiles. Pour sauver le monde, **Zeus** dut foudroyer Phaéton, qui tomba dans les eaux de l'Éridan (le Pô).

Phèdre

Fille de **Minos** et Pasiphaé et sœur d'**Ariane**, Phèdre devint la femme de **Thésée** (→ Hippolyte).

Pollux → Dioscures.

Polynice

Fils d'**Œdipe** et de **Jocaste**, Polynice fut chassé de Thèbes par son frère **Étéocle**, quand il revint, comme convenu, régner pour un an sur la ville. Il se réfugia alors à Argos, auprès du roi Adraste, qui l'aida à rassembler une armée dirigée par sept chefs pour le rétablir sur le trône. Ces Sept contre Thèbes étaient Polynice, Adraste, **Tydée**, Parthéno-paeos, Capanée, Hippomédon et Amphiaraos. Cette expédition fut un échec total ; Polynice et Étéocle s'affrontèrent dans un duel, où ils périrent tous deux. Leur oncle Créon, qui assura alors la régence, ordonna que le cadavre de Polynice, déclaré ennemi public, ne reçût pas de sépulture ; mais **Antigone** passa outre à cet interdit (→ Antigone).

Poséidon

Fils de **Cronos** et de **Rhéa**, Poséidon appartient à la première génération des **Olympiens** ; lors du partage de la terre entre les trois fils de Cronos (→ Zeus), Poséidon obtint la domination sur les eaux et la mer, où il élut domicile. Toutefois, ses liens avec la terre sont très grands : il est le dieu des tremblements de terre, qui étaient conçus, dans l'Antiquité, comme l'effet de la colère du dieu de la mer ; aussi l'appelle-t-on souvent « l'ébranleur de la terre ». On le représente généralement muni du trident, l'arme des pêcheurs de thon. Le cheval et le taureau lui sont consacrés, car ils incarnent respectivement la vitesse et la force des vagues.

Poséidon est un dieu puissant, colérique et rancunier. Il voue une haine inextinguible aux Troyens, depuis le jour où Laomédon, le père de **Priam**, manqua à sa parole : **Apollon** et Poséidon durent servir un an ce mortel, et il était convenu qu'ils l'aideraient à construire une muraille autour de Troie contre salaire. Les dieux s'exécutèrent, mais Laomédon refusa de payer ; Poséidon, non content d'envoyer un monstre marin dévorer la fille du mortel, continua, durant la guerre de Troie, à soutenir les Achéens et à harceler les Troyens. Deux Achéens, cependant, eurent à essuyer son courroux. **Ajax** le petit, d'abord, qui s'était rendu odieux à tous les dieux par son impiété et le viol de Cassandre ; Poséidon aida **Athéna** à le punir (→ Ajax 1). **Ulysse**, ensuite, pour avoir aveuglé son fils, le Cyclope Polyphème. Le dieu de la mer mit tout son pouvoir à empêcher le retour du héros (→ Ulysse).

Minos, tout comme Laomédon, manqua par orgueil à sa parole et fut dès lors en butte à la vengeance du dieu : Poséidon, pour aider Minos à prendre le pouvoir, avait envoyé un magnifique taureau, que Minos devait lui sacrifier en retour. Au lieu de cela, le roi de Crète décida de garder cette bête magnifique ; Poséidon rendit alors Pasiphaé, la femme de Minos, amoureuse folle du taureau. Celle-ci, grâce à l'aide de **Dédale**, s'unit au taureau et enfanta le Minotaure, monstre moitié homme, moitié taureau, que Minos cacha dans une prison nommée labyrinthe. En outre, Poséidon rendit fou le taureau qui se mit à dévaster la région, et fut capturé par **Héraclès** lors d'un de ses travaux.

Bien qu'il eût pour épouse **Amphitrite**, il eut, comme son frère, un grand nombre de maîtresses, divines ou mortelles, dont il eut beaucoup d'enfants. La plupart du temps, ces enfants, qui héritaient de la violence de leur père, étaient des monstres ou des bandits. Le Cyclope Polyphème est un de ses fils ; mais il fut également le père de **Thésée**, le héros d'Athènes.

À plusieurs reprises, Poséidon revendiqua la possession de nombreuses villes et se querella, souvent sans succès, avec les autres dieux à ce sujet. Il avait des vues sur Athènes, mais Athéna emporta l'adhésion des Athéniens (→ Athéna) ; il inonda alors la plaine de l'Attique. Au sujet d'Argos, il eut un violent démêlé avec **Héra**, qui était soutenue par les fleuves de la région ; de colère, Poséidon les assécha tous. À Corinthe, enfin, son rival était **Hélios** à qui fut accordée la colline qui surplombe la ville (l'Acro-corinthe), tandis que Poséidon obtenait l'ensemble de l'isthme, entouré de part et d'autre par la mer.

Priam

Ce fils de Laomédon était le roi de Troie durant la guerre menée par les Achéens. Il eut, d'après la tradition, cinquante enfants, dont dix-neuf de sa femme Hécube ; ceux d'entre eux qui jouent le rôle le plus important dans le cycle troyen sont **Hector**, l'aîné, **Pâris**, Déiphobe, **Cassandre** et Troïlos, le benjamin des fils de Priam, et le frère préféré du grand Hector.

Au moment de la guerre, Priam est trop vieux pour combattre, mais il suit de près avec sa femme l'évolution des combats ; roi plein de sagesse et de mansuétude, il est un des rares à ne pas mépriser **Hélène**. À la mort d'Hector, alors qu'**Achille** refuse de rendre son corps, Priam n'hésite pas à aller supplier Achille dans sa tente de le lui restituer, et obtient gain de cause.

Prométhée

Prométhée est un Titan, fils de Japet et de Thémis. Son nom même (« celui qui réfléchit avant [d'agir] ») fait de lui un personnage rusé et l'oppose à son frère Épiméthée (« celui qui réfléchit après »). Contrairement à ce dernier, qui causa la ruine des hommes (→ Pandore), Prométhée est honoré comme bienfaiteur de l'humanité ; il passe même pour avoir créé les hommes, en façonnant des statuettes d'argile qu'**Athéna** dotait de vie. Il se heurta cependant à la cruelle colère de **Zeus** – qu'il avait pourtant soutenu durant la guerre contre les Titans – car Prométhée préférait les hommes aux dieux, et il ne supporta pas que Zeus les privât du feu, qui leur permettait de se chauffer et de cuire leurs aliments. Il monta donc sur l'Olympe, déroba une étincelle qu'il cacha dans le creux d'une tige et rendit le feu aux hommes. Zeus, furieux, envoya alors **Héphaïstos** enchaîner Prométhée sur le Caucase, où un aigle venait dévorer son foie ; et comme celui-ci repoussait chaque nuit, le supplice de Prométhée n'avait pas de fin. Zeus consentit néanmoins, longtemps après, à le libérer, quand Prométhée lui dévoila un secret : que celui qui épouserait **Thétis** serait chassé du pouvoir par son fils (→ Thétis).

Protée

Comme **Nérée**, Protée est un des « Vieillards de la mer », et était chargé de garder les troupeaux de phoques de **Poséidon**. Protée avait le double pouvoir de prédire l'avenir et de prendre n'importe quelle forme ; ainsi, il échappait à ceux qui le questionnaient sur le futur en se transformant en différents animaux ou en torrent de flammes.

R

RHÉA

Fille d'**Ouranos** et de **Gaia** et mariée à son frère **Cronos**, cette Titanide est la mère de la première génération des **Olympiens**. Lasse de la tyrannie de son mari, qui avait avalé leurs cinq premiers enfants, elle cacha le dernier-né, **Zeus**, en Crète, d'où il revint, plus tard, libérer ses frères et sœurs et assurer sa domination sur le monde (→ Cronos, Zeus).

S

Sisyphe

Ce fils d'Éole et d'Énarété est l'incarnation de la ruse mais, contrairement à celle dont fait preuve **Ulysse**, auquel on l'apparente parfois, d'une ruse sans scrupules ; car Sisyphe est aussi une figure de l'impiété.

Alors qu'il avait fondé Corinthe, Sisyphe fut le témoin du rapt d'Égine, la fille du dieu-fleuve Asopos, par **Zeus** ; et comme Asopos cherchait sa fille partout, Sisyphe lui proposa de lui révéler l'identité du coupable en échange d'une source. Asopos accepta le marché. Telle est l'origine de la haine de Zeus à l'égard de Sisyphe. Aussi envoya-t-il Thanatos, la personnification de la Mort, l'emporter. Mais Sisyphe réussit à tromper Thanatos et à l'enfermer dans une tour. L'ordre du monde en fut bouleversé : les humains ne mouraient plus. Les dieux, contraints de réagir, envoyèrent **Arès** délivrer Thanatos ; une fois libre, la Mort revint pour emporter Sisyphe, qui ordonna à sa femme de ne pas l'ensevelir. Sisyphe se présenta donc devant le dieu des morts sans avoir reçu les honneurs funèbres, et le rusé mortel expliqua que l'impiété de sa femme en était la cause ; **Hadès**, irrité par l'impudence féminine, accepta que Sisyphe remontât sur terre pour punir sa femme. À nouveau à l'air libre, Sisyphe, qui était parvenu à ses fins, vécut encore de longues années aux côtés de son épouse.

Pour cette impiété, Sisyphe dut subir un châtiment dans le Tartare : il fut condamné à pousser éternellement un énorme rocher en remontant une pente, qui, arrivé au sommet, roulait de nouveau immanquablement en bas.

T

TANTALE

Fils de **Zeus** et de Ploutô, Tantale était fameux pour sa richesse; ses enfants les plus célèbres sont Niobé et Pélops, le père de **Thyeste** et d'**Atrée**; Tantale est, ainsi, à l'origine de la génération des **Atrides**, et l'on impute parfois la malédiction qui pèse sur eux à l'impiété de Tantale. Ce mortel était pourtant fort apprécié par les dieux; mais un jour, dit-on, il invita plusieurs d'entre eux à un banquet, au cours duquel il leur servit, pour tester leur clairvoyance, un ragoût fait à partir de son propre fils, Pélops. Tous les dieux s'aperçurent, avant même de goûter, de l'infâme supercherie, sauf **Déméter**, qui venait de perdre sa fille **Perséphone** (→ Déméter, Hadès, Perséphone), et qui mangea l'épaule de Pélops. Les dieux, horrifiés, rendirent la vie à Pélops – et Déméter lui donna, pour remplacer l'épaule qu'elle avait mangée, une épaule en ivoire. À sa mort, Tantale reçut un châtiment exemplaire: envoyé au Tartare, il était plongé dans l'eau jusqu'au menton et souffrait d'une soif inextinguible; mais dès qu'il approchait ses lèvres pour boire, l'eau se retirait aussitôt. Pareillement, une branche chargée de fruits appétissants pendait à portée de sa main, et Tantale souffrait constamment de la faim; mais à peine levait-il le bras pour prendre un fruit, que la branche s'éloignait hors d'atteinte de l'affamé; tel était le « supplice de Tantale » destiné à punir un mortel trop orgueilleux et impie.

Télémaque

Né peu après le départ d'**Ulysse** pour Troie, Télémaque, élevé par sa mère **Pénélope** et par Mentor, le vieil ami d'Ulysse, n'a pas connu son père. Les quatre premiers chants de l'*Odyssée*, qui lui sont consacrés, nous montrent un jeune homme pieux, courageux et naïf; exaspéré par le comportement des prétendants de sa mère (→ Pénélope), Télémaque se laisse convaincre par **Athéna**, qui prit alors les traits de Mentor, d'aller prendre des nouvelles de son père; c'est ainsi qu'il rencontre **Nestor**, puis **Ménélas**, qui lui apprend que son père est prisonnier de Calypso. De retour à Ithaque, il rencontre son père, et ensemble ils préparent leur vengeance; Télémaque se charge d'ôter toutes les armes accrochées aux murs de la salle de banquet, afin que les prétendants ne puissent se défendre des coups d'Ulysse.

Thémis

Thémis, fille d'**Ouranos** et de **Gaia**, personnifie la Loi et la Justice et siège sur l'Olympe auprès de **Zeus**, en qualité de conseillère du roi des dieux; elle eut d'ailleurs de lui plusieurs enfants, notamment les Moires, déesses du destin. C'est elle qui institua les lois et les oracles et c'est pourquoi elle est la seule Titanide à habiter avec les **Olympiens**. Dépositaire des secrets de l'avenir, elle joue un rôle dans la légende de Prométhée (→ Prométhée, Thétis).

Thésée

Thésée est le plus grand héros d'Athènes et il est, pourrait-on dire, à l'Attique ce qu'**Héraclès** est au Péloponnèse. Leurs légendes, d'ailleurs, se recoupent parfois; l'analogie commence dès la naissance du héros, puisque, à l'instar d'Héraclès, on attribue à Thésée une double ascendance, humaine en la personne d'**Égée**, le roi d'Athènes, et divine, car le héros passe régulièrement pour être le fils de **Poséidon**.

On raconte généralement qu'Égée avait conçu son fils d'Æthra, la fille du roi de Trézène, alors qu'il était parti consulter un oracle pour mettre un terme à sa stérilité. Et il préféra que son fils fût élevé à Trézène dans le secret, car il craignait pour sa vie et son trône (ses cinquante neveux, les Pallantides, aspiraient en effet à le renverser). Il quitta donc Æthra, après avoir caché son épée et ses sandales sous un énorme rocher : il demanda à la mère de Thésée de ne montrer ce rocher que lorsque leur fils serait capable de le soulever à main nue et de l'envoyer à Athènes avec cet équipement, pour se faire reconnaître d'Égée.

À seize ans, Thésée suivit sa mère devant le rocher et le déplaça sans effort, prit les sandales et l'épée, et partit pour Athènes. Il suivit à pied la route du bord de mer, infestée alors de monstres et de brigands, dont il débarrassa le monde, avant d'arriver à Athènes, où son père était sous l'emprise des sortilèges de **Médée**, sa femme. Celle-ci comprit tout de suite qui était Thésée, et persuada Égée, qui ne l'avait pas encore reconnu, de la laisser l'empoisonner ; par chance, Égée reconnut l'épée de Thésée au moment où Médée lui tendait une coupe de poison ; Égée jeta la coupe à terre et reconnut publiquement son fils ; quant à Médée, elle s'enfuit d'Athènes. Thésée donna une preuve ultime de son ascendance en débarrassant la plaine de Marathon du taureau qu'Héraclès avait ramené de Crète (→ Héraclès).

Après ce coup d'éclat, Thésée voulut aussi libérer Athènes du joug crétois : le roi de Crète **Minos** avait remporté une guerre contre Athènes et avait alors imposé à Égée de lui envoyer, chaque année, sept jeunes filles et sept jeunes hommes, qu'il donnait en pâture au Minotaure, un monstre mi-homme, mi-taureau, enfermé dans un labyrinthe construit par **Dédale** (→ Dédale, Minos). Thésée, indigné d'un tel tribut, se fit mettre au nombre des jeunes hommes envoyés à Minos – car Minos avait promis de libérer les Athéniens s'ils parvenaient à tuer le Minotaure –, et gagna la Crète sur un navire aux voiles noires. Avant de partir, il fit un sacrifice à **Apollon** et à **Aphrodite**, et Égée lui confia un jeu de voiles blanches, qu'il avait ordre de mettre si jamais il rentrait sain et sauf à Athènes. Arrivé en Crète, et grâce à la faveur qu'il avait auprès d'Apollon et d'Aphrodite, il séduisit **Ariane**, la fille de Minos, qui l'aida : elle lui confia une pelote de fil à accrocher à l'entrée du labyrinthe ; il n'aurait alors, après avoir tué le monstre, qu'à rembobiner la pelote pour sortir. Thésée, après avoir vaincu à mains nues le Minotaure, retrouva effectivement sans peine la sortie et s'enfuit avec Ariane et les autres Athéniens sur leur navire – il avait promis à la jeune fille, si elle l'aidait, de l'emmener à Athènes et de l'épouser. Le navire fit escale sur l'île de Naxos, où Thésée abandonna Ariane (→ Ariane), et à Délos, avant d'arriver à Athènes ; dans sa précipitation, cependant, Thésée avait oublié les recommandations de son père, et n'avait pas changé les voiles de son navire : celui-ci, qui guettait sur la plage le retour de son fils, aperçut de loin les voiles noires et, croyant que son fils avait échoué, se jeta de désespoir dans la mer, qui prit dès lors le nom de mer Égée.

Les funérailles furent splendides et Thésée fut proclamé, à regret, roi d'Athènes ; son œuvre politique y fut fondamentale : il passe pour le véritable fondateur de la ville, à laquelle il donna son nom, en l'honneur d'**Athéna**, sa protectrice, et ses principales institutions. Il eut très vite à défendre la ville contre un siège des Amazones, un peuple de femmes guerrières ; les causes de ce siège varient d'une tradition à l'autre, mais toujours est-il que Thésée parvint à mettre en fuite les Amazones et leur reine, Hippolytè (dont il eut un fils, **Hippolyte**) ; il épousa ensuite **Phèdre**, la sœur de Médée, qui causa la perte de son fils (→ Hippolyte, Phèdre).

On rattache à la figure de Thésée Pirithoos, un roi thessalien, considéré comme son meilleur et inséparable ami. C'est d'ailleurs parce que les deux amis avaient décidé qu'ils n'accepteraient désormais pour femme qu'une fille de Zeus, qu'ils allèrent enlever **Hélène** (alors âgée de douze ans) que Thésée se promit d'épouser plus tard et essayèrent de ravir **Perséphone**, la femme d'Hadès. Pour ce faire, ils descendirent tous deux aux Enfers, où Hadès les fit asseoir sur les « sièges de l'oubli » : ces sièges firent oublier aux deux héros jusqu'à leur propre identité, et ils restèrent là immobiles ;

quand Héraclès descendit aux Enfers pour aller chercher Cerbère (→ Héraclès), se souvenant que le grand-père maternel de Thésée l'avait jadis accueilli quand il était dans le besoin, il voulut sauver le héros athénien; Hadès consentit à ce qu'il le fît remonter à la surface, mais garda à tout jamais Pirithoos. Le retour de Thésée à Athènes fut néanmoins douloureux: durant son absence prolongée, les **Dioscures** étaient venus chercher leur sœur et avaient chassé du trône les enfants de Thésée; celui-ci n'eut d'autre choix que de partir sur l'île de Scyros où il trouva la mort (selon certains, de la main de Lycomède, le roi de l'île).

Thésée reste pour l'imaginaire grec, et athénien en particulier, le héros national de l'Attique et le fondateur de la démocratie.

Thétis

Fille de **Nérée** et d'une immortelle, Thétis est la plus célèbre des Néréides; élevée par **Héra** elle garda toujours pour la déesse une profonde affection. Sa grande beauté faisait d'elle l'objet des avances insistantes de **Zeus** et de **Poséidon**; or, **Thémis** savait que le fils de Thétis serait plus puissant que son père et qu'il le détrônerait; comme elle n'avait confié ce secret qu'à **Prométhée**, ce dernier s'en servit comme monnaie d'échange pour être délivré de ses chaînes (→ Prométhée). Quand Zeus apprit la prophétie, il décida qu'il était plus sage de marier Thétis à un mortel; Pélée fut choisi, et tous les dieux furent conviés à leurs noces, à l'exception d'Éris (« la Discorde »), qui, pour se venger, lança dans l'assemblée une pomme destinée « à la plus belle ». Cette « pomme de la discorde », que se disputèrent Héra, **Athéna** et **Aphrodite**, fut à l'origine de la guerre de Troie (→ Aphrodite, Pâris).

Thétis vouait à son fils unique, **Achille**, un amour sans bornes et chercha par tous les moyens à le débarrasser de la mortalité que lui avait conférée Pélée (→ Achille).

Thyeste

La légende de Thyeste est tout entière centrée sur sa rivalité sanglante avec son frère **Atrée** (→ Atrée, Égisthe).

Tirésias

Tirésias est le grand devin de Thèbes ; les circonstances dans lesquelles il acquit son don ne font pas l'unanimité ; généralement on raconte que Tirésias, après avoir rencontré deux serpents, avait été transformé en femme durant sept ans, puis qu'il était redevenu un homme ; or, un jour, **Zeus** et **Héra** se disputaient pour savoir qui, de l'homme ou de la femme, éprouvait le plus de plaisir en faisant l'amour ; ils décidèrent de demander à Tirésias de trancher, puisqu'il avait connu les deux états ; celui-ci répondit sans hésiter que la femme éprouvait un plaisir neuf fois plus intense que l'homme… Héra, furieuse, aveugla sur-le-champ Tirésias ; Zeus, en compensation, lui donna le don de prophétie. C'est ainsi qu'il devint le devin officiel de la famille royale de Thèbes. Il révéla notamment à Œdipe qu'il avait tué son père et épousé sa mère (→ Œdipe) et conseilla à Créon, après la mort d'**Étéocle** et **Polynice**, d'enterrer ce dernier, ce que ne fit pas Créon, pour son grand malheur (→ Antigone).

Tydée

L'épisode le plus fameux de sa légende est sa participation à l'expédition des Sept contre Thèbes, dirigée par **Polynice** pour reconquérir son trône (→ Polynice). Tydée était un protégé d'Athéna, et elle avait même réussi à obtenir de **Zeus** un flacon d'ambroisie pour le rendre immortel. Mais, durant la bataille devant Thèbes, alors qu'Athéna apportait à son protégé la fiole d'ambroisie, Tydée combattit Mélanippos ; il le tua mais fut mortellement blessé. Or le héros, enivré par une fureur sanguinaire, loin de laisser là le cadavre de son ennemi, lui fendit le crâne et dévora sa cervelle. Athéna, horrifiée par cet acte, fit demi-tour avec la fiole et laissa mourir Tydée sur le champ de bataille.

U

Ulysse

Ulysse est un personnage de l'épopée homérique; il est le fils de Laërte et d'Anticlée et a pour ancêtre **Zeus** et **Hermès**, le dieu des stratagèmes. Car ce roi d'Ithaque, « l'homme aux mille tours », est resté célèbre pour sa ruse et il est tout naturellement le protégé d'**Athéna**, qui apprécie son intelligence et son ingéniosité.

Durant l'expédition et le siège de Troie, Ulysse se distingua par sa ruse, mais aussi par sa cruauté et son absence de scrupules : c'est lui qui retrouva **Achille** caché par **Thétis** sur l'île de Scyros et il eut l'idée du cheval pour prendre une ville que les armes n'avaient su réduire. Il fit construire un grand cheval de bois dans lequel il se cacha avec d'autres soldats. Les Achéens firent mine de partir en abandonnant le cheval sur la plage, comme s'il s'agissait d'une offrande à **Poséidon** ; les Troyens firent entrer le cheval dans leur ville, et, la nuit venue, les soldats en sortirent, tuèrent les sentinelles et ouvrirent les portes de la ville au reste de la troupe. Après cet « exploit », Ulysse n'hésita pas non plus à se faire attribuer injustement les armes d'**Achille**, alors qu'elles revenaient de droit à **Ajax**, dont il fut responsable du suicide (→ Ajax 2) ; selon certaines versions, c'est lui qui fit mettre à mort le petit **Astyanax** et Hécube, la femme de **Priam**.

Si l'*Iliade* et les récits de la guerre le présentent sous un jour souvent peu favorable, il est, en revanche, le personnage principal de l'*Odyssée*, et on découvre un homme sage et modéré en proie à la colère des dieux –

essentiellement celle de Poséidon. Symbole même d'une condition humaine vouée à l'errance et aux revirements soudains de la fortune, le roi d'Ithaque acquiert la grandeur qui lui manquait. Voici les principales étapes de son voyage :

L'île des Cyclopes. Ulysse et ses compagnons débarquent sur une île, la Sicile, peuplée d'êtres gigantesques, doués d'un seul œil rond (c'est le sens du mot Cyclope en grec). Ils parviennent dans la grotte de l'un d'entre eux, Polyphème, qui entend bien les dévorer. Ulysse lui fait croire qu'il s'appelle « personne » et lui fait boire du vin ; le Cyclope, qui n'en avait jamais bu, sombre rapidement dans le sommeil, et Ulysse en profite pour lui crever l'œil avec un pieu et s'échapper ; Polyphème appelle au secours ses congénères et leur explique que « son œil a été crevé par personne » ; les autres Cyclopes le prennent pour un fou et Ulysse parvient à prendre le large. Mais par cet acte, il encourut la colère de Poséidon, le père du Cyclope. Celle-ci eut des conséquences terribles : le seigneur des mers fit tout dès lors pour empêcher le héros de rentrer à Ithaque.

L'île d'Éole. Éole, le maître des vents, accueille Ulysse et lui confie une outre contenant tous les vents. Mais ses compagnons, qui croyaient qu'elle contenait un trésor, l'ouvrent dans son sommeil : tous les vents s'en échappent en même temps et une tempête envoie le navire d'Ulysse à l'opposé de sa destination.

L'île de Circé. Cette île italienne était habitée par une puissante magicienne, **Circé**, fille d'**Hélios**, qui transforma les compagnons en pourceaux. Ulysse reçut d'**Hermès** une plante magique, le *moly*, grâce à laquelle il put résister aux enchantements de Circé ; la sorcière rendit alors forme humaine aux compagnons du héros et offrit au roi d'Ithaque l'hospitalité pendant un an. Ulysse eut d'elle un fils, Télégonos.

Les Sirènes. Sa route passait le long de l'îlot des Sirènes, créatures mi-femmes mi-oiseaux, dont le chant charmait quiconque l'entendait et provoquait son naufrage. Ulysse, averti du danger, ordonna à ses compagnons de l'attacher au mât de son navire et leur fit se boucher les oreilles avec de la cire en leur ordonnant de ne pas prêter attention à ses cris. Ulysse put ainsi profiter du chant merveilleux des Sirènes sans risques.

Charybde et Scylla. Deux monstres terribles gardaient le détroit de Messine et, après avoir échappé de justesse au premier, Ulysse dut affronter le second, tombant ainsi « de Charybde en Scylla ».

Calypso. Ulysse perdit peu après tous ses compagnons et, accroché à un morceau d'épave, il débarqua sur l'île habitée par Calypso. Il resta, dit-on, dix ans auprès de cette belle nymphe, et Athéna elle-même dut intervenir pour qu'elle le laissât partir.

L'île des Phéaciens. Ulysse repartit alors sur un radeau qu'il construisit lui-même ; mais Poséidon, rancunier au suprême degré, n'avait pas oublié l'outrage qu'il avait fait à son fils et il envoya une terrible tempête sur ce radeau. Ulysse échoua alors sur une île, où il rencontra Nausicaa ; grâce à elle il fut reçu par son père Alcinoos, roi des Phéaciens, qui le reçut avec hospitalité ; ému par le récit de ses aventures, il le fit emmener à Ithaque sur un de ses navires.

Le retour à Ithaque. À peine débarqué, Ulysse, qui avait bien changé en vingt ans d'absence se rendit chez Eumée, son porcher, qui le reconnut. Là, il put rencontrer son fils, et tous deux mirent au point un plan pour se venger des prétendants (→ Télémaque). Ulysse se déguisa en mendiant et, sans se faire reconnaître de personne, se mêla au groupe des prétendants. Il ne tarda pas à les tuer l'un après l'autre de son arc. Il se fit ensuite reconnaître de Pénélope, qui fut enfin récompensée pour sa fidélité.

Par toutes les épreuves qu'il eut à affronter, et au même titre qu'**Héraclès**, Ulysse fut très vite érigé au rang de figure symbolique ; beaucoup de philosophes virent en lui le sage par excellence ; ce héros, guidé par sa nostalgie (« mal du retour » en grec), reste pour nous un point de référence universel.

Z

Zeus

Roi des **Olympiens**, dont il a assuré la domination, Zeus est le dernier-né des enfants de **Cronos** et de **Rhéa**. Dieu du ciel lumineux, il choisit comme domaine, après avoir renversé son père et pris le pouvoir, le ciel et la terre, alors qu'à ses frères **Poséidon** et **Hadès** échurent respectivement la mer et le monde souterrain. D'après la vision cosmologique du monde, Zeus incarne le ciel dans toutes ses manifestations météorologiques : ce ciel, tour à tour serein ou embrumé d'orage, traduit fidèlement l'humeur du maître du monde ; la pluie, la grêle et la neige sont directement envoyées par lui, ainsi que la foudre, forgée par les Cyclopes, qui est son arme de prédilection. Aussi les artistes le représentent-ils généralement debout avec un éclair à la main ou assis sur son trône céleste ; sa barbe, épaisse et bouclée, lui donne un air de majesté souveraine. L'aigle est son messager, et le chêne lui est consacré.

Ce dieu puissant est redouté par tous, et les hommes attendent les signes qu'il leur envoie. Son règne, cependant, n'a pas toujours été celui de la sagesse et de la justice, et son histoire peut se lire comme celle d'une ascension vers le pouvoir et de la tentation tyrannique, que le dieu devra surmonter afin de régner légitimement sur le monde.

Car dès sa naissance, Zeus s'illustre comme le sauveur et il incarne l'espoir d'un ordre nouveau, celui de la justice. Cronos, une fois arrivé au pouvoir, était devenu un tyran craint de tous ; il dévorait ses enfants à peine sortis du ventre de leur mère ; Rhéa n'en pouvait plus et décida de sauver le dernier. Elle partit en secret sur terre, mit au monde Zeus, qu'elle confia à des nymphes crétoises, et donna une pierre emmaillotée à son mari, en la faisant passer pour son dernier-né. C'est donc en Crète que le futur roi des dieux fut élevé par des nymphes, et nourri par une chèvre, Amalthée. Le petit Zeus gagnait vite en force et en intelligence et, dès qu'il fut jeune homme, il décida de renverser son père. Métis, la déesse de la ruse, fit absorber à Cronos un hémétique ; le Titan vomit alors ses cinq enfants, **Hestia**, **Déméter**, **Héra**, **Hadès** et **Poséidon**, et la guerre entre les nouveaux dieux et les anciens Titans commença. Zeus eut la bonne idée de délivrer les Hécatonchires et les Cyclopes, que son père avait enchaînés dans le Tartare et, grâce à leur soutien actif, Zeus eut la victoire et devint ainsi le roi des dieux (→ Cronos).

Zeus obtint de cette façon le pouvoir absolu ; son règne fut d'abord plein de justice et il veillait à ce que l'ordre du monde fût toujours préservé. Pour cela, il se maria d'abord à Métis, qu'il avala pour faire sienne sa ruse naturelle (→ Athéna), puis à **Thémis**, la Justice, qui accepta de devenir sa conseillère. Sa seule épouse légitime fut néanmoins sa sœur Héra, qu'il trompa maintes fois avec des déesses (→ Déméter, Létô, Hermès) comme avec des mortelles (→ Io, Léda, Dionysos). Pour sauvegarder l'équilibre du monde, il dut mettre à mort **Phaéton** et **Asclépios**, provoquant la colère d'**Apollon** (→ Apollon, Asclépios). En réalité, petit à petit, son pouvoir ne souffrait plus l'opposition : il punit cruellement **Prométhée**, sans lequel, pourtant, il n'aurait pu vaincre les Titans, d'avoir voulu aider les hommes, réduits à la misère par le roi des dieux. Héra supportait mal ses infidélités ; une des plus fameuses fut consommée avec Europe, une jeune princesse syrienne, que Zeus, transformé en taureau, enleva, alors qu'elle s'amusait sur une plage. La passion de Zeus pour la beauté ne se limitait pas aux jeunes filles ; il fut pareillement séduit par un jeune berger, Ganymède, et décida de l'enlever lui aussi. Il prit, cette fois, l'apparence d'un aigle, emporta l'adolescent dans ses serres et le conduisit sur l'Olympe, où il fut chargé de verser chaque jour aux dieux le nectar et l'ambroisie qui leur confèrent l'immortalité.

Zeus n'en faisait donc qu'à sa tête, et même s'il donna le jour à de valeureux héros qui se mirent au service de l'humanité (→ Héraclès, Persée), certains parmi les dieux commençaient à murmurer contre celui qui ne faisait guère mieux que son prédécesseur. C'est **Gaia** qui prit l'initiative : lassée du comportement de son petit-fils, elle poussa à la révolte les **Géants**, ses fils, qu'elle rendait immortels et invincibles grâce à une herbe magique qu'elle produisait. Zeus et les Olympiens étaient dans une fâcheuse posture ; le roi des dieux eut alors l'idée d'ordonner au Soleil, à la Lune et à l'Aurore de ne plus se lever : la Terre, entourée d'obscurité, fut incapable dès lors de faire pousser l'herbe magique. La Gigantomachie (« la bataille des Géants ») eut lieu et les dieux parvinrent à neutraliser leurs ennemis. **Héraclès**, néanmoins, dut les achever de ses flèches empoisonnées, car seul un mortel pouvait tuer les Géants (→ Géants). Ce fut l'épreuve qui souda la solidarité des Olympiens : le pouvoir de Zeus sur les dieux et les hommes ne fut désormais plus remis en cause.

Assis sur son trône au sommet de l'Olympe, Zeus rend la justice et s'occupe du destin des hommes ; il n'est cependant que le garant de l'ordre du monde et ne peut en aucun cas changer le cours du destin. Invoqué comme l'ultime arbitre, il juge les différends qui opposent les dieux et les hommes : ainsi est-il pris à partie dans l'affaire de l'enlèvement de Perséphone (→ Déméter, Hadès) ou délègue-t-il son pouvoir en nommant un juge à sa place (→ Pâris).

Zeus est donc sans aucun doute le plus puissant des dieux grecs ; il intervient dans la plupart des récits mythologiques, car tout sur terre comme dans le ciel lui doit obéissance. Toutefois, l'histoire de son pouvoir, qui n'a pas été exempt de despotisme, montre que les dieux, comme les hommes, sont susceptibles de céder à la démesure ; la légende de Zeus, en un sens, est un encouragement pour tous les hommes à résister à la tentation de l'orgueil.

ANNEXES

INDEX DES PRINCIPAUX NOMS LATINS

LES OLYMPIENS

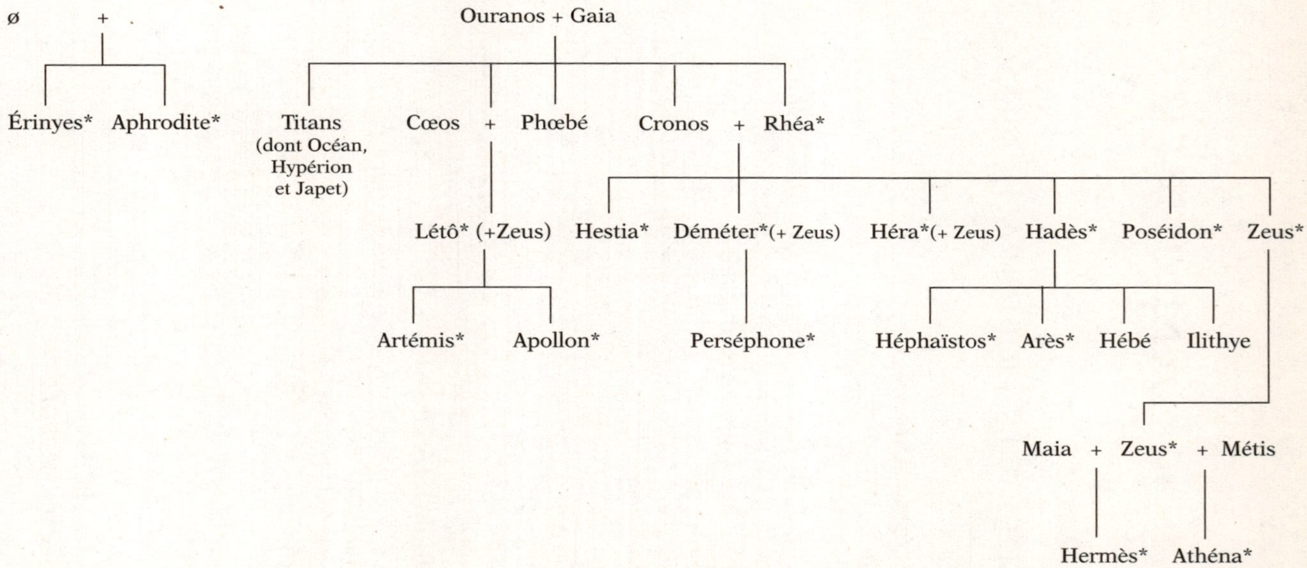

LES ATRIDES

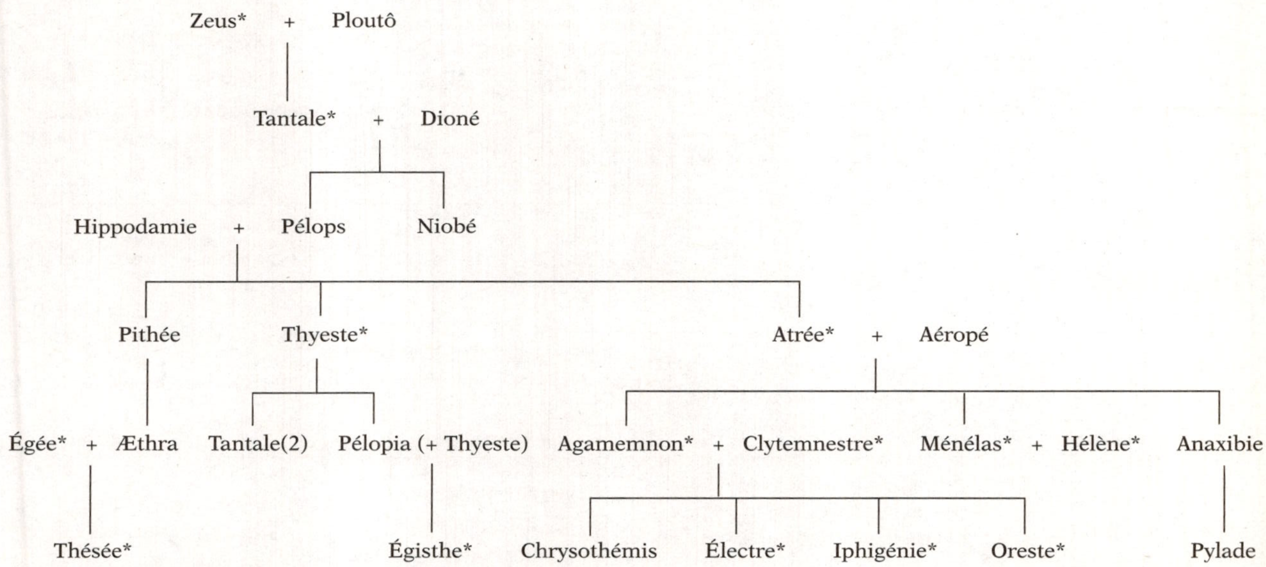
Zeus* + Ploutô
Tantale* + Dioné
Hippodamie + Pélops
Niobé
Pithée
Thyeste*
Atrée* + Aéropé
Égée* + Æthra
Tantale(2)
Pélopia (+ Thyeste)
Agamemnon* + Clytemnestre*
Ménélas* + Hélène*
Anaxibie
Thésée*
Égisthe*
Chrysothémis
Électre*
Iphigénie*
Oreste*
Pylade

HECTOR ET LA MAISON ROYALE DE TROIE

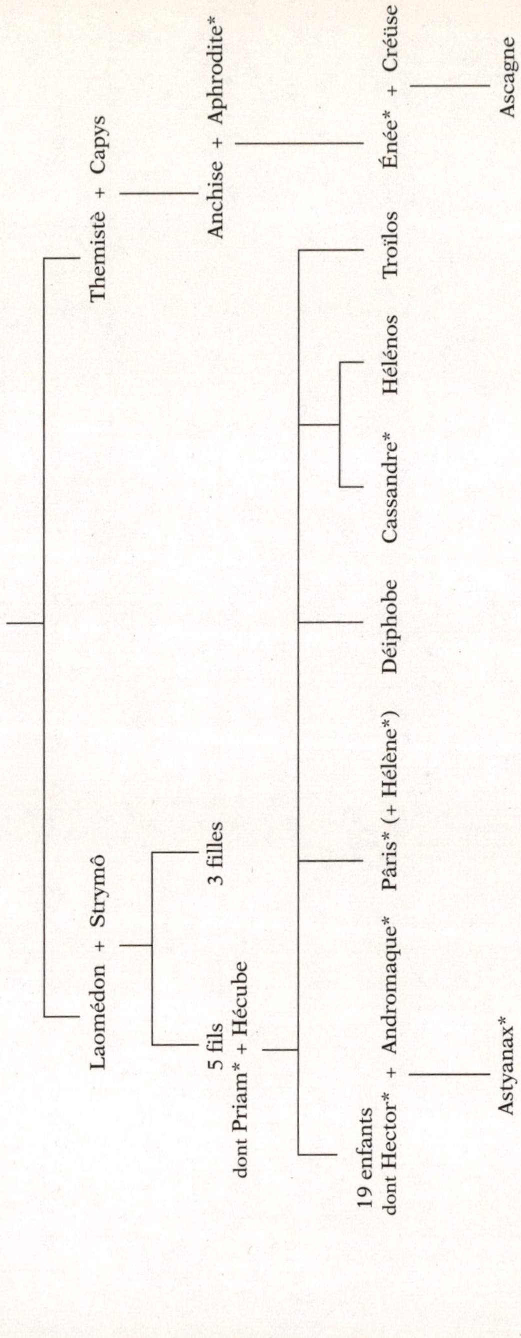

TROISIÈME PARTIE

Les grands mythes antiques

par Gilles van Heems et Stéphanie Wyler

AVANT-PROPOS

Je suis la coupe de Nestor à laquelle il fait bon boire.
Quiconque boira à cette coupe sera aussitôt
Saisi du désir d'Aphrodite à la belle couronne.

Ces quelques vers inscrits sur une coupe datant des années 740-720 avant J.-C. retrouvée sur l'île de Pithécusses (l'actuelle Ischia, au large de Naples), qui abritait alors une colonie de Grecs venus d'Eubée, sont quasiment le plus ancien texte écrit en alphabet grec, précisément « inventé » quelques décennies auparavant. Quelle surprise de constater que l'une des plus vieilles inscriptions grecques fait déjà référence à un épisode mythologique, plus précisément à l'*Iliade,* où nous est raconté que Nestor possédait une coupe ouvragée si richement ornée que lui seul parvenait à la soulever[1] ! C'est que le mythe, en quelque sorte, est consubstantiel à la culture grecque. Et à l'instar de cette dernière, en outre, le mythe se présente, à nous, modernes, qui cherchons à en avoir une vision d'ensemble, comme une matière fondamentalement complexe et en constante évolution, qu'il serait à vrai dire téméraire de prétendre expliquer en quelques mots. Variables tant dans leur forme que dans le fond, les mythes grecs et romains n'ont guère en commun que d'être tous des récits à fonction explicative à valeur symbolique : il s'agit de rendre compte de tel phénomène cosmique, naturel ou proprement humain. Ainsi l'enlèvement de Perséphone par Hadès, comme on le verra, offre-t-il une clé de lecture

1. Homère, *Iliade,* XI, vv. 632-637.

riche – et aussi satisfaisante qu'une démonstration que nous qualifierions aujourd'hui de « scientifique » – de la succession des saisons (→ *Déméter et l'enlèvement de Perséphone*) ; de même la rivalité entre Athéna et Poséidon (→ *Athéna*) permet-elle non seulement d'expliquer pourquoi Athènes s'appelle ainsi, mais aussi pourquoi se trouvaient sur l'acropole une très vieil olivier sacré et une source d'eau salée, et, plus généralement, quels furent les choix « éthiques » que les plus lointains ancêtres des Athéniens ont faits, quand ils choisirent Athéna pour divinité tutélaire.

Cette « matière mythologique », par sa polymorphie constitutive, par le nombre de récits, par la multiplicité des variantes, tantôt anciennes, tantôt plus récentes, et des modifications à la trame primitive apportées tant par la « sagesse des nations » que par des auteurs bien déterminés, sur un arc chronologique allant du VIIIe siècle avant J.-C. à la fin de l'Empire romain, au Ve siècle après J.-C., forme une épaisse forêt dans laquelle il est difficile de se repérer. Aussi avons-nous voulu offrir au lecteur un choix d'extraits représentatifs, tant par la postérité qui fut la leur que par leur variété, des œuvres de l'Antiquité qui nous transmettent certains des mythes les plus connus ou les plus importants de la mythologie gréco-romaine.

Le présent ouvrage – ses modestes dimensions nous l'imposaient ! – ne prétend par conséquent nullement à l'exhaustivité, mais entend proposer un recueil éclectique de textes, alliant les « passages obligés » et les « morceaux de bravoure » les plus illustres aux récits moins connus mais tout aussi intéressants pour qui veut comprendre comment s'est élaborée, dans l'espace et le temps, la pensée « mythographique » des Anciens. Ce florilège rassemble donc les textes fondateurs de la mythologie gréco-romaine, ceux qui, par l'écho qu'ils ont eu dans l'Antiquité et, au-delà, au Moyen Âge et à l'époque moderne, font aujourd'hui le bagage culturel commun à tout Européen. Il ne s'agit pas pour autant d'un dictionnaire de mythologie, ni d'un livre recensant dans le détail les mille aventures qu'ont connues les dieux de l'Olympe et les vaillants héros de la Grèce et de Rome ; les notices de ce recueil ne concernent qu'un nombre limité de personnages du mythe et ne donnent qu'un rapide aperçu de leur histoire. C'est pourquoi nous recommandons vivement au lecteur de compléter cette lecture par celle, en parallèle, d'un dictionnaire de mythologie, comme *Dieux et héros de la mythologie grecque,* dans la même collection[1], ou, plus développé, le dictionnaire classique de Pierre Grimal[2]. On tirera également profit à consulter un dictionnaire iconographique pour aller plus loin dans la lecture des images mythologiques[3].

Les textes cités sont donnés dans leur traduction française[4]. Chaque extrait est précédé d'une petite introduction destinée à le replacer dans son contexte narratif et historique et à donner au lecteur les clés de son interprétation. Il trouvera en outre, dans les annexes, un tableau présentant chaque auteur et chaque ouvrage cité, aide de lecture que nous n'avons pas jugée inutile, car la mythologie investit tous les genres littéraires de l'Antiquité, de la poésie épique au théâtre, du roman à l'histoire, et toutes les périodes (d'Homère, aède grec du VIIIe siècle av. J.-C., à saint Augustin, évêque romain des IVe-Ve siècles ap. J.-C. !).

Comme tout florilège, ce petit livre peut offrir différents parcours de lecture : une lecture continue, qui mènera le lecteur des mythes de la création du monde à l'avènement des Olympiens, puis à la geste des « héros », à l'époque où les dieux se mêlaient au monde, pour arriver enfin à des textes plus interprétatifs et aux réflexions des Grecs et des Romains sur leurs propres mythes et sur leurs rapports aux dieux. Mais chaque notice étant autonome, le lecteur peut progresser au gré de ses envies et, par le jeu des renvois internes et des résonances culturelles, trouver son propre « fil d'Ariane »

---

1. G. van Heems, *Dieux et héros de la mythologie grecque,* Librio n° 593, 2003.
2. P. Grimal, *Dictionnaire de la mythologie grecque et romaine,* Paris, PUF, 1951 (1991).
3. I. Aghion, C. Barbillon et F. Lissarrague, *Héros et dieux de l'Antiquité : guide iconographique,* Paris, Flammarion, 1994.
4. En l'absence d'indication contraire, les traductions données sont celles des auteurs.

dans ce labyrinthe littéraire. Pour faciliter ces renvois d'une notice à l'autre, nous avons fait suivre d'un astérisque (*) les noms de personnages faisant l'objet d'une notice ; le nom est précédé d'une flèche (→) quand le renvoi à un personnage ou un épisode particulier est jugé indispensable.

Chapitre 1

GRANDEUR ET DÉCADENCE DES OLYMPIENS

La naissance des dieux

Bien avant le temps des dieux de l'Olympe, Hésiode chante la création du monde et l'apparition des divinités primordiales : le début de sa *Théogonie* (« naissance des dieux ») est d'abord une cosmogonie (« naissance de l'univers »), où tous les éléments se mettent en place, par la poésie d'entités qui s'accouplent incestueusement ou se reproduisent par génération spontanée : c'est le cas de Chaos, Gaia et Éros, c'est-à-dire le Vide, la Terre et le Désir, à partir desquels tout peut devenir. Ce texte ancien (VIIe siècle av. J.-C.), célèbre entre tous et servant de référence mythologique aux auteurs grecs et romains, révèle la conception antique de l'ordre du monde, où les dieux et la nature sont aussi des créatures, certes immortelles, mais pas éternelles.

Au commencement donc apparut Chaos, et aussitôt après Gaia au sein large, éternel et inébranlable fondement de toutes choses, et le ténébreux Tartare, au plus profond de l'immensité de la terre, et Éros – il est le plus beau parmi les dieux immortels, il délasse les corps de tous les dieux et de tous les hommes, il se rend maître de l'intelligence dans les cœurs et de la sage volonté. Du Chaos sortirent l'Érèbe [1] et la Nuit noire ; de la Nuit, à leur tour, naquirent l'Éther [2]

1. L'Enfer.
2. L'Air.

et le Jour, qu'elle enfanta après les avoir conçus avec Érèbe, avec qui elle s'était unie sexuellement.

À son tour, Gaia enfanta d'abord, aussi grand qu'elle, Ouranos étoilé, afin qu'il puisse la recouvrir entièrement et qu'il soit le séjour éternel et inébranlable pour les dieux bienheureux. Elle enfanta les hautes Montagnes, dont les vallées sont les charmants abris des divines Nymphes qui habitent dans les montagnes caverneuses. Puis elle enfanta aussi la mer stérile, gonflée de vagues, Pontos, sans désir sexuel. Mais ensuite, après avoir couché avec Ouranos, elle enfanta l'Océan aux tourbillons profonds, Cœus, Crios, Hypérion, Japet, Théa, Rhéa, Thémis, Mnémosyne [1], Phébé à la couronne d'or et l'aimable Téthys. Après eux naquit, le mieux armé par la jeunesse, Cronos à l'esprit retors, le plus terrible de leurs enfants ; et il haït son puissant géniteur.

Naquirent à leur tour les Cyclopes, qui ont un tempérament plein d'orgueil, Brontès, Stéropès [2] et Argès au cœur violent, qui donnèrent à Zeus le tonnerre et lui forgèrent la foudre. Or ils étaient en tout point semblables aux dieux, sauf qu'un œil unique était placé au milieu de leur front. Et ils reçurent le nom de Cyclopes [3] pour cette raison qu'ils n'avaient qu'un seul œil tout rond placé sur le front. La puissance, la force et l'habileté se retrouvaient dans leurs ouvrages.

Sortirent encore de Gaia et d'Ouranos trois autres enfants, grands et vigoureux, qu'il ne faudrait pas nommer, Cottos, Briarée et Gyès, fils pleins d'orgueil. Ils agitaient leurs cent bras monstrueux qui partaient de leur buste, et chacun avait cinquante têtes qui sortaient du buste au-dessus de leurs membres robustes ; et leur force monstrueuse était d'une grande violence dans leur configuration gigantesque. Or de tous ceux qui naquirent de Gaia et

1. Loi divine, Mémoire.
2. Tonnerre et Foudre.
3. « Œil rond ».

d'Ouranos, ils étaient les enfants les plus terribles, et ils haïssaient leur propre géniteur, dès le début ;

et dès que l'un d'entre eux naissait, il le faisait disparaître, et ne le laissait pas sortir à la lumière, caché à l'intérieur de Gaia, et Ouranos prenait plaisir à cette tâche malsaine. Et l'énorme Gaia gémissait en son sein, trop pleine ; mais elle couvait une ruse perfide et mauvaise. Rapidement, après avoir inventé la matière de l'acier gris, elle fabriqua une grande faux, et elle expliqua son plan à ses enfants chéris ; elle parla pour les encourager, quoiqu'inquiète en son cœur tendre : « Mes enfants, que j'ai eus avec votre père délirant d'orgueil, si vous voulez bien me faire confiance, nous allons faire payer à votre père ses mauvais traitements ; car c'est lui qui a commencé à manigancer ces crimes contre nature. » Ainsi parla-t-elle ; mais alors la crainte les saisit tous, et aucun d'entre eux ne pipa mot. Avec audace, le grand Cronos à l'esprit retors répondit à sa vénérable mère par ces mots : « Mère, c'est moi qui viendrai à bout de cette tâche, je l'ai promis, puisque je n'ai pas peur de notre père au nom odieux ; car c'est lui qui a commencé à manigancer ces crimes contre nature. » Ainsi parla-t-il ; la grande, l'énorme Gaia se réjouit en son for intérieur.

Elle le cacha et le plaça en embuscade ; elle lui mit dans la main la faux à la lame acérée et lui exposa tous les détails du piège. Arrive le grand Ouranos, amenant la Nuit, et de tout son long, plein de désir et d'amour, il se posa sur Gaia et s'allongea sur elle. Alors, sortant de son embuscade, le fils tendit sa main gauche, de la droite il prit l'énorme, la gigantesque faux à la lame acérée, et dans son élan, il trancha les bourses de son cher père, et il les jeta pour qu'elles retombent loin derrière lui.

Ce ne fut pas sans conséquences qu'elles s'échappèrent de sa main : car les éclaboussures de sang qui en jaillirent, Gaia les reçut toutes ; et quand le temps fut venu, naquirent les puissantes Érinyes et les grands Géants aux armures brillantes, tenant de longues lances dans leur main, et les Nymphes que l'on appelle Mélies à travers la terre sans fin.

Et aussitôt qu'il eut coupé ses bourses avec l'acier et qu'il les eut jetées depuis la terre ferme dans la mer aux flots agités, elles furent portées au large pendant longtemps, et tout autour, une écume blanche se forma à partir de la chair immortelle ; en elle grandit une jeune fille ; d'abord, elle fut portée vers la sainte Cythère, et de là, elle attint ensuite Chypre, entourée par les flots. Et de là sortit une belle et pudique déesse, et tout autour, l'herbe poussait sous ses pieds délicats ; les dieux et les hommes la nomment Aphrodite, parce qu'elle grandit dans l'écume [1] ; mais aussi Cythérée, parce qu'elle parvint jusqu'à Cythère ; et Cypris, parce qu'elle est née à Chypre aux flots agités ; et Philommedès [2], parce qu'elle vit le jour grâce à des bourses. Éros la suivit et le beau Désir l'escorta, à peine était-elle née et se rendit-elle à l'assemblée des dieux. Elle eut cet honneur dès le début, et c'est le lot qu'elle reçut en partage parmi les hommes et les dieux immortels : les murmures des jeunes filles, les sourires et les mensonges, la douceur du plaisir et le miel de l'amour.

Et le père leur donna le nom de Titans, le grand Ouranos qui les injuriait, ses propres enfants qu'il avait engendrés ; il déclara que, Laborieux [3], ils avaient accompli leur forfait avec une présomption folle, dont ils devraient rendre compte dans le futur.

Hésiode, *Théogonie*, vv. 116-210

1. En grec, *aphros* signifie « écume ».
2. « Qui aime les bourses. »
3. *Titainontes*.

Des affaires de famille

Zeus

Zeus, roi presque incontesté des dieux, est, comme ses frères et sœurs Poséidon*, Hadès (→ *L'enlèvement de Perséphone* ; *Orphée et Eurydice*), Hestia, Héra et Déméter*, un Titanide, c'est-à-dire le fils de Titans (Cronos et Rhéa ; → *La naissance des dieux*), et appartient donc à la troisième génération de divinités apparue à la surface de la terre. Son histoire est surtout marquée par une accession au pouvoir difficile : il a dû libérer le monde de la tyrannie de son propre père, Cronos, qui avait lui-même arraché le pouvoir à son père Ouranos (« le Ciel ») en l'émasculant. Comme tous les tyrans, il avait pris soin d'écarter tous ses potentiels rivaux, en emprisonnant ses frères (les Hécatonchires [1] et les Cyclopes) et en avalant tour à tour les enfants que lui donnait son épouse Rhéa. Mais celle-ci imagina une ruse pour sauver son dernier-né, Zeus, qui, une fois adulte, pourra renverser son père.

Mais quand Zeus, père des dieux et des hommes, allait être enfanté par Rhéa, elle supplia ses parents, Gaia (« Terre ») et Ouranos étoilé, de lui enseigner une ruse par laquelle elle pourrait cacher son accouchement et venger son père et ses autres enfants que le grand Cronos aux pensées retorses avait dévorés. Ils écoutèrent et exaucèrent leur fille en lui révélant quelles seraient les destinées du roi Cronos et de son fils au cœur hardi.

Et ils l'envoyèrent à Lyktos, sur la riche terre de Crète, au moment où elle allait enfanter le dernier de ses fils, le grand Zeus. Et l'énorme Gaia le reçut pour le nourrir et l'élever dans la vaste Crète. Alors elle l'emmena à travers la noire nuit vers les pentes du Dictos, et, de ses mains, elle le cacha sous un antre élevé, dans les flancs secrets de la terre divine, sur le mont Égéon couvert d'épaisses forêts.

1. Monstres à cent bras.

Puis, ayant enveloppé de langes une grosse pierre, elle la donna au fils d'Ouranos, le grand seigneur, le premier roi des dieux. Et celui-ci la saisit et l'engloutit dans son ventre. Insensé ! Il ne prévoyait pas dans son esprit que, à la place de cette pierre, son fils, invincible et en sûreté, survivait, et que bientôt le soumettant par la force de ses mains, il le dépouillerait de son pouvoir et serait le souverain des Immortels. Et rapidement croissaient la vigueur et les membres robustes du jeune seigneur, et, le temps étant révolu, circonvenu par les conseils rusés de Gaia, Cronos aux pensées retorses régurgita toute sa race, vaincu par les artifices et la force de son fils.

En premier, il vomit la pierre qu'il avait avalée la dernière. [...] Puis il délivra de leurs chaînes accablantes ses oncles[1], les fils d'Ouranos, qu'avait enchaînés leur père en démence. Et eux lui rendirent grâce de ce bienfait, et lui donnèrent le tonnerre, la brûlante foudre et l'éclair que, jusque-là, l'énorme Gaia avait cachés dans son sein. Par ces armes Zeus commande aux hommes et aux dieux.

Hésiode, *Théogonie*, vv. 468-506
trad. Leconte de Lisle revue par les auteurs

Après cette victoire, Zeus règne de manière incontestée sur les Olympiens. Mais son pouvoir, acquis par la violence, sera contesté plus tard par les Titans, qui mèneront une longue guerre contre les Olympiens. Toutefois, à l'issue de ce conflit, nul dieu ne refuse la suprématie de Zeus : il est le juge souverain, auquel tous font appel et aux décisions duquel tous se rangent (→ *Déméter, Hermès*). Toutefois, en dépit de son pouvoir immense, de sa maîtrise de la foudre et du tonnerre, de sa souveraineté sur les dieux et sur les hommes, il est une chose qu'il n'est pas capable ou qu'il refuse de faire : changer le destin, dont il connaît pourtant les secrets. Et ce n'est pas peu : Homère, ainsi, au chant XVI de l'*Iliade*, nous montre un souverain au pouvoir absolu

1. Les Hécatonchires et des Cyclopes (qui forgent la foudre).

en proie aux regrets d'un père impuissant ; alors qu'il sait que son fils Sarpédon doit mourir de la main de l'Achéen Patrocle, il est tenté d'intervenir pour le sauver, au mépris des lois des Moires, les déesses du destin.

Zeus dit à Héra, sa sœur et son épouse :

« Hélas ! voici que la destinée de Sarpédon, qui m'est le plus cher parmi les hommes, est de périr sous les coups de Patrocle fils de Ménœtios ; mais mon cœur hésitant balance entre deux vouloirs : vais-je le soustraire vivant au combat lamentable pour le déposer dans le riche pays de Lycie ou le ferai-je périr par la main du fils de Ménœtios ? »

Et la souveraine Héra aux yeux de génisse lui répondit :

« Redoutable fils de Cronos, quelle parole as-tu dite ? Un homme, un mortel, depuis longtemps voué aux arrêts du destin, tu veux l'affranchir de la triste mort ? Soit, mais nous tous, les dieux, nous ne t'approuverons pas. Je te dirai ceci, et retiens-le dans ton esprit : si tu envoies Sarpédon vivant dans sa demeure, prends garde que, désormais, quelque autre dieu ne veuille aussi sauver son fils de la rude mêlée. Il y a, en effet, autour de la grande ville de Priam, beaucoup de fils d'Immortels qui combattent, de ces dieux que tu irriteras. Si Sarpédon t'est cher, si ton cœur pleure pour lui, laisse-le périr dans la rude mêlée par la main de Patrocle, fils de Ménœtios ; mais dès qu'il aura rendu l'âme et la vie, envoie Thanatos et le doux Hypnos[1] le transporter dans le pays de la grande Lycie. Là, ses frères et ses parents l'enseveliront dans un tombeau, sous une stèle : car c'est là l'honneur dû aux morts. »

Elle parla ainsi, et le Père des hommes et des dieux consentit. Mais il versa sur la terre une pluie de sang, afin d'honorer son fils que Patrocle allait tuer devant la fertile Troie, loin de sa patrie.

Homère, *Iliade*, XVI, vv. 432-461
trad. Leconte de Lisle revue par les auteurs

1. Le « Trépas » et le « Sommeil ».

Homère nous dépeint ainsi un roi des dieux plein d'une poignante humanité. D'autres poètes préféreront insister sur des aspects plus légers de son caractère : son goût de l'aventure amoureuse, qui fait tant enrager Héra, son épouse légitime (→ *Apollon, Dionysos, Hermès*). Si Zeus a connu plus d'une liaison, avec des déesses (Métis « la Ruse », Thémis « la Justice », Léto, Déméter...) comme avec des mortelles (Léda, Danaé, Europe...), les tragiques n'ont eu de cesse de rappeler que c'était toujours pour un noble dessein : donner au monde une divinité ou un héros qui sauverait les hommes. Premier pas vers une interprétation toujours plus subtile du mythe, qui conduira à sa quasi-désincarnation dans la philosophie stoïcienne, où Zeus représente la Providence, le dieu unique placé au centre de cette doctrine.

POSÉIDON

> *C'est un double apanage, Ébranleur de la terre, que les dieux t'ont donné :*
> *Être à la fois le dompteur des chevaux et le sauveur des navires !*
>
> *Hymne homérique à Poséidon*, vv. 4-5

Poséidon, fils aîné de Cronos et Rhéa, frère de Zeus*, reçut en partage la mer et les côtes du monde (→ *Zeus*). Il est aussi, grâce à son trident qui « ébranle la terre », le dieu des séismes. Redoutable par sa colère – c'est elle qui retint si longtemps Ulysse loin d'Ithaque, après qu'il eut tué le Cyclope Polyphème, fils du dieu irascible –, Poséidon joue un rôle dans nombre de légendes. Ce dieu est lié en particulier à deux animaux, le cheval – on dit qu'il a appris aux hommes à le domestiquer – et le taureau, qui lui sont régulièrement offerts en sacrifice. C'est d'ailleurs un taureau qui le lie aux légendes entourant le roi Minos, et la Crète de l'époque minoenne, comme le montre ce récit tardif et dépouillé d'Apollodore.

Astérios étant mort sans enfants, on voulut refuser à Minos le royaume de Crète auquel il prétendait. Il fit donc croire qu'il avait reçu la royauté des dieux, et pour le prouver ajouta qu'il obtiendrait la réalisation de n'importe laquelle de ses prières. Et il fit un sacrifice à Poséidon en le priant de faire surgir des profondeurs un taureau qu'il promettait de lui sacrifier par la suite. Poséidon envoya un taureau d'une exceptionnelle beauté et Minos obtint la couronne ; toutefois, ce dernier mit le taureau dans son cheptel, et en sacrifia un autre. Poséidon, irrité de ce qu'il ne le lui avait pas sacrifié, rendit le taureau sauvage, et fit naître en Pasiphaé[1] une passion pour lui. Elle, amoureuse folle du taureau, trouve un complice en Dédale, un architecte qui avait été exilé d'Athènes pour un meurtre. Celui-ci construisit une vache de bois qu'il mit sur des roulettes, la prit et en creusa l'intérieur ; puis il y ajusta la peau d'une vache qu'il venait de dépecer, et l'ayant placée dans une prairie où le taureau avait coutume de paître, il y fit entrer Pasiphaé. Le taureau arriva et s'accoupla avec elle comme si c'était une véritable vache ; elle donna naissance à Astérios, qu'on appelle le Minotaure[2] ; il avait la tête d'un taureau et le reste du corps d'un homme.

Apollodore, *Bibliothèque*, III, 1, 3-4

La naissance de cet enfant monstrueux n'effraya pas pour autant Minos, qui l'enferma dans une prison construite tout exprès dans son palais par Dédale*, le « Labyrinthe ». Ce qu'il est intéressant de souligner, plus généralement, c'est cette affinité du puissant dieu de la mer avec les monstres de tout poil : le mythe lui prête en effet plus d'un enfant monstrueux (Polyphème en est l'un des plus célèbres) et, même quand ses enfants sont humains, ils s'avèrent, à de rares exceptions près, être des brigands sanguinaires. C'est là une différence essentielle entre Poséidon et Zeus, le père de tant de héros bienfaiteurs, qui reflète sans doute la différence majeure qui sépare leurs « domaines » d'action : l'élément marin, toujours

1. Pasiphaé est la femme de Minos.
2. En grec, « le taureau de Minos ».

changeant, infidèle (il trahit sans prévenir l'homme qui s'était imprudemment fié à lui) et, pour l'esprit grec, fondamentalement dangereux, ne peut que donner naissance à des êtres hybrides et hostiles, tandis que ces hommes enclins à toujours chercher dans le ciel un signe des dieux voient dans la demeure de Zeus la source de leur salut.

Déméter et l'enlèvement de Perséphone

Déméter (Cérès) est l'une des divinités majeures du panthéon gréco-romain. De la génération de Zeus* (c'est sa sœur : avec Poséidon*, Hadès (→ *Déméter, Orphée et Eurydice*), Hestia et Héra (→ *Dionysos, Le jugement de Pâris*), ils sont les enfants de Cronos et Rhéa → *La naissance du monde*), elle est la déesse du blé et des céréales, des fruits de la terre et de leur culture, qui assure la nourriture des hommes et la prospérité de la nature. Déesse-mère par excellence, elle a une fille née de Zeus, Perséphone, qui fait sa joie. Mais le ténébreux Hadès (Aïdoneus), dans les Enfers, en tombe amoureux et l'obtient de Zeus en mariage, sans en parler à sa sœur ni à sa nièce, les principales intéressées...

Je commence par chanter Déméter aux beaux cheveux, vénérable déesse, elle et sa fille aux belles chevilles qu'Aïdoneus, du consentement du retentissant Zeus au large regard, enleva loin de Déméter à la faucille d'or et aux beaux fruits.

Elle jouait, avec les filles aux seins profonds d'Océan, à cueillir des fleurs : des roses, du safran et de belles violettes, dans une tendre prairie, des glaïeuls et des hyacinthes – et un narcisse, que Gaia avait produit pour tromper la jeune fille au teint rose, par la volonté de Zeus, et pour plaire à l'insatiable Aïdoneus. Or ce narcisse était beau à voir, et tous ceux qui le virent l'admirèrent, dieux immortels et hommes mortels ; de sa racine sortaient cent têtes : le Ciel d'en haut, de toute sa largeur, toute la terre et l'abîme salé de la mer riaient de son parfum embaumant. La jeune fille, surprise, étendit les deux mains en même temps pour saisir ce beau jouet ; mais voici que la vaste terre s'ouvrit dans les plaines de Nysios et que l'insatiable roi, illustre fils de Cronos, en surgit, tiré par ses chevaux immortels. Il l'enleva de force et la porta en pleurs sur son char d'or. Elle hurlait à pleins poumons, invoquant le fils de Cronos, le très puissant, le père suprême. Mais aucun des dieux immortels ni des hommes mortels n'entendit sa voix ni celle de ses compagnes, les mains remplies de jolies fleurs [...].

Les cimes des montagnes et les profondeurs de la mer résonnaient de sa voix immortelle, et sa mère vénérable l'entendit. Une douleur violente entra dans son cœur, elle arracha de ses mains les rubans de ses cheveux ambroisiens et, jetant un voile noir corbeau sur ses épaules, elle s'élança comme un oiseau à sa recherche, sur terre et sur mer. Mais personne ne voulut lui dire la vérité, aucun d'entre les dieux, aucun d'entre les hommes, ni d'entre les oiseaux ; aucun messager ne vint lui dire la vérité. Pendant neuf jours, la vénérable Déméter erra sur la terre, des torches ardentes dans les mains ; dans sa douleur, elle ne mangeait plus d'ambroisie, elle ne buvait plus de nectar, elle ne se lavait plus.

Hymne homérique à Déméter, vv. 1-25 et 38-50
trad. Leconte de Lisle revue par les auteurs

Avec l'aide de la sombre Hécate, elle va supplier Hélios, le soleil à qui rien n'échappe, de lui dire ce qu'il a vu :

Mais une douleur plus amère et plus accablante envahit le cœur de Déméter ; en colère contre le fils de Cronos qui rassemble les nuages noirs, elle s'enfuit du haut de l'Olympe et de l'agora des dieux pour se rendre dans les villes des hommes et les grasses cultures, en masquant sa beauté pour longtemps. Et personne parmi les hommes et les femmes aux larges ceintures qui la virent ne la reconnut, avant qu'elle fût arrivée dans le palais du prudent Kéléos – c'était alors le roi d'Éleusis la parfumée.

Ibid., vv. 90-97

Arrivée à Éleusis, dans les faubourgs d'Athènes, centre principal du culte à mystères de Déméter en Grèce, elle est accueillie, sous les traits d'une vieille femme, par les filles du roi Kéléos. Révélant finalement sa véritable identité, elle ordonne qu'on lui construise un sanctuaire et s'y réfugie pour pleurer sa fille.

La blonde Déméter s'y retira, loin de tous les Bienheureux, consumée par le regret de sa fille à la riche ceinture. Elle infligea aux hommes, sur la terre nourricière, une année très amère et très cruelle : la terre ne produisit aucune semence, car Déméter à la belle couronne les avait cachées toutes. Les bœufs tirèrent inutilement, dans les champs, bien des charrues recourbées et il tomba sur la terre beaucoup d'orge blanche, en vain. Alors, toute la race des hommes doués de la parole serait certainement morte de faim, privant ceux qui habitent sur l'Olympe de l'honneur des dons et des sacrifices, si Zeus ne s'y était pas penché et n'avait pris une décision dans son esprit.

Ibid., vv. 302-313

Zeus tente d'infléchir la colère de Déméter, avec l'aide des autres dieux, mais la déesse, réfugiée à Éleusis, refuse obstinément de remonter sur l'Olympe. Il envoie alors Hermès* aux Enfers transmettre son ordre de rendre Perséphone à sa mère :

Le roi des morts, Aïdoneus, sourit en remuant les sourcils ; il ne méprisa pas l'ordre du roi Zeus et, aussitôt, il ordonna à la prudente Perséphone : « Va, Perséphone, rejoins ta mère au voile noir corbeau, le cœur léger et bienveillant, et cesse d'être la plus triste de toutes les femmes. Comme mari, je ne serai pas indigne de toi parmi les immortels, car je suis le frère de ton père Zeus. Quand tu reviendras ici, tu domineras tout ce qui vit et qui bouge et tu bénéficieras des plus grands honneurs parmi les immortels ;

le châtiment des mauvais hommes sera éternel s'ils n'apaisent pas ton esprit par des victimes, en te faisant des sacrifices selon le rite et en te faisant des cadeaux légitimes. » Il parla ainsi et, aussitôt, la prudente Perséphone se réjouit et sauta de joie. Mais il lui donna, à part, des grains de grenade, comme une gourmandise qu'il lui fit manger à la dérobée – afin qu'elle ne restât pas toujours auprès de Déméter au voile noir corbeau.

Ibid., vv. 357-374

Hadès ramène Perséphone sur terre, auprès de sa mère Déméter. Mais la fille a mangé des graines de grenade et appartient dès lors, inexorablement, à son mari. Déméter ne peut qu'accepter le partage ainsi manigancé par Hadès :

Tu habiteras avec moi et avec ton père, le fils de Cronos qui rassemble les nuages, honorée par tous les immortels. Mais comme tu as goûté ceci, tu retourneras sous les profondeurs de la terre et tu y resteras la troisième partie de l'année, et les deux autres parties, auprès de moi et des immortels. Et quand la terre s'ornera de toutes les fleurs parfumées du printemps, alors tu remonteras de nouveau des épaisses ténèbres, comme un grand prodige pour les dieux et les hommes mortels.

Ibid., vv. 396-403

Et ainsi comprend-on le rythme des saisons : l'hiver, Perséphone retourne aux Enfers et Déméter ne fait plus rien pousser sur terre ; au printemps, elle remonte vers sa mère qui célèbre son retour par celui de la végétation.

Amour, gloire et beauté : splendeur des Olympiens

APOLLON

Apollon ne se révèle pas à tous, aux hommes de bien seulement !

Callimaque, *Hymne à Apollon*, v. 9.

Cet Olympien, fils de Zeus* et Léto et frère jumeau d'Artémis, est un dieu de lumière, qui veille sur les arts (la musique et la poésie, principalement) et qui révèle aux hommes, par ses oracles, la vérité (son sanctuaire de Delphes était le plus important oracle du monde grec). Dieu à la fois redoutable par sa puissance et la rigueur de ses arrêts, et secourable par sa bonté, Apollon est assurément un dieu ambivalent (« oblique », disaient les Anciens). Nombre de récits et de légendes insistent sur sa puissance innée. L'*Hymne homérique* qui lui est consacré le fait dès ses premiers vers :

Je me souviendrai toujours – non je ne veux pas l'oublier – de l'archer Apollon, qui fait trembler les dieux en entrant dans le palais de Zeus ; et certes tous se lèvent de leurs sièges à son approche, quand il tend son arc illustre.

Léto reste seule auprès de Zeus qui prend plaisir à lancer la foudre. Elle détend la corde, elle ferme le carquois, et, l'ayant de ses mains retiré des robustes épaules du dieu, elle suspend l'arc le long de la colonne de la demeure de son père, à un clou d'or ; puis elle le mène s'asseoir sur un trône.

Et le père, glorifiant son cher fils, lui donne le nectar dans une coupe d'or ; puis les autres dieux s'asseyent, et la vénérable Léto se réjouit parce qu'elle a enfanté un fils, puissant archer.

Hymne homérique à Apollon, vv. 1-13
trad. Leconte de Lisle revue par les auteurs

Le poète anonyme en vient tout naturellement à raconter la naissance du dieu, qui ne fut pas simple. Léto, en effet, véritable mère « en cavale », harcelée par la jalousie d'Héra, ne trouvait aucune terre qui acceptât de l'accueillir pour son accouchement. Elle finit par supplier Délos qui était alors une île « flottante », sans place fixe dans la mer, et conclut un marché avec elle : si elle consentait à être la terre natale de son fils, Apollon ferait d'elle une terre de gloire et les richesses s'accumuleraient sur elle – l'histoire, d'ailleurs, a donné raison à la légende, puisque Délos, centre important du culte apollinien, devint une place de commerce centrale dans l'économie de cette partie du monde méditerranéen. Une fois cette terre d'asile trouvée, Léto, entourée de déesses amies, dut encore trouver un moyen de contourner l'ultime ruse d'Héra : cette dernière avait gardé sur l'Olympe Ilithye, la déesse des enfantements.

Délos se réjouissait profondément de la naissance du Seigneur archer, mais Léto, pendant neuf jours et neuf nuits, fut tourmentée des douleurs désespérées de l'enfantement. Et toutes les déesses étaient autour d'elle, et les plus illustres, Dioné, Rhéa, Thémis l'Ichnienne, la sonore Amphitrite et les autres immortelles, sauf Héra aux bras blancs qui était assise dans les demeures de Zeus qui amasse les nuées.

Seule, Ilithye, qui soulage les douleurs, ne savait rien. Et elle était assise au faîte de l'Olympe, sur des nuées d'or, car Héra aux bras blancs l'avait retenue par jalousie, Léto aux beaux cheveux allant enfanter un fils irréprochable et puissant.

Ibid., vv. 90-101

On dépêche alors Iris qui persuade Ilithye de venir porter secours à Léto et la naissance de l'enfant-dieu peut enfin avoir lieu.

À peine la libératrice Ilithye fut-elle arrivée à Délos que l'enfantement saisit Léto : elle était près d'accoucher. Et elle jeta ses bras autour du palmier, et elle ploya ses genoux sur la molle prairie, et la terre sourit au-dessous d'elle, et l'enfant jaillit à la lumière, et toutes les déesses hurlèrent de joie.

Puis elles te lavèrent dans une eau claire, archer Phoibos, chastement et purement ; et elles t'enveloppèrent dans un vêtement blanc, léger et neuf, qu'elles entourèrent d'une ceinture d'or. Sa mère ne donna point sa mamelle à Apollon à l'épée d'or, mais Thémis lui offrit de ses mains immortelles le nectar et l'ambroisie désirable, et Léto se réjouit parce qu'elle avait enfanté un fils, puissant archer.

Mais, ô Phoibos, après avoir goûté la nourriture immortelle, les ceintures d'or ne purent te contenir alors que tu t'agitais, aucun lien ne te retint plus, et tous furent rompus ; et Phoibos Apollon dit aussitôt aux immortelles :

« Que l'on me donne l'apanage de la cithare et de l'arc recourbé, et je révélerai aux hommes les desseins infaillibles de Zeus. »

Ayant ainsi parlé, l'archer Phoibos aux longs cheveux descendit sur la terre aux larges routes, et toutes les immortelles étaient stupéfaites, et Délos se couvrait tout entière d'or, en contemplant le rejeton de Zeus et de Léto ; et elle était en joie, parce que le dieu l'avait choisie pour sa demeure parmi les îles et le continent, et l'avait préférée en son cœur.

Ibid., vv. 115-138

Après une telle entrée au monde, Apollon, parvenu à l'âge adulte, continua d'être un dieu brillant et sûr de lui. Accompagné soit de sa lyre, soit de son arc, il intervint directement dans la guerre de Troie, aux côtés d'Hector et des Troyens (→ *la guerre de Troie*). En amour aussi, ce dieu étincelant se montre très entreprenant : on prête de nombreuses conquêtes à ce séducteur presque irrésistible, déesses (Thalie), mortelles surtout (Créüse, Cassandre – l'une des rares à lui avoir résisté) ou encore jeunes hommes (Hyacinthe, Admète). Sa passion soudaine pour la nymphe Daphné, fille du fleuve Pénée, est restée particulièrement célèbre. Tout commença, comme souvent dans les mythes grecs, par une histoire de vengeance : Apollon, voyant Éros, le dieu du désir amoureux, s'essayer à l'arc, s'était imprudemment moqué du petit dieu ailé. Ce dernier, piqué au vif, voulut lui montrer l'étendue de son redoutable pouvoir : il lança, nous dit Ovide dans ses *Métamorphoses*, une flèche d'or (qui rend amoureux) droit sur Apollon, et une flèche de plomb (qui rend insensible à l'amour) dans le cœur de Daphné qui passait par là.

Phébus aime ; il a vu Daphné et veut s'unir à elle : il espère ce qu'il désire, mais ses propres oracles le leurrent. Comme on voit s'embraser le chaume léger après la moisson, ou les haies aux flammes d'une torche qu'un voyageur, sans préméditation, a trop approchée ou qu'il a abandonnée là au point du jour, ainsi s'embrase le dieu et brûle tout son cœur, nourrissant d'espérance un amour voué à ne point croître.

Il voit les cheveux de la Nymphe flotter négligemment sur ses épaules : « Que serait-ce, dit-il, si l'art les avait arrangés ? » Il voit ses yeux qui brillent comme des astres ; il voit sa bouche, qu'il ne se contenterait pas de voir. Il admire et ses doigts et ses mains et ses poignets et ses bras plus que demi-nus ; et ce qu'il ne voit pas, son imagination l'embellit encore. Mais elle, elle fuit plus légère que le vent ; et c'est en vain que le dieu cherche à la retenir par ce discours :

« Nymphe, fille du Pénée, je t'en conjure, arrête ! [...] Apprends tout au moins qui tu as charmé : je ne suis pas un habitant de ces montagnes, ni un berger, chargé de garder ici des troupeaux, les cheveux en bataille. Tu ignores, imprudente, tu ignores qui tu fuis, et c'est pour cela que tu le fuis. Les peuples de Delphes, de Claros, de Ténédos, et de Patara obéissent à mes lois. Jupiter est mon père. C'est moi qui révèle aux mortels tout ce qui est, fut et sera. Ils me doivent l'art d'unir aux accords de la lyre les accents de la voix. Mes flèches portent des coups infaillibles ; mais il en est une plus infaillible encore, c'est celle qui a blessé mon cœur. Je suis l'inventeur de la médecine. Le monde m'honore comme un dieu secourable et bienfaisant, et la puissance des plantes est mienne ; mais, hélas, il n'en est point qui guérisse l'amour ; et mon art, utile à tous les hommes, est inutile à son maître ! »

La course reprend de plus belle, jusqu'à ce que Daphné comprenne qu'il n'y a pour elle qu'un moyen d'échapper définitivement à Apollon :

Elle, épuisée, toute pâle, vaincue par l'effort d'une fuite si effrénée, fixe les ondes du Pénée et dit : « Viens à mon aide, ô mon père, s'il est vrai que les fleuves participent de la puissance des dieux ! Métamorphose et fais disparaître cette beauté qui a causé une attraction trop forte ! » À peine elle achevait cette prière, ses membres s'engourdissent ; une écorce légère presse son corps délicat ; ses cheveux s'allongent et se changent en feuillage, ses bras en rameaux ; ses pieds, naguère si rapides, s'immobilisent au sol en racines immuables ; la cime d'un arbre couronne sa tête qui ne conserve de la nymphe que l'éclat. Mais Phébus l'aime encore ; il serre la tige de sa main, et sous sa nouvelle écorce il sent palpiter un cœur. Il couvre le bois de baisers, que le bois paraît refuser encore : « Eh bien !, dit le dieu, puisque tu ne peux être mon épouse, tu seras du moins l'arbre d'Apollon. Le laurier ornera désormais mes cheveux, ma lyre et mon carquois : il parera le front des guerriers du Latium, lorsque des chants d'allégresse célébreront leur triomphe et les suivront en pompe au Capitole ; tes rameaux, unis à ceux du chêne, protégeront l'entrée du palais d'Auguste ; et, comme ma tête, dont les cheveux n'ont jamais été coupés, connaît une éternelle jeunesse, ainsi tes feuilles conserveront aussi une éternelle verdure. »

Ovide, *Métamorphoses*, I, vv. 490-567
trad. Villenave revue par les auteurs

Athéna

> *C'est là [à Lerne] que jadis le grand roi des dieux fit tomber une neige d'or sur la cité, lorsque l'art d'Héphaïstos, à l'aide de sa hache d'airain, fit jaillir Athéna du front de son père ; elle poussa un cri retentissant et Ouranos en trembla ainsi que Gaia, la terre-mère !*
>
> Pindare, *Olympiques*, VII, vv. 62-70

Célèbre entre tous est le récit de la naissance d'Athéna, singulière déesse, qui sortit non pas du ventre de sa mère, mais du front de son père ! Les poètes racontent que Zeus* avait pris pour première femme Métis (« la Ruse »), et qu'il l'avait avalée pour contrecarrer un oracle selon lequel la déesse, si elle accouchait, enfanterait d'un dieu voué à destituer son père. Après cette étrange union, Zeus souffrit de terribles maux de tête, et demanda à Héphaïstos de l'en délivrer d'un coup de son puissant marteau : le crâne de Zeus s'ouvrit et, dans un grand fracas, Athéna déjà adulte et en armes en surgit.

Cette vierge farouche tire de son ascendance à la fois puissance et suprême intelligence, et préside tout naturellement à l'art de la guerre comme à ceux de l'esprit. Sa sagesse – qui la distingue d'Arès, le dieu de la force brute qui se déchaîne sur le champ de bataille – lui permet de tirer d'embarras de nombreux héros, dont elle est la déesse tutélaire, dans toutes leurs entreprises. C'est ainsi qu'on la voit aider tour à tour Héraclès*, Persée*, Ulysse ou Diomède (→ *la guerre de Troie*). Très proche des hommes, elle offre également sa protection à de nombreuses cités, la plus fameuse d'entre elles étant Athènes, à laquelle elle a donné son nom. On raconte que, lors de la fondation de la cité, Poséidon* et Athéna se sont disputé le titre de divinité *poliade* (c'est-à-dire de divinité « protectrice de la cité ») et que, pour faire pencher la balance, ces deux dieux ont voulu offrir le présent le plus utile aux Athéniens. Ainsi, le dieu de la mer a fait surgir, d'un coup de trident, sur l'acropole, une source d'eau salée : il leur garantissait ainsi, pour l'avenir, la maîtrise des mers. Athéna, elle, fit pousser un olivier, symbole de paix et gage de prospérité et de sagesse (car il fournit l'huile pour la table et pour les lampes). Les Athéniens, sensibles à la force de ce symbole, choisirent Athéna pour divinité tutélaire. Peut-être n'est-ce là qu'une jolie fable ; il reste que l'acropole portait encore, au ve siècle avant J.-C., le souvenir de cette rivalité divine : Hérodote, « le père de l'histoire », rapporte que cette source d'eau salée et l'olivier d'Athéna étaient encore visibles de son temps.

Il y a sur cette acropole un temple d'Érechthée, qui, dit-on, est né de la terre ; dans ce temple se trouvent l'olivier et la mer [1] qui, au dire des Athéniens, témoignent de la lutte de Poséidon et d'Athéna pour la protection de l'Attique. Or cet olivier, ainsi que le reste du sanctuaire, fut pris dans l'incendie allumé par les Barbares [2] ; mais le lendemain de l'incendie, quand les Athéniens que le Roi avait envoyés pour les sacrifices furent montés au sanctuaire, ils virent que de la souche un rejeton d'une coudée avait poussé.

Hérodote, *Histoires*, VIII, 55

Dionysos

Dionysos est l'un des dieux les plus complexes de la mythologie gréco-romaine. Fils de Zeus* et de la princesse thébaine Sémélé, il est persécuté dès sa conception par la jalousie d'Héra, qui fait en sorte que Zeus foudroie sa maîtresse enceinte : le père parvient à sauver son fils en le cachant dans sa cuisse. Une fois né, il parcourt toute la terre habitée en quête de reconnaissance de sa divinité : jeune, beau, oriental, efféminé, il entraîne à sa suite les femmes possédées par sa folie bachique (ce sont les Bacchantes, les suivantes de Bacchus), prêtes à tout dans leur folie éphémère, même à tuer, s'il en donne l'ordre dans son désir de vengeance. Mais il est aussi civilisateur, apportant aux hommes la vigne et le vin, le

1. Hérodote désigne par ce mot (*thalassa*) la source d'eau salée offerte par Poséidon.
2. Ces Barbares sont les Perses qui prirent Athènes en –480 lors de la seconde guerre médique ; leur roi (appelé « le Roi ») était Xerxès.

théâtre qui lui est consacré en Grèce, et bien d'autres aspects de la culture, de la fête et d'une religion à mystères qui assure à ses adeptes une vie et une mort meilleures. Il est aussi l'époux d'Ariane qu'il sauve pour toujours de la mort à laquelle l'avait destinée Thésée* en l'abandonnant sur l'île de Naxos.

Euripide consacre une tragédie entière, les *Bacchantes*, au châtiment du roi thébain Penthée, l'oncle de Dionysos qui ne veut pas le reconnaître à son retour d'Orient et le persécute, lui et ses adeptes. C'est le texte le plus complet sur la geste du dieu. La pièce s'ouvre sur le prologue de Dionysos, de retour sur sa terre natale :

Dionysos

Me voici, le fils de Zeus, sur cette terre thébaine, Dionysos, à qui donna le jour autrefois la fille de Cadmos, Sémélé, accouchée par le feu de la foudre ; de dieu que j'étais, j'ai pris la forme d'un mortel, et je suis venu à la source de Dirkè et à l'eau de l'Isménos. Je vois, à côté de ce palais, le tombeau de ma mère, la foudroyée, et les ruines de sa maison, fumant des flammes du feu de Zeus qui l'entoure encore, vengeance immortelle d'Héra contre ma mère. Je remercie Cadmos, qui a placé sur ce terrain protégé l'enclos funéraire de sa fille ; moi, je l'ai entièrement recouvert des pampres verdoyants d'une vigne nouvelle.

J'ai quitté les arpents tout dorés de Lydie et de Phrygie, les plaines de Perse écrasées de soleil, les murailles de Bactriane et la terre des Mèdes au rude climat, j'ai parcouru l'opulente Arabie et toute l'Asie, qui se trouve au bord de mers salées, avec des villes aux belles tours peuplées de Grecs qui cohabitent avec des Barbares. C'est la première ville grecque que je rencontre ; là-bas, j'ai conduit mes chœurs et institué mes mystères pour me révéler comme divinité aux mortels. Je commence par Thèbes parmi les terres grecques pour faire retentir mes cris : je lui ai jeté une peau de faon sur le corps, je lui ai mis en main un thyrse, ma lance de lierre.

Pourquoi ? Parce que les sœurs de ma mère, qui le devaient moins que quiconque, ont prétendu que moi, Dionysos, je n'étais pas le fils de Zeus et que Sémélé, après avoir couché avec un mortel, avait attribué sa faute à Zeus, sur l'idée de Cadmos : qu'à cause de cela, Zeus, en se manifestant à ma mère, l'a tuée parce qu'elle avait menti sur son union. C'est pour cela que moi, je les ai piquées du dard de mon délire qui les a fait sortir de leurs maisons : elles habitent dans la montagne, l'esprit possédé, forcées de porter le costume de mes orgies, et toute l'engeance féminine de la race de Cadmos, qui étaient toutes des épouses comme il faut, est sortie de leurs demeures. Elles ont rejoint les filles de Cadmos et, ensemble, les voilà dans la nature sans toit, sous les sapins verdoyants, au milieu des pierres.

Car il faut que cette ville comprenne, qu'elle le veuille ou non, tant qu'elle n'est pas initiée à mes mystères bachiques, que je suis venu prendre la défense de ma mère Sémélé en me révélant aux hommes comme la divinité qu'elle a mise au monde pour Zeus.

Euripide, *Bacchantes*, vv. 1-42

Le chœur des Bacchantes, le « thiase », en transe dans la montagne, chante l'inquiétant plaisir de sa folie – possédé par le dieu qu'il appelle tantôt Bacchus, tantôt Bromios (le Bruissant), aux cris de joie des « évohé ! » :

Le chœur

Que c'est bon quand, dans la montagne, après avoir galopé au milieu du thiase, on s'écroule par terre, vêtues de la sainte peau de faon, à la chasse au sang d'un bouc déchiqueté – le délice de le manger cru – lancées dans les montagnes de Phrygie et de Lydie, sous la conduite de Bromios, évohé ! Du sol jaillit du lait, jaillit du vin, jaillit le nectar des abeilles – comme la fumée d'encens de Syrie, Bacchus, levant les torches de pin enflammées qu'il a détachées de son narthex, s'élance en courant, exaltant les vagabondes par ses chœurs, les excitant par ses cris, en faisant voler ses cheveux délicats dans l'air. Et en même temps, il fait retentir parmi les hurlements ce cri : « Allez mes Bacchantes, allez mes Bacchantes ! »

Ibid., vv. 135-153

Toutes les femmes ont déserté Thèbes ; parmi les hommes, seul le vieux Tirésias a reconnu le dieu sous les traits du jeune illuminé que Penthée a jeté en prison. Il essaie de convaincre le roi de ne pas persister dans son erreur.

Tirésias

Cette divinité nouvelle dont tu te moques, je ne pourrais t'expliquer l'importance qu'elle prendra en Grèce [...]. L'enfant de Sémélé a découvert la boisson tirée du jus de la grappe et il l'a apportée aux hommes : elle soulage les mortels qui souffrent de leur peine lorsqu'ils sont rassasiés du jus de la vigne, et elle leur donne le sommeil et l'oubli de leurs malheurs quotidiens – il n'y a pas d'autre remède à leurs fardeaux. Ce dieu, une fois accompli, se fait libation pour les autres dieux : c'est donc grâce à lui que les hommes reçoivent tout ce qui leur arrive de bien.

Et ça te fait rire qu'il ait été cousu dans la cuisse de Zeus ? Je vais t'apprendre la belle histoire qui s'est passée. Quand Zeus l'eut arraché au feu de la foudre, il amena le nouveau-né sur l'Olympe ; Héra voulait le jeter du haut du ciel, mais Zeus imagina pour la contrer une ruse digne de sa grandeur divine : il déchira une partie de l'éther qui entoure la terre, et il la donna comme otage, livrant ce fantôme de Dionysos à la colère d'Héra ; plus tard, les hommes ont raconté qu'il avait été cousu dans la cuisse de Zeus par un jeu de mots[1] : parce qu'un dieu avait servi d'otage autrefois à la déesse Héra – et l'histoire était née.

Ibid., vv. 271-273, 277-296

1. En grec, « cuisse » se dit *mèros*, et « otage », *omèros*.

Mais Penthée reste sourd aux sages conseils de Tirésias. Dionysos, depuis sa prison, lui suggère d'aller voir ce que font les femmes dans la montagne ; pour ne pas se faire repérer, il doit se déguiser lui-même en femme. Dans un tel accoutrement, le roi part chercher les Thébaines. Il les trouve et comprend, trop tard, qu'elles ne sont plus elles-mêmes et qu'il est perdu : dans leur transe, elles le prennent pour une bête sauvage et le prennent en chasse, sa mère Agavé en tête. Comme Euripide, Ovide décrit la terrible fin du roi Penthée qui voulut s'opposer à Dionysos :

Il y a, quasiment à mi-pente, derrière une bordure de forêts, dépourvue d'arbres et sans cachette possible, une clairière. Là, l'homme regarde les mystères sacrés de ses yeux profanes ; c'est elle qui le repère, elle qui, la première, se lance dans une course folle, elle qui, la première, agresse, en lançant son thyrse contre lui, son enfant : c'est la mère de Penthée. Elle s'écria : « Mes sœurs, par ici les filles ! Il y a un sanglier, une bête énorme qui divague sur notre terrain, il y a un sanglier, il faut que je le frappe ! » Chacune se précipite pour ne plus former qu'une masse furieuse ; elles s'assemblent toutes et poursuivent le malheureux tout tremblant – oh oui, maintenant, il tremble, maintenant, son discours n'est plus aussi violent, maintenant, il se maudit, maintenant, il reconnaît sa faute !

Cependant, blessé, il dit : « Aide-moi, ma tante, Autonoé ! Que l'ombre d'Actéon réveille ta pitié ! » Mais elle ne sait plus qui est Actéon, et elle arrache le bras droit de son neveu qui la supplie ; Ino lui déchiquette l'autre en le lui déboîtant. Le malheureux n'a plus de bras à tendre à sa mère : il lui montre ses moignons blessés, comme il n'a plus de membres, et lui dit : « Regarde, maman ! » À cette vue, Agavé poussa un hurlement, jeta la tête en arrière et secoua ses cheveux lâchés – prenant entre ses doigts sanglants la tête qu'elle a décapitée, elle s'écrie : « Io, bravo les filles, ce résultat, c'est notre victoire ! » Le vent n'est pas plus rapide à enlever les feuilles d'automne, saisies par le froid, qui ne tiennent plus au sommet de l'arbre, que ne l'ont été ces mains meurtrières à arracher les bras de cet homme.

Par des exemples de ce genre, les femmes ont été prévenues : elles célèbrent assidûment les mystères du nouveau dieu, elles lui offrent de l'encens et vénèrent les saints autels de l'Isménide.

Ovide, *Métamorphoses*, III, vv. 708-733

HERMÈS

À ces mots de Zeus, le Messager, Tueur d'Argos[1]*, se garda bien de ne pas obéir : il noua aussitôt sous ses pieds ses belles sandales, immortelles et toutes d'or, qui le portaient au-dessus de la mer comme de la terre sans limites, pareil au souffle du vent. Puis il prit la baguette qui lui permet de charmer les yeux des hommes, selon son désir, ou au contraire de les tirer du sommeil. Sa baguette en main, le puissant Tueur d'Argos prit son envol...*

Homère, *Odyssée*, V, vv. 43-49

Hermès, comme Dionysos*, est un dieu jeune : quoique fils de Zeus, il est arrivé dans le monde de l'Olympe bien après ses frères et sœurs. Sa naissance secrète en est la cause : Zeus* s'unit à la nymphe Maïa à l'insu d'Héra, et la mère cacha l'enfant dans une grotte pour que l'épouse de Zeus ne découvre pas la nouvelle infidélité de son mari. Il garde d'ailleurs de cette entrée au monde un goût pour le mystère (il est le dieu des voleurs). Ce dieu se lie d'une indéfectible amitié à Apollon* dès le jour de sa naissance, à la suite d'une étrange aventure que nous conte par le détail l'*Hymne homérique* qui lui est consacré. À peine né, Hermès s'en va commettre

1. Cette épiclèse (*Argeiphontès* en grec) est de sens discuté : elle était néanmoins comprise, sans doute de manière erronée, par les Grecs de l'époque classique, comme signifiant « le tueur d'Argos » (Hermès avait en effet tué ce monstre à cent yeux chargé de garder la jeune Io).

son premier forfait : il vole les bœufs du troupeau d'Apollon, et les emmène dans sa grotte en prenant soin de les faire marcher à reculons, pour égarer qui voudrait suivre leurs traces. Mais Apollon, le dieu des oracles, renseigné par un paysan qui avait vu la scène, se rend dans la grotte où Hermès, encore nourrisson, fait mine de dormir dans son berceau. Comme il persiste à nier le vol, Apollon l'emmène devant le juge impartial et souverain, Zeus. Suit un procès en bonne et due forme, où Apollon se fait accusateur. À ce discours, le petit Hermès, plein d'aplomb, répond ceci :

« Zeus Père, je vais te dire la vérité : mon cœur est sincère et je ne sais pas mentir. Apollon est venu dans notre demeure aujourd'hui même au lever du jour en cherchant ses vaches aux pieds robustes. Il n'amenait pour témoin aucun dieu, et pourtant il m'a ordonné avec grande violence de dire où se trouvait son troupeau ; il m'a menacé de me précipiter dans le vaste Tartare, parce qu'il est à la tendre fleur de l'âge glorieux, tandis que moi – il le sait fort bien –, né d'hier, je ne ressemble pas à un voleur de bœufs, qui ne peut être qu'un homme vigoureux ! Crois-moi, toi qui te glorifies d'être mon père, je n'ai point conduit de vache chez moi ; puissé-je être riche moi aussi ! Je n'ai pas même passé le seuil de ma grotte : je le dis avec sincérité. Certes j'ai du respect pour Hélios et pour tous les autres dieux ; je t'aime et je le révère ; tu le sais et lui aussi que je ne suis point coupable, et je le jurerai par un grand serment : NON, je le jure par ces magnifiques portiques des Immortels ! Un jour, malgré sa force, je me vengerai de son impitoyable perquisition[1]. Mais toi, viens donc secourir les plus jeunes ! »

Le Tueur d'Argos habitant du Cyllène clignait de l'œil en disant ces mots et gardait sur l'épaule ses langes qu'il n'avait

1. Hermès emploie, en un renversement comique, le mot *phôra*, qui désigne aussi bien le vol que la recherche d'un voleur !

point encore rejetés. Zeus éclata de rire en voyant son fils si rusé nier avec tant d'adresse le vol des génisses. Il ordonne alors aux deux divinités de s'accorder et de chercher ensemble les troupeaux d'Apollon.

Hymne homérique à Hermès, vv. 368-391
trad. Falconnet revue par les auteurs

Ce discours d'Hermès nous livre les clés permettant de comprendre ce dieu : rusé, diligent et menteur, il sait manier l'éloquence comme personne (il deviendra d'ailleurs le dieu tutélaire des orateurs) : son discours, agrémenté d'un pastiche de serment, acte de parole fondateur entre tous pour les Grecs, s'il ne trompe pas Zeus, le séduit néanmoins, puisqu'il ne peut réprimer un rire d'admiration devant le toupet de son dernier-né. Il nous livre aussi les clés d'une interprétation naturaliste de ce mythe, qui eut cours dès l'Antiquité : Apollon, précisément identifié à Hélios dans ce passage, représente le soleil, et ses troupeaux, les nuages qui « paissent » dans le ciel et fertilisent la terre par leurs « déjections ». Hermès, qui deviendra à l'issue de ce récit, quand les frères seront réconciliés par un double don, le gardien des troupeaux d'Apollon (il lui donne son bâton de berger, tandis qu'Hermès offre à son frère la lyre dont il est l'inventeur), n'était autre, pour certains mythographes grecs, que le vent qui rassemble et fait paître ces nuages. C'est cette identification naturaliste qui explique qu'on le figure chaussant des sandales ailées qui lui permettent de voler, ou qu'on le nomme psychopompe, c'est-à-dire « guide des âmes » – les âmes étaient assimilées à des souffles en Grèce –, qu'il est chargé de conduire chez Hadès. Elle explique aussi qu'il est le messager des dieux, et qu'il protège les voyageurs, qui, tout comme le vent, passent sans cesse d'une terre à l'autre.

Chapitre 2

LE TEMPS DES HÉROS

THÉSÉE ET HIPPOLYTE

Héros national d'Athènes et de sa région et protégé de Poséidon*, Thésée a une vie bien remplie. Caché à sa naissance à Trézène par son père, il doit d'abord se rendre à Athènes se faire reconnaître par Égée pour commencer sa longue carrière ; il combat tour à tour les Amazones, va en Crète vaincre le Minotaure (→ *Poséidon*), emmène au passage Ariane, la fille de Minos, qu'il abandonne sur l'île de Naxos, provoque le suicide de son père, devient roi d'Athènes, à qui il donne, dit-on, des lois qui restèrent longtemps en vigueur, et descend même aux Enfers ! Nous nous intéresserons ici au drame qui endeuilla la fin de sa vie : il avait eu de la reine Amazone Hippolytè un fils nommé Hippolyte. Ce beau jeune homme avait hérité de sa mère un goût prononcé pour la forêt et la vie sauvage ; il passait le plus clair de son temps, en bon disciple d'Artémis, à chasser mais, peu intéressé par les femmes, il n'avait que peu de respect pour Aphrodite. Cette dernière vengea alors cet affront en suscitant dans le cœur de Phèdre, sœur d'Ariane mariée à Thésée, une passion irrépressible pour son beau-fils. Quand ce dernier la repoussa, piquée au vif, elle prétendit à Thésée qu'Hippolyte avait tenté de la violer. Le roi, fou de colère, demanda instamment à Poséidon (qui avait promis à Thésée d'exaucer trois de ses vœux) de tuer son fils. Le dieu envoya alors un monstre marin attaquer le jeune Hippolyte. Sénèque, dans sa tragédie intitulée *Phèdre*, suivant en cela son modèle Euripide, nous livre, par la bouche du messager venu annoncer la nouvelle à

Thésée, une description riche en détails saisissants de l'agonie et de la mort d'Hippolyte.

Messager

[...] Le taureau [1] soulevait son cou aux sombres couleurs du ciel et dressait une épaisse crinière sur son front verdâtre ; il hérisse des oreilles hirsutes, et ses yeux ronds, aux couleurs changeantes, rappellent et le mâle dominant d'un troupeau de fauves et le monstre né sous les flots. Son regard tantôt crache des flammes, tantôt brille d'un bleu azur étincelant. Ses muscles se gonflent affreusement sur son cou énorme ; ses larges naseaux frémissent quand ils s'ouvrent ; des algues gluantes s'attachent à sa poitrine et à ses fanons qu'elles colorent de vert, et son long flanc est recouvert, çà et là, d'algue rouge. Et le reste de son corps se termine en un assemblage monstrueux : la bête, gigantesque, écailleuse, déroule une immense queue. [...] La terre tremble, le bétail effrayé se disperse dans les champs et le gardien oublie de suivre ses vaches. Toutes les bêtes de la forêt s'enfuient, tous les chasseurs frémissent, blêmes, glacés d'épouvante. Seul Hippolyte, inaccessible à la peur, arrête ses chevaux effrayés d'une main ferme, et, d'une voix qui leur est connue, s'efforce de les rassurer.

Une route de hauteur mène vers l'intérieur des terres trouant les rochers jouxtant la côte. C'est là que l'énorme monstre s'anime au combat et aiguise sa rage. Dès qu'il a pris courage et médité son attaque, il s'élance dans un bond fulgurant et – c'est à peine s'il touche terre dans sa course rapide – il se dresse farouche devant les chevaux tremblants. Votre fils se lève face à lui, et, sans changer de visage, l'œil menaçant, crie d'une voix terrible : « Cette terreur vaine ne saurait abattre mon courage, car j'ai hérité de mon père le rôle de tueur de taureaux. » Mais aussitôt les chevaux,

1. La créature envoyée par Poséidon prend, au sortir des flots, l'apparence d'un taureau monstrueux.

n'obéissant plus aux rênes, entraînent le char et quittent la route, portés là où les mènent leur rage et leur folle frayeur, droit sur les rochers. Mais lui, comme un pilote qui, malgré la tempête, empêche son navire de présenter le flanc aux vagues, maîtrise encore ses chevaux emportés. Tantôt il tire à lui les rênes, tantôt il frappe à coups redoublés leur croupe. Mais le monstre, en compagnon obstiné, le suit et bondit tantôt à côté du char, tantôt devant les chevaux, redoublant à chaque fois leur terreur. Ils n'ont plus d'issue, car le monstre marin leur fait face, cornes en avant, avec sa gueule effroyable. Alors les coursiers épouvantés, sourds aux ordres de leur maître, luttent pour se dégager du joug ; ils se cabrent et renversent le char. Hippolyte tombe visage contre terre, étroitement emmêlé dans les rênes : plus il se débat, plus les courroies se resserrent et l'attachent. Les bêtes comprennent ce qui se passe et, comme personne ne commande le char, se précipitent là où les pousse la peur. [...] Hippolyte ensanglante les champs en une longue traînée et sa tête fracassée rebondit sur les rochers. Les ronces arrachent ses cheveux, la pierre dure meurtrit son visage, et sa beauté funeste périt sous mille blessures. Mais tandis que le char rapide emporte son corps à l'agonie, finalement un tronc à demi brûlé l'empale de sa pointe plantée au milieu de son aine. Pendant quelques instants, cette pointe qui éventre mon maître arrête la course du char ; mais les chevaux arrêtés d'un même coup forcent l'obstacle et mettent en pièces leur maître. Lui qui respirait encore, les buissons le lacèrent, les fourrés hérissés d'épines, les souches arrachent quelque lambeau de son corps. Sa troupe de serviteurs, éperdus, passe au crible les champs le long de la route qu'Hippolyte déchiqueté a marquée de sa trace sanglante, et ses chiens cherchent en gémissant les membres de leur maître. Dans notre tristesse, nos soins infatigables n'ont pu encore rassembler tous les restes de son corps. Est-ce là l'éclat de sa beauté ? Lui qui naguère partageait glorieusement le trône de son père et, héritier certain, brillait comme un astre, on le ramasse à présent, morceau après morceau, pour ses funérailles.

Thésée

Ô trop puissante Nature ! Quelle force tu donnes au lien du sang qui enserre les pères ! J'ai voulu la mort du coupable, et je pleure sa perte.

Sénèque, *Phèdre*, vv. 1036-1048 ; 1050-1089 ; 1093-1117
trad. Nisard revue par les auteurs

DÉDALE ET ICARE

Thésée* a vaincu le Minotaure que son beau-père Minos, le roi de Crète, avait enfermé dans un labyrinthe, pour le neutraliser sans le tuer (→ *Poséidon*). Cette architecture remarquable avait été conçue par Dédale, ingénieur digne d'un Léonard de Vinci qui parvint même à inventer un système d'ailes artificielles pour s'envoler, avec son fils Icare, et fuir la tyrannie de Minos. Mais le génie n'est rien sans la sagesse...

Cependant, Dédale prit en haine la Crète et son long exil, atteint par le mal du pays, mais il était bloqué par la mer. « La terre, dit-il, et l'eau ont beau me faire barrage : le ciel aussi est ouvert, à l'évidence ; nous passerons par là ; Minos a beau tout posséder, il ne possède pas les airs. » Il s'applique à concevoir des technologies inconnues et il révolutionne les lois de la nature. En effet, il dispose des plumes en ordre croissant, en commençant par la plus petite, une plus courte suivant une longue, de sorte qu'elles semblent augmenter régulièrement : c'est ainsi que la flûte campagnarde, autrefois, surgit peu à peu de tubes inégaux [1] ; alors, il attache celles du milieu par un fil et celles du bas avec de la cire ; assemblées de la sorte, il les ploie en suivant une

1. La flûte de Pan.

légère courbe pour imiter les vrais oiseaux. Son fils Icare lui tenait compagnie ; ignorant qu'il manipulait le danger qui l'attendait, la mine réjouie, tantôt il jouait avec les plumes que le vent avait fait s'envoler çà et là, tantôt il ramollissait la cire blonde avec son pouce et, par ses bêtises, gênait le travail admirable de son père. Après qu'il eut mis la dernière main à son entreprise, l'inventeur balança son corps sur ses deux ailes et fut suspendu dans l'air qu'il battait.

Il expliqua la technique à son fils et lui dit : « Je te préviens, Icare, il faut que tu avances à une hauteur moyenne ; si tu vas trop bas, l'eau alourdira les plumes ; si tu voles trop haut, le soleil les brûlera. Vole entre les deux. Je t'interdis de regarder le Bouvier ou Hélikè, ou l'épée dégainée d'Orion[1] : suis-moi et prends la même route ! » De la même manière, il prodigue ses conseils à son fils pour voler et ajuste ses ailes que ses bras découvrent. Au milieu de son travail et de ses conseils, ses vieilles joues se couvrirent de larmes, ses mains de père se mirent à trembler ; il donna un baiser à son enfant – ce qu'il ne devait plus jamais refaire : soulevé par ses ailes, il s'envole et ouvre la voie, inquiet pour son compagnon, comme une mère oiseau qui conduit son petit oisillon dans les airs en le lâchant du haut du nid ; il l'encourage à le suivre, il lui enseigne les techniques qui lui seront funestes, il bat des ailes en même temps qu'il surveille son enfant derrière lui.

Un pêcheur en train d'attraper des poissons avec sa canne tremblante, un berger accoudé à son bâton ou un laboureur au manche de sa charrue les virent et crurent halluciner, et comme ils pouvaient voyager dans le ciel, ils les prirent pour des dieux. Déjà, il y avait à leur gauche Samos, l'île de

1. Le Bouvier, Hélikè (autre nom de la Grande Ourse) et Orion sont des constellations. Cette dernière tire son nom du fameux chasseur de la mythologie, et les étoiles qui la composent semblent former une arme (une épée ou une pique) dans ses mains.

Junon (ils avaient dépassé Délos et Paros), et à leur droite Lébinthos et Calymnè [1] qui produit tant de miel, lorsque l'enfant commença à prendre plaisir à l'aventure du vol, il se sépara de son guide et, attiré irrésistiblement par le ciel, il monta plus haut. La proximité du soleil mordant assouplit la cire parfumée qui collait les plumes ; la cire fond ; l'enfant agite ses membres nus, et faute de ramage, il ne recueille pas le moindre appui sur l'air ; sa bouche, bleuie, crie le nom de son père, et se remplit de l'eau qui tire son nom de lui. Et son malheureux père, qui n'en était plus un, dit : « Icare, Icare, dit-il, où es-tu ? À quel endroit dois-je te chercher ? Oh Icare ! » Il aperçut les plumes dans la mer et il maudit sa technologie ; il enterra son corps dans un tombeau et la terre prit le nom de l'enfant qui y était enseveli [2].

Ovide, *Métamorphoses*, VIII, vv. 183-235

Persée

Persée est probablement l'un des seuls héros du mythe grec à être dénué de grave défaut : à l'inverse de Bellérophon, il est exempt d'orgueil, il n'est pas sujet, comme Héraclès*, à de violents accès de fureur, il n'a pas négligé, comme Thésée*, les recommandations de son père. S'il finit par être le meurtrier de son grand-père Acrisios, comme l'avait prédit un oracle, c'est bien malgré lui. Ce roi, pourtant, avait tout fait pour éviter que sa fille, Danaé, ait un enfant, car il savait qu'elle aurait alors donné naissance à son meurtrier, et l'avait fait enfermer dans une tour d'airain. C'était sans compter sur Zeus*, qui voulait donner au monde un héros, et qui se changea en pluie d'or pour rejoindre la jeune fille et lui faire un enfant. À la naissance de Persée, Acrisios envoya la mère et l'enfant en exil. C'est au cours de cet exil qu'a lieu l'épisode

1. Partis de Crète, Dédale et son fils survolent les Cyclades (Délos, Paros), puis les îles bordant l'Asie Mineure en direction de Milet (Samos, Lébinthos, Calymnè).
2. L'île sur laquelle est tombé Icare fut appelée Icaria, et la mer qui l'entoure, la mer Icarienne.

le plus fameux de la geste de Persée : son combat contre la Gorgone Méduse, dont il doit rapporter la tête.

Alors Persée, guidé par Hermès et Athéna, se rendit chez les filles de Phorcys et de Céto : Ényo, Péphrédo et Dino. Elles étaient les sœurs de la Gorgone, et vieilles depuis leur naissance : à elles trois, elles n'avaient qu'un œil et qu'une dent, et elles se les passaient à tour de rôle. Persée s'en empara, et il leur dit qu'il les leur rendrait à condition qu'elles lui révèlent la route pour se rendre chez les Nymphes. Ces Nymphes avaient en leur possession les sandales ailées et la *kibisis* (qui est, à ce qu'on dit, une besace). [...] Ces Nymphes possédaient également le casque d'Hadès. Les filles de Phorcys lui indiquèrent le chemin, Persée leur rendit l'œil et la dent, et se rendit auprès des Nymphes qu'il cherchait. Il mit son sac en bandoulière, attacha ses sandales, et posa sur sa tête le casque qui avait le pouvoir de rendre invisible celui qui le portait. Persée reçut d'Hermès la faucille d'acier ; puis il vola jusqu'à l'Océan ; il trouva les Gorgones endormies. Elles étaient trois : Sthéno, Euryale et Méduse. Seule Méduse était mortelle : c'est pourquoi Persée devait s'emparer de la tête de cette dernière. À la place des cheveux, les Gorgones avaient des serpents entortillés, hérissés d'écailles ; et elles avaient d'énormes défenses de sangliers, et des mains de bronze, et des ailes en or qui leur permettaient de voler. Quiconque les regardait était changé en pierre. Persée, donc, les attaqua pendant leur sommeil. Athéna guidait sa main : tenant la tête tournée, et regardant l'image de Méduse reflétée sur le bouclier de bronze, il lui coupa la tête. Et du cou tranché bondit Pégase, le cheval ailé, et Chrysaor, le père de Géryon, que Méduse avait conçus de Poséidon.

Apollodore, *Bibliothèque*, II, 4, 2
trad. Nodier revue par les auteurs

Après cet exploit, Persée survola l'Éthiopie où il vit une jeune fille enchaînée à un rocher : Andromède, la fille du roi local Céphée, avait dû être offerte en sacrifice à un monstre marin dépêché par Poséidon* à la demande des Néréides, blessées que la mère d'Andromède, Cassiopée, se soit vantée d'être aussi belle qu'elles. Persée ne laissa pas cet injuste châtiment se produire et gagna ainsi la main de celle qui allait devenir son épouse.

Là, par l'injuste oracle d'Ammon, Andromède expiait, innocente, les propos tenus par sa mère. Dès que le fils d'Abas[1] la voit les bras attachés aux durs rochers, [...] il brûle d'une flamme qu'il n'a jamais connue et reste abasourdi. Séduit par l'exquise beauté qu'il aperçoit, il en oublie presque de battre des ailes. À peine posé, il lui dit : « Ô toi, qui ne mérites pas de porter de pareilles chaînes, mais celles qui unissent des amants pleins de désir, apprends-moi, de grâce, ton nom, celui de ces contrées, et pourquoi tu es enchaînée ! » Elle garde d'abord le silence, et, vierge, n'ose parler à un homme ; elle eût même, si ses mains avaient été libres, caché son visage de ses chastes mains. Du moins pouvait-elle pleurer ; ses yeux s'emplirent de larmes ; et comme Persée la pressait de répondre, craignant enfin qu'il n'imputât son silence à des méfaits dont elle serait coupable, elle lui dit son nom, celui de son pays, et combien sa mère s'était par trop vantée de sa beauté. Elle n'avait pas encore terminé que l'onde se mit à gronder : un monstre venu de l'immense océan se dresse menaçant, et recouvre sous ses flancs, la vaste mer.

Andromède pousse un cri ; son père affligé et avec lui sa mère assistaient à cette scène, tous deux malheureux, mais cette dernière à plus juste titre. Incapables de venir en aide à leur fille, ils n'ont à offrir que des larmes et des gémisse-

1. Persée est un descendant d'Abas.

ments de circonstance, et ils serrent contre eux le corps de leur fille enchaînée. [...]

Et voici que, tel un vaisseau rapide à la proue aiguë, poussé par les efforts des bras de ses jeunes rameurs en sueur, sillonne et fend l'onde écumante, la bête approche, écarte de sa poitrine les flots. Et déjà elle n'était plus séparée du rivage que par la distance parcourue dans le ciel par la pierre que lance un frondeur baléare ; mais soudain, le jeune héros, frappant de ses pieds la terre qu'il semble repousser, s'élance impétueux au haut des airs ; voyant son ombre réfléchie à la surface de l'eau, la bête s'acharne sur l'ombre. [...] Le fils d'Inachus[1] vole et se précipite, et fond sur le dos du monstre, et plonge tout entier son fer dans ses flancs.

Le monstre, qu'irrite une large blessure, bondit sur l'onde, ou se cache dans les flots, ou s'agite et se roule tel un sanglier que poursuit une meute aboyante. Le héros, par l'agilité de ses ailes, se dérobe à ses dents avides, et de son glaive recourbé le frappe sans relâche sur son dos hérissé d'écailles, dans ses flancs et sur sa queue, semblable à celle d'un poisson.

Avec des flots de sang le monstre vomissait l'onde, qui rejaillit sur les ailes du héros ; il les sent s'appesantir, et n'ose plus s'y confier. Il découvre un rocher dont le sommet domine l'onde tranquille, et disparaît quand la tempête agite les mers ; il s'y soutient : d'une main il saisit la pointe du rocher qui s'avance et de l'autre plonge et replonge son fer dans les flancs du monstre, qui expire sous ses coups redoublés.

Au même instant le rivage retentit de cris et d'applaudissements qui montent jusqu'aux cieux. Céphée et Cassiopée, heureux et pleins de joie, saluent, dans le héros, leur gendre, et le proclament le sauveur de leur maison. Libérée de ses

1. Autre ancêtre de Persée.

chaînes, la jeune fille, cause et prix de l'exploit, s'avance vers eux.

Ovide, *Métamorphoses*, IV, vv. 670-739
trad. Villenave revue par les auteurs

La guerre de Troie

La guerre de Troie est l'un des récits les plus importants du mythe grec, ne serait-ce que parce que les textes les plus anciens de la littérature grecque, et ceux sans doute qui ont eu la postérité la plus importante dans la culture gréco-romaine et, plus généralement, occidentale, l'*Iliade* et l'*Odyssée* d'Homère, en traitent directement. Toutefois, les poèmes homériques ne dévoilent que quelques événements – l'*Iliade*, consacrée à la colère d'Achille, ne parle que d'une année de ce siège de dix ans, celle qui a vu tour à tour la désertion d'Achille, en fureur contre Agamemnon, le chef de l'expédition achéenne, et son retour sur le champ de bataille pour venger la mort de son cher Patrocle. Mais nombreux sont les continuateurs d'Homère ou les auteurs qui nous ont révélé tous les détails de cet épisode mythique, depuis son lointain commencement aux noces de Thétis et Pélée jusqu'à la fuite d'Énée, le dernier Troyen libre, qui l'emmena jusqu'aux rivages de la lointaine Italie.

Les insoupçonnables effets d'une pomme

Cette guerre, qui enflamma tout le monde grec, a pour cause première une mesquinerie divine restée célèbre. Laissons Hygin, grand compilateur romain de mythes grecs, nous conter par le détail l'histoire de la « pomme de discorde ».

On raconte que Jupiter, à l'occasion du mariage de Thétis et Pélée, invita à un banquet tous les dieux sauf Éris, c'est-à-dire la Discorde ; comme celle-ci s'y était rendue sur le tard et qu'elle n'était pas admise au banquet, depuis le seuil de la porte, elle envoya une pomme au milieu de la pièce, disant que devait la prendre celle qui était la plus belle.

Junon, Vénus et Minerve commencèrent à revendiquer la beauté pour elles, et entre elles naquit une grande discorde ; Jupiter ordonne à Mercure de les conduire sur le mont Ida trouver Alexandre Pâris : qu'il en soit juge.

Junon lui promit que s'il se prononçait en sa faveur, il régnerait sur toutes les terres et que sa fortune dépasserait celle de tous les autres ; Minerve, elle, lui promit que si elle sortait victorieuse de ce jugement, il serait le plus puissant de tous les mortels et qu'il détiendrait la science en tout domaine ; Vénus, quant à elle, promit de lui donner en mariage Hélène, la fille de Tyndare, la plus belle de toutes les femmes.

Pâris préféra ce dernier cadeau aux premiers et jugea que Vénus était la plus belle ; pour cela, Junon et Minerve devinrent les ennemies de Troie.

Poussé par Vénus, Alexandre enleva Hélène à Lacédémone, dans la demeure de son hôte Ménélas, pour la conduire à Troie et il la prit pour épouse avec deux servantes, Æthra et Thisadies, que Castor et Pollux lui avaient assignées comme esclaves, elles qui jadis avaient été reines.

Hygin, *Fable* 92

« *Chante, déesse, la colère...* »

Cette épopée est avant tout un récit de colères. Et Achille n'est pas le seul héros à connaître ce sentiment : tous ou presque la ressentent à un moment ou à un autre de l'œuvre. Et les dieux ne sont pas en reste : l'*Iliade* s'ouvre sur la colère d'Apollon*, qui sera la cause indirecte de la sécession d'Achille.

Qui d'entre les dieux les jeta dans cette querelle ? Le fils de Zeus et de Léto. Irrité contre le roi, il fit naître dans l'armée un mal mortel, et les hommes périssaient, parce que le fils d'Atrée [1] avait fait offense à Chrysès, son prêtre. Celui-ci, oui, était venu vers les nefs rapides des Achéens pour racheter sa fille ; apportant une immense rançon et tenant dans ses mains les bandelettes de l'archer Apollon suspendues à son sceptre d'or, il conjurait tous les Achéens, et surtout les deux fils d'Atrée [2], ordonnateurs d'hommes :

« Fils d'Atrée, et vous tous, Achéens aux belles jambières, puissent les dieux qui habitent les palais de l'Olympe vous donner de détruire la ville de Priam et de vous en retourner sains et saufs ; mais puissiez-vous me rendre ma fille et recevez cette rançon, au nom du fils de Zeus, l'archer Apollon ! »

Alors tous les Achéens firent entendre leur assentiment : ils voulaient qu'on respectât le prêtre en échange de la splendide rançon. Mais cela ne plut point à Agamemnon fils d'Atrée, et il le renvoya outrageusement avec ce commandement violent :

« Prends garde, vieillard, que je ne te trouve auprès des nefs creuses, soit que tu t'y attardes aujourd'hui, soit que tu reviennes : ton sceptre et les bandelettes du dieu pourraient ne plus te protéger. Ta fille, je ne la libérerai point. La vieillesse l'atteindra avant, dans mon palais d'Argos, loin de sa patrie, où elle tissera la toile et partagera mon lit. Va-t'en ! Ne m'irrite point, si tu veux rentrer chez toi en vie. »

À ces mots, le vieillard trembla et obéit. Et il allait, silencieux, le long du rivage de la mer aux mille bruits. Et, se voyant éloigné, il adressa cette prière au seigneur Apollon, fils de Léto à la belle chevelure :

« Entends-moi, dieu à l'arc d'argent, toi qui protèges Chrysè et Cilla la divine, toi le seigneur de Ténédos ! Smintheus [3], s'il est vrai que j'ai donné un toit à ton temple qui

1. Agamemnon, appelé également « le roi ».
2. Agamemnon et son frère Ménélas.
3. Autre nom d'Apollon.

t'agrée, que j'ai brûlé pour toi de grasses cuisses de taureaux et de chèvres, exauce mon vœu : que tes flèches fassent payer mes larmes aux Danaens ! »

Telle fut sa prière, et Phoibos Apollon l'entendit et, du sommet de l'Olympe, se précipita, irrité dans son cœur, avec sur les épaules son arc et son carquois à double peau.

Homère, *Iliade*, I, vv. 8-45
trad. Leconte de Lisle revue par les auteurs

Pendant neuf jours, la peste fait rage dans le camp des Achéens ; le devin Calchas explique à Agamemnon qu'il a offensé le dieu et qu'il doit rendre la fille de Chrysès, ce qu'il se résout à faire sous la pression des chefs achéens ; mais pour ne pas perdre la face, il prend en échange comme nouvelle concubine Briséis, qui avait été auparavant donnée à Achille. C'est ce qui provoque la fameuse colère du héros, qui regagne sa tente et abandonne les armes.

Une guerre des dieux

Même s'il s'agit d'un reflet lointain et déformé d'une guerre qui aurait véritablement eu lieu, la guerre de Troie est proprement mythique en ce qu'elle se déroule à une époque où les dieux se mêlaient quotidiennement aux hommes. Loin d'être confinés dans leurs temples ou sur l'Olympe, ils participent sans cesse à l'action, soit en l'observant de près et en commentant les actes de tel ou tel héros, soit en adressant la parole à l'un de leurs protégés pour lui redonner courage, soit encore en participant directement aux combats. Hector, Pâris, Énée ou Diomède ont dû plus d'une fois leur salut à l'intervention d'un dieu. Et cette guerre est aussi et avant tout une guerre des dieux, qui se divisent en véritables factions, pro-troyenne ou pro-achéenne, selon leurs liens personnels avec tel ou tel héros ou leur haine pour tel personnage. Hormis Zeus*, qui ne prend pas parti (encore qu'il aime particulièrement les Troyens Hector ou Sarpédon ; → *Zeus*), les Olympiens se rangent ostensiblement d'un côté (Apollon*, Aphrodite*, Arès sont les protecteurs des Troyens) ou de l'autre

(Athéna*, Héra, Poséidon*, ce dernier par haine envers la maison de Priam, favorisent les Achéens). Et les dieux ne sont pas moins impitoyables que les hommes envers leurs semblables : le chant V de l'*Iliade*, consacré aux exploits de Diomède, le montre admirablement. Diomède est le protégé d'Athéna, mais, grièvement blessé par un Troyen, il est sur le point de mourir, quand la déesse décide d'intervenir et décuple sa fougue en lui disant :

« Aie courage, Diomède, dans l'issue de ton combat contre les Troyens, car j'ai mis dans ta poitrine l'intrépide vigueur de ton père, celle dont faisait montre le cavalier Tydée au bouclier toujours brandi. Et j'ai dissipé le nuage qui était sur tes yeux, afin que tu distingues un dieu d'un homme. Si un dieu venait désormais te tenter, ne lutte point contre les dieux immortels, sauf si Aphrodite, la fille de Zeus, descend dans la mêlée ; elle, frappe-la de ton bronze affilé ! »

Homère, *Iliade*, V, vv. 123-132
trad. Leconte de Lisle revue par les auteurs

À ces paroles, Diomède, tout revigoré, se jette à nouveau dans la bataille, ignorant que désormais, à cause de l'intervention d'Athéna, les autres dieux ont décidé d'entrer eux aussi dans la bataille. Il finit par rencontrer Énée, le fils d'Aphrodite, qui fait grand massacre d'Achéens.

[...] Alors le fils de Tydée[1] saisit de sa main un lourd rocher – exploit admirable ! – que deux hommes, de ceux qui vivent aujourd'hui, ne pourraient soulever ; mais lui, tout seul, il le souleva facilement. Et il en frappa Énée à la cuisse, là où le fémur tourne dans la hanche à l'endroit qu'on nomme cotyle. Il heurta le cotyle, rompit les deux muscles supérieurs et la pierre rugueuse lui déchira la peau. Le héros, tombant sur les genoux, s'appuya d'une main lourde sur la terre, et une nuit noire couvrit ses yeux. Et il eût

1. Diomède.

alors sans doute péri, le seigneur des hommes, Énée, si la fille de Zeus, Aphrodite, ne l'eût remarqué de son regard perçant, sa mère qui l'avait conçu d'Anchise, le gardien de bœufs. Autour de son cher fils elle jeta ses bras blancs et devant lui étendit son péplos éclatant pour le protéger des flèches, de peur qu'un des Danaens aux rapides montures ne lui enfonçât une lame d'airain dans la poitrine et ne lui arrachât l'âme. Et elle enleva du champ de bataille son cher fils [...].

Ibid., vv. 302-318

Mais Diomède, qui par la grâce d'Athéna savait reconnaître les immortels, se lança à la poursuite d'Aphrodite pour la blesser :

[...] Mais [Diomède], de sa lame de bronze impitoyable, pressait ardemment Cypris [1], car il sait que c'est une divinité sans force et qu'elle n'est point de ces déesses qui ont pour apanage la guerre des hommes, qu'elle n'est ni Athéna ni Ényô la destructrice de citadelles. Et, la poursuivant dans la foule immense, le fils du magnanime Tydée alors se raidit, saute et de sa lance affilée blesse le bout de son bras. Et aussitôt la lance perça la peau divine à travers le péplos que les Grâces avaient tissé elles-mêmes, au-dessus du poignet ; et le sang immortel de la déesse, l'*ichôr*, se répandit, tel qu'il coule dans les veines des dieux bienheureux. Car ils ne mangent point de pain, ils ne boivent point le vin aux reflets de feu, et c'est pourquoi ils n'ont point de sang et sont nommés Immortels. Elle poussa alors un grand cri et laissa tomber son fils ; mais Phoibos Apollon le releva de ses mains et l'enveloppa d'un nuage sombre, de peur qu'un des Danaens aux rapides montures ne lui enfonçât une lame d'airain dans la poitrine et ne lui arrachât l'âme.

Ibid., vv. 330-346

1. Autre nom d'Aphrodite.

Aphrodite, blessée tant dans son corps que dans son orgueil, s'en va se plaindre tour à tour à Arès, à sa mère Dionè et à son père Zeus. Désormais, puisqu'un mortel a osé blesser une déesse, les Olympiens n'ont plus de retenue à participer directement aux combats. Athéna et Héra se rangent aux côtés de Diomède et des Achéens ; pendant ce temps, tandis qu'Apollon dépose Énée en lieu sûr et envoie sur le champ de bataille, à la place du blessé, un faux Énée, le terrible Arès, l'amant d'Aphrodite, descend dans la mêlée pour défendre les Troyens. Il se déchaîne et tue un grand nombre d'Achéens, redonnant courage aux défenseurs de la ville assiégée. C'est alors qu'il aperçoit Diomède et qu'il s'apprête à venger la douce Aphrodite, sans savoir qu'Athéna, coiffée du casque d'Hadès qui rend invisible, veille sur son protégé.

Dès qu'Arès, fléau des hommes, eut aperçu le divin Diomède, il laissa le grand Périphas étendu à l'endroit même où il l'avait frappé à mort, et marcha droit sur Diomède, le dompteur de chevaux. Puis quand ils se furent rapprochés l'un de l'autre, Arès, le premier, se raidit par-dessus le joug et les rênes de ses chevaux et lance sa pique d'airain : il brûle de lui ôter la vie. Mais la divine Athéna aux yeux clairs, saisissant le trait d'une main, le détourna du char, et l'attaque fut vaine. Ensuite alors, Diomède à la voix puissante s'élança avec sa pique d'airain, que Pallas Athéna dirigea dans le bas-ventre du dieu, là où il boucle son ceinturon.

C'est à cet endroit que Diomède le blessa, qu'il déchira sa belle peau en retirant sa lance. Alors Arès le dieu de bronze poussa un cri aussi fort que la clameur de neuf ou dix mille guerriers se ruant dans la lutte belliqueuse. Et un frisson saisit les Achéens et les Troyens, tant avait retenti le cri d'Arès insatiable de guerre !

Ibid., vv. 846-863

La colère d'Achille contre l'amour d'Hector

Malgré tout, l'enjeu de la guerre se fait autour d'hommes, et en particulier des deux champions de chaque camp : le bel Hector, fils de Priam, roi de Troie, et l'arrogant Achille, fils de la déesse Thétis. Tout les oppose : le premier est sage et bon, il honore ses parents, aime sa femme Andromaque et son fils Astyanax, tandis que le second est orgueilleux, violent et prompt à la colère. Homère fait du second le vainqueur du premier, et présente cette victoire comme inéluctable (Zeus y consent, car il sait qu'Achille périra peu après avoir tué Hector) ; et pourtant le poète ne peut cacher l'affection qu'il a pour Hector, qui est le seul héros de l'*Iliade* à être décrit dans des gestes quotidiens. Au chant VI du poème, Homère nous montre Hector rentré à Troie pour faire un sacrifice, et rencontrer tour à tour son frère, sa mère, son père et Hélène ; il s'achève par l'entrevue célèbre d'Hector et d'Andromaque sur le rempart, au-dessus des Portes Scées, où la jeune femme attendait, anxieuse, que son mari rentre dans la ville.

[Andromaque] vint à sa rencontre, une servante l'accompagnait qui portait sur le sein son jeune fils, tout petit encore, le fils bien aimé d'Hector, semblable à un bel astre. Hector l'appelait Scamandrios, mais les autres Troyens Astyanax (« le seigneur de la ville »), parce que Hector est seul protecteur d'Ilion[1]. Et il sourit en regardant son fils en silence.

Homère, *Iliade*, VI, vv. 399-404
trad. Leconte de Lisle revue par les auteurs

Andromaque, qui a déjà perdu son père Éetion et ses frères de la main d'Achille, cherche alors à le dissuader de retourner au combat, mais Hector répond :

« Certes, femme, toutes ces inquiétudes sont les miennes aussi ; mais j'ai aussi grande honte devant les Troyens et les

1. Ilion est l'autre nom de Troie.

Troyennes aux longs péplos traînants, à l'idée que, comme un lâche, je puisse fuir le combat. Et mon cœur ne me pousse point à fuir, car j'ai appris à être toujours vaillant et à combattre aux premiers rangs des Troyens, pour la grande gloire de mon père et pour la mienne. Je le sais, dans mon esprit et dans mon cœur : un jour viendra où la sainte Ilion périra, ainsi que Priam et le peuple de Priam à la bonne lance. Mais ni le malheur à venir des Troyens ni celui d'Hécube elle-même, du seigneur Priam et de mes frères courageux qui tomberont en foule sous les coups des ennemis, ne m'afflige autant que le tien, lorsqu'un Achéen à la cuirasse d'airain te conduira, pleurante, et te ravira la liberté ! [...] »

À ces mots, l'illustre Hector tendit les mains vers son fils, mais l'enfant se rejeta en arrière contre le sein de sa nourrice à la belle ceinture, en criant, épouvanté à l'aspect de son père ; la vue du bronze lui fait peur, tout comme le panache en crin de cheval qui s'agite, terrible, au sommet du casque. Son père et sa vénérable mère éclatèrent de rire. Aussitôt, l'illustre Hector ôta son casque et le déposa, resplendissant, sur le sol. Puis il prit son fils, l'embrassa et, le berçant dans ses bras, il supplia Zeus et les autres dieux :

« Zeus, et vous tous, dieux, faites que mon fils s'illustre, comme moi, parmi les Troyens, qu'il soit plein de force et qu'il règne souverain à Ilion ! Et qu'on dise un jour de lui “Il est bien plus valeureux que son père !”, quand il reviendra du combat ! Qu'il rapporte les dépouilles sanglantes de l'ennemi qu'il aura tué, et que le cœur de sa mère en soit réjoui ! »

Ibid., vv. 441-455 ; 466-481

« *Je redoute les Danaens, même quand ils apportent des cadeaux* »

Le duel entre Hector et Achille est imminent, et l'Iliade s'achève sur les funérailles d'Hector. Mais la guerre est loin d'être terminée, même si, le plus valeureux des Troyens étant mort, l'issue du conflit semble désormais inéluctable. Une tradition postérieure à l'*Iliade*, mais connue de l'*Odyssée*, nous rapporte quelle ruse a fait tomber la cité. Le récit le plus célèbre de la prise de Troie est sans doute celui que Virgile place dans la bouche d'Énée au second chant de l'*Énéide* :

> [...] Brisés par la guerre et repoussés par les destins, les chefs danaens, qui ont déjà perdu tant d'années, construisent, inspirés par l'art divin de Pallas, un cheval haut comme une montagne, dont ils habillent les flancs de planches de sapin. Ils font croire que c'est une offrande pour favoriser leur retour : tel est le bruit qui se répand. Ils tirent au sort des soldats d'élite qu'ils enferment, en secret, dans le ventre aveugle du cheval, remplissant de soldats en armes les cavités immenses au creux de l'abdomen de la bête.
>
> Virgile, *Énéide*, II, vv. 13-20

Les Troyens, malgré les avertissements de Laocoon et d'autres compatriotes plus prudents, récupèrent le cheval que les Achéens ont fait mine d'avoir abandonné sur la plage après leur départ, et le font entrer en grande pompe dans leur ville...

Œdipe

Le cycle thébain est sans doute moins développé que celui de Troie, faute d'un texte homérique comme référence archaïque. Il n'a pas moins connu une grande postérité à travers les siècles, jusqu'au XXe siècle où le développement de la psychanalyse a fini de répandre le mythe d'Œdipe. Bien avant Freud, l'histoire tragique de la famille royale de Thèbes a intéressé dramaturges, romanciers, peintres et compositeurs de toutes époques, avec une fascination particulière pour les personnages d'Œdipe et de sa fille Antigone.

À Rome, on conserve le récit d'un compilateur de l'époque d'Auguste, Hygin. Contrairement à son collègue Ovide, il ne s'attache pas à composer une nouvelle version littéraire des mythes qu'il présente, mais à les exposer avec le plus de clarté et d'exhaustivité possibles. En ce sens, il se rapproche davantage de nos propres dictionnaires de mythologie, avec leur aspect expéditif, mais aussi leur grande utilité pour englober l'ensemble du mythe.

À Laïos, le fils de Labdacus, il avait été répondu par Apollon qu'il devait prendre garde à une mort qui lui viendrait de la main de son propre fils. C'est pourquoi, lorsque sa femme Jocaste, la fille de Ménécée, accoucha, il ordonna qu'on abandonne l'enfant. Périboé, la femme du roi Polybe, était en train de laver un linge dans la mer lorsqu'elle recueillit l'enfant abandonné ; quand Polybe apprit la nouvelle, parce qu'ils étaient sans enfants, ils l'élevèrent comme le leur ; et parce qu'il avait les pieds transpercés, ils l'appelèrent Œdipe [1].

Une fois qu'Œdipe, le fils de Laïos et de Jocaste, eut atteint l'âge de la puberté, il se révéla supérieur à tous les autres par sa force et son courage ; par jalousie, ses camarades lui lancèrent qu'il avait été trouvé par Polybe, et que c'était pour ça que Polybe était si gentil, et lui si effronté ; Œdipe comprit qu'on ne lui avait pas menti. C'est pourquoi il se rendit à Delphes pour interroger l'oracle sur ses vrais parents. Pendant ce temps, des prodiges avaient révélé à Laïos que la mort venue de la main de son enfant s'approchait de lui. Comme il allait lui aussi à Delphes, Œdipe le rencontra en chemin ; ses gardes lui ordonnèrent de laisser passer le roi, mais il n'en fit rien. Le roi lança ses chevaux et une roue lui écrasa le pied ; Œdipe, en colère, sans savoir que c'était son père, le tira à bas de son char et le tua.

Laïos mort, Créon, le fils de Ménécée, monta sur le trône. Entre-temps, la Sphinx, la fille de Typhon qui persécutait les campagnes de Thèbes, fut envoyée en Béotie. Elle imposa un concours au roi Créon : elle dit que si quelqu'un parvenait

1. Œdipe signifie « pieds enflés » : il avait été attaché par les pieds pour qu'il ne puisse plus rentrer.

à interpréter le poème qu'elle avait composé [1], elle s'en irait de là ; mais s'il ne résolvait pas le poème donné, elle le ferait périr et ne partirait pas du pays autrement. En entendant cela, le roi le fit savoir à travers toute la Grèce et, à celui qui résoudrait le poème de la Sphinx, il promit de lui donner son royaume et sa sœur Jocaste en mariage. De nombreux candidats, attirés par le pouvoir, s'étaient présentés et furent exterminés par la Sphinx ; mais Œdipe, le fils de Laïos, se présenta à son tour et interpréta le poème : la Sphinx se précipita dans le vide. Œdipe, à son insu, reçut le trône de son père et sa mère Jocaste comme épouse, avec laquelle il conçut Étéocle et Polynice, Antigone et Ismène.

À ce moment, Thèbes fut frappée de stérilité de ses récoltes et de disette à cause des crimes d'Œdipe. On interrogea Tirésias pour savoir pourquoi Thèbes était ainsi persécutée.

Le devin leur révèle qu'il faut que le dernier descendant de la « race du dragon », les Labdacides, périsse pour mettre fin au fléau.

Mais Périboé lui révéla ouvertement qu'il avait été trouvé ; de même, le vieux Ménoetès, qui était chargé de l'abandonner, reconnut qu'il était le fils de Laïos aux cicatrices sur ses pieds et ses talons. En entendant cela, quand il vit tous les crimes sacrilèges qu'il avait perpétrés, Œdipe détacha une broche de la robe de sa mère et se creva les yeux ; il transmit son trône à ses fils qui devaient alterner tous les ans et il s'enfuit de Thèbes, conduit par sa fille Antigone.

Hygin, *Fables* 64-65

1. Hygin ne donne pas le contenu du poème énigmatique que l'on connaît par ailleurs : « Quel est l'animal qui a quatre pattes le matin, deux pattes à midi et trois pattes le soir ? » Il s'agit bien évidemment de l'homme, marchant à quatre pattes au matin de sa vie, sur ses deux jambes dans la force de l'âge, et s'appuyant sur une canne, sa troisième jambe, à la fin.

Mais la malédiction des Labdacides ne s'arrêtera qu'à la mort de tous les enfants nés de l'inceste d'Œdipe et de Jocaste : Étéocle et Polynice de la main l'un de l'autre, au terme de la guerre des Sept contre Thèbes, Antigone de la main de Créon, pour avoir voulu enterrer son frère Polynice – il n'est guère qu'Ismène, l'antithèse de sa sœur, dont le destin reste incertain.

Médée

Le mythe grec laisse rarement la place de protagoniste à des femmes, qui doivent se contenter du rôle d'épouses (idéalement fidèles comme Pénélope ou source de malheur pour l'humanité, comme Hélène) ou de filles, servant plus ou moins bien de faire-valoir aux mâles. Il est toutefois une exception remarquable – bien qu'elle ne donne pas pour autant une image très positive de la femme –, Médée. Petite-fille du Soleil et nièce de Circé, princesse « barbare » (elle est originaire de Colchide, sur les rives de la mer Noire), elle tire de son ascendance et de son origine de puissants pouvoirs magiques, au point qu'elle devient le type même de la sorcière (en particulier dans les tragédies que lui ont consacrées Euripide et Sénèque). Voyant en Jason, le prince thessalien qui était venu jusqu'en Colchide avec cinquante compagnons embarqués sur le navire *Argo* (« les Argonautes ») pour dérober la Toison d'or, le moyen de quitter sa terre natale, elle décide d'aider le jeune héros ; sans sa maîtrise de la science magique, il n'aurait pu venir à bout des pièges qui gardaient la Toison d'or. Et lors de leur fuite, c'est encore Médée qui le sauve, en ne reculant pas, pour échapper à son père Æétès qui les poursuivait, devant un terrible sacrifice : elle découpe en morceaux son propre frère qu'elle jette à l'eau pour ralentir la course de son père.

Médée est donc la femme qui par amour est capable de toutes les démesures et de tous les crimes. C'est à ce titre qu'elle intéresse les tragiques, en particulier Euripide, qui nous raconte la fin de la liaison entre Jason et Médée. Celui-ci, revenu en Grèce, et quoique déjà marié à Médée, dont il a eu deux enfants, décide de la répudier pour épouser la fille de Créon et devenir ainsi roi de Corinthe. Euripide nous raconte ainsi la fureur et la terrible vengeance ourdie par Médée, qui s'apprête à tuer sa rivale, Créon et jusqu'à ses propres enfants pour ôter à Jason tout espoir. Arrêtons-nous à l'instant où Médée résolut ses crimes : c'est là qu'elle révèle sa nature de magicienne, c'est-à-dire de femme capable, par son art, d'inverser l'ordre de la nature (et son crime le plus impie, l'infanticide, n'est pour Euripide que l'ultime conséquence de cette inversion fondamentale des lois naturelles).

Non, par la Maîtresse à qui je voue, entre toutes, le culte le plus fervent, par celle que j'ai choisie pour auxiliaire, Hécate[1], qui habite les renfoncements de mon foyer, aucun de mes ennemis ne se réjouira impunément des douleurs qui déchirent mon cœur. Amères seront les noces que je leur prépare, et lugubres ; amère sera leur alliance, et amer sera pour eux mon exil loin de cette terre ! Allons, n'épargne aucune des ressources que te donne ta science, Médée, dans les résolutions que tu prends et les arts que tu maîtrises ! Va vers ton acte terrible ! C'est maintenant qu'il faut faire preuve de fermeté d'âme. Tu vois ce qu'on te fait subir : tu ne dois pas être la risée d'un mariage entre une descendante de Sisyphe et Jason, toi, fille d'un noble père, qui descends en droite ligne d'Hélios[2] ! Tu as la science, et si la nature nous a faites, nous les femmes, incapables de faire le bien, elle a fait de nous les plus ingénieux artisans de tous les maux.

Euripide, *Médée*, vv. 395-409

La Magicienne est prête : elle accomplira son plan et s'enfuira de la scène montée sur un char tiré par deux dragons.

1. Déesse de la magie et des arts occultes.
2. Le Soleil.

Héraclès

Les Grecs à l'esprit si rationnel ont beaucoup réfléchi au rapport entre le temps mythique et le temps des hommes et très tôt ils se sont trouvés face à un dilemme : comment accepter de croire à des histoires si incroyables ? Leur réaction, devant des récits si évidemment invraisemblables, peuplés de héros surhumains, de monstres improbables et d'omniprésente magie, a été – surtout à partir de l'époque hellénistique, où se développèrent tant de sciences – de chercher le moyen de *sauver* ces mythes. La doctrine d'un certain Évhémère, élaborée autour de l'année 300 avant J.-C., eut un retentissement tout particulier dans ce contexte intellectuel : pour lui, les mythes n'étaient que des récits déformés d'un passé très lointain. Il jetait ainsi un pont audacieux entre le temps des héros et celui des hommes en proposant de voir en tel héros un roi ou un « évergète » (c'est-à-dire un bienfaiteur de l'humanité) si renommé que l'imagination populaire, avec le temps, l'a transformé en héros d'une « légende urbaine ». C'est dans cette perspective rationalisante que se place l'historien Diodore de Sicile, auteur au Ier siècle avant J.-C. d'une *Bibliothèque historique* très originale : pour la première fois, un historien – Diodore se dit et se considère historien – se sent autorisé à inclure dans son œuvre un récit des temps mythiques très largement rationalisé. Ainsi, dans son livre IV, il nous présente un récit de la geste d'Héraclès, le plus fameux des héros du mythe grec, replacé dans une géographie réelle et dans une chronologie stable, et expurgé de ses traits les plus merveilleux, pour faire du héros un personnage historique vraisemblable. Nous nous attarderons ici sur les justifications qu'il donne à sa propre démarche.

Je n'ignore pas que mille difficultés surgissent quand on essaie d'historiciser les vieux récits mythiques ; et c'est particulièrement vrai en ce qui concerne Héraclès. De fait, par la grandeur de ses exploits, il passe à l'unanimité pour avoir surpassé tous les hommes dont la mémoire nous a transmis le souvenir depuis l'aube des temps. Il est par conséquent difficile de rapporter à la mesure de leur mérite ces actions et de proposer un récit[1] qui soit à la hauteur de prouesses telles que leur grandeur lui a valu l'immortalité. De surcroît, comme beaucoup de nos contemporains, en raison de l'ancienneté des histoires qu'on nous raconte et des entorses à la logique qu'on y trouve, ne prêtent pas foi aux mythes, nous en sommes nécessairement réduits à cette alternative : soit on laisse de côté les plus grandes de ces actions, en diminuant donc quelque peu la gloire de la divinité considérée, soit on raconte absolument tout, en proposant du même coup une histoire à laquelle personne ne prêtera foi. Certains lecteurs, en effet, font erreur dans leur jugement quand ils cherchent le même degré d'exactitude dans les récits mythiques des temps anciens que dans les événements contemporains : ils essaient de réduire les points que la grandeur de ces exploits rend douteux et ils évaluent la puissance d'Héraclès à l'aune de la faiblesse des hommes d'aujourd'hui, si bien que la grandeur sans commune mesure de ces exploits ôte tout crédit à leurs récits. D'une manière générale, il ne faut pas rechercher dans les récits mythologiques la vérité à tout prix et avec un œil intransigeant : au théâtre, nous ne croyons pas à l'existence de Centaures dont la nature et le corps seraient doubles, ni à celle de Géryon au triple corps, et pourtant nous admettons de telles légendes et nos applaudissements contribuent à grandir l'honneur rendu à la divinité. Mais il serait absurde qu'Héraclès, au cours de son existence parmi les hommes, ait par ses propres travaux civilisé la terre et que les hommes aient oublié ces bienfaits rendus à l'ensemble de l'humanité au point de calomnier le mérite que lui ont valu ses sublimes exploits ; ou que nos ancêtres, qui reconnaissaient unanimement sa

1. Diodore utilise ici, très significativement, le mot *logos* (récit rationnel) qui s'oppose nettement, en grec, à *mythos* (récit légendaire).

valeur sans commune mesure, l'aient gratifié de l'immortalité et que nous, en revanche, nous n'observions même pas envers ce dieu la pieuse dévotion que nous ont léguée nos pères.

Diodore de Sicile, *Bibliothèque historique*, IV, 8

Chapitre 3

ENTRE LES DIEUX ET LES HOMMES

Prométhée

Le dieu serait-il un loup pour le dieu ? À en croire le mythe de Prométhée, on pourrait le penser : ce Titan, fils de Japet – il est donc plus âgé que Zeus* –, est connu pour avoir été le premier allié d'une humanité délaissée par les dieux, et pour avoir été sévèrement puni par Zeus, parce qu'il avait eu trop de compassion pour eux, et leur avait offert le feu qu'ils ne savaient alors domestiquer. On connaît le subterfuge employé par celui dont la pensée grecque a fait l'un des protecteurs de l'industrie et de la ruse : il cacha à l'intérieur de la tige creuse d'une férule une flammèche dérobée à la roue du char du Soleil, et l'apporta en secret aux hommes. Le châtiment de Zeus fut toutefois à la mesure de l'audace du Titan : il le fit solidement enchaîner à un rocher du Caucase, et le condamna à se faire percer chaque jour la poitrine par un vautour venu manger son foie ; l'organe se reconstituant chaque nuit, le supplice devait durer l'éternité.

Le dramaturge Eschyle, qui a perçu toute l'épaisseur tragique de ce personnage – dieu capable de s'apitoyer sur le sort de l'humanité, et condamné à son tour par les autres dieux à cause de cette compassion – nous montre ce Titan, dans son *Prométhée enchaîné,* attaché à son rocher en train de se lamenter sur la tristesse de son destin.

C'est à cause des dons que j'ai faits aux mortels, infortuné que je suis, que je ploie sous le joug de tant de rigueurs ! En la cachant au creux d'une férule, je m'empare de la source du feu, que j'avais volée et qui est devenue, pour les mortels, le maître de tous les arts, une ressource immense :

voilà les crimes que j'expie, enchaîné par ces liens, exposé aux injures de l'air.

Eschyle, *Prométhée enchaîné*, vv. 107-113
trad. De la Porte du Theil revue par les auteurs

Dans cette tragédie, Prométhée, représentant de l'ordre du monde qui existait avant l'avènement – dans la violence – de Zeus* (→ *Zeus*), détient un secret susceptible de compromettre le futur du nouveau roi des dieux. Aussi Zeus devra-t-il apprendre à composer avec Prométhée, et à revenir sur sa position pour apprendre ce secret : en quelque sorte la lutte entre Zeus et Prométhée, entre l'arrogance du nouvel ordre et l'orgueil blessé de l'ancien, doit se lire comme une allégorie politique ; Zeus, en condamnant Prométhée, s'est attiré la colère de tous les « anciens » dieux, qui n'ont pas nécessairement vu d'un bon œil son accession au trône. Et à la lecture de la pièce, notre sympathie va nécessairement à Prométhée, le bienfaiteur de l'humanité, le vieux Titan déchu qui, même sous la menace, ne plie pas l'échine sous le joug du tyran, comme le montrent les propos qu'il tient à Hermès*, envoyé par Zeus pour le faire parler :

Quel discours pompeux et empli de suffisance ! qu'il sied bien à un laquais des dieux ! Jeunes, vous êtes à la tête d'un jeune empire et vous croyez habiter des palais où le deuil ne saurait entrer ! N'en ai-je donc pas vu chasser deux rois, moi ? Quant au troisième, le maître d'aujourd'hui, je verrai sa déchéance, la plus infâme, la plus brusque ! Mais crois-tu que j'ai peur et que je tremble de terreur devant les jeunes dieux ? J'en suis loin, je n'y suis pas du tout ! Va, retourne, sans tarder, d'où tu viens : tu n'apprendras rien de ce que tu veux de moi.

Ibid., vv. 953-963
trad. De la Porte du Theil revue par les auteurs

L'interprétation étymologique : Diodore et les Muses

Si la mythologie est une somme d'histoires, elle est aussi une matière à interprétations. La plupart des philosophes antiques ont réfléchi sur le statut des mythes, qu'ils les rejettent entièrement comme des fables mensongères, ou qu'ils les acceptent en leur trouvant un sens vrai, caché derrière les images poétiques : c'est le principe de l'allégorie. Diodore de Sicile, un historien grec de l'époque de César, prend la mythologie des différents peuples comme une version poétique de l'histoire des premiers temps de l'humanité, avant la guerre de Troie* (→ *Héraclès*). De fait, les poètes archaïques, comme Homère ou Hésiode, font partout autorité, et il est difficile de les rejeter en bloc. Une approche scientifique pour tirer la « vérité » de ces mythes est donc l'interprétation allégorique par la méthode de l'étymologie : le nom des dieux explique le principe qu'ils personnifient. Dans ce passage, Diodore définit ainsi l'origine et la nature des neuf Muses.

La plupart des mythographes, et surtout ceux qui font autorité, disent que les Muses sont les filles de Zeus et de Mnémosyne ; un petit nombre de poètes, parmi lesquels on compte aussi Alcman, déclarent qu'elles sont les filles d'Ouranos et de Gaia. De même, ils ne sont pas non plus d'accord sur leur nombre ; en effet, les uns disent qu'elles sont trois, les autres, neuf, mais c'est le nombre de neuf qui s'est imposé, garanti par des hommes très célèbres – je veux parler d'Homère, d'Hésiode et d'autres du même acabit. Ainsi, Homère dit : « Et les Muses, toutes les neuf, qui se répondent l'une à l'autre de leur belle voix. » Hésiode, quant à lui, révèle aussi leur nom, en disant : « Clio, Euterpe, Thalie et Melpomène, Terpsichore, Érato, Polymnie et Uranie, et Calliope, qui les surpasse toutes. »

À chacune d'entre elles, ils attribuent des qualités propres dans les disciplines culturelles, comme la poésie, le chant, la danse et les chœurs, l'astronomie, *et cetera*. La plupart des mythographes en font des vierges, parce que les qualités qu'apporte l'éducation sont censées être pures. Ils disent qu'elles s'appellent les Muses, parce qu'elles initient (muein) les hommes : cela vient du fait qu'elles leur enseignent des choses belles et utiles, que ceux qui ne sont pas éduqués ne connaissent pas.

Et à chaque nom, ils attribuent une étymologie particulière : ils disent que Clio porte ce nom parce que les éloges mérités par les qualités que la poésie célèbre confèrent une grande gloire (kleos) à ceux qui les reçoivent ; Euterpe, parce qu'elle charme (terpein) ceux qui l'écoutent par les bonnes choses qu'apporte l'éducation ; Thalie, parce qu'elle couvre de fleurs (thallein) pour longtemps ceux qui sont récompensés pour leurs poèmes ; Melpomène, à cause de la mélodie lyrique par laquelle elle séduit ceux qui l'écoutent ; Terpsichore, parce qu'elle charme (terpein) son public par les biens qu'apporte son éducation ; Érato, parce qu'elle rend ceux qu'elle éduque pleins d'amour et de désir (eperastoi) ; Polymnie, parce qu'elle rend célèbres par ses multiples hymnes ceux qui ont obtenu une gloire immortelle par leurs poèmes ; Uranie, parce qu'elle porte aux nues (ouranos) ceux qu'elle a éduqués – en effet, les âmes sont élevées au plus haut du ciel par la gloire et l'intelligence ; Calliope, parce qu'elle laisse aller sa belle voix (kallè opa), c'est-à-dire que, supérieure par l'éloquence, elle rencontre l'approbation de la part de ceux qui l'écoutent.

Diodore de Sicile, *Bibliothèque historique*, IV, 7

Comme l'explique Diodore, les mythographes divergent sur le nombre, l'origine et l'identité des Muses. La distribution la plus communément admise est donc la suivante : Clio (Glorieuse), muse de l'épopée et de l'histoire ; Euterpe (Charmeuse), de la musique ; Thalie (Luxuriante), de la comédie ; Melpomène (Chanteuse lyrique), de la tragédie ; Terpsichore (Charmante Danseuse), de la danse ; Érato (Désirable), de la poésie érotique et de l'élégie ; Polymnie (Hymnes multiples), de la poésie sacrée ; Uranie (Céleste), de l'astronomie ; Calliope (Belle Voix), de l'éloquence.

LA CONSTELLATION DU CENTAURE

La nature porte le souvenir des héros, des monstres et des dieux, et le poète en chante l'histoire. C'est ce que fait Ovide dans les *Métamorphoses* et dans les *Fastes* : dans ce dernier recueil, jour après jour, il explique le sens des fêtes de Rome et du temps qui passe entre les hommes et les dieux. Les constellations célestes, qui apparaissent cycliquement dans le ciel, sont l'occasion d'expliquer pourquoi et comment des créatures terrestres ont été immortalisées de la sorte dans le ciel, sous forme d'étoiles (ce phénomène est appelé « catastérisme »). La constellation du Centaure, qui se lève le 3 mai, en est un bon exemple : le centaure Chiron, fils de Cronos et de Philyra, loin de partager la brutalité de ses semblables, est passé maître dans l'art de la médecine, de la chasse, de la musique et de la divination. Il compte parmi ses prestigieux élèves Asclépios, qui deviendra le dieu de la médecine, mais aussi Achille et Héraclès*. Souvent, les destins mythiques sont appelés à se croiser : ce sont ces deux héros qui, par accident, vont causer la mort du centaure.

La veille de la quatrième nuit, Chiron fera briller ses étoiles, mi-homme uni au corps d'un cheval fauve.

Le Pélion, mont d'Hémonie, est exposé aux vents du sud : sa cime verdoie de sapins, ses pentes de chênes. Le fils de Philyra s'y était attaché ; dans l'antique roche se trouvent des grottes qu'avait habitées, rapporte la tradition, le sage vieillard. C'est lui, selon la légende, qui a retenu la main qui devait un jour envoyer Hector à la mort [1], en lui apprenant à jouer des accords sur sa lyre. Le fils d'Alcée [2] était venu, une fois terminée une partie de ses travaux, il ne restait que les derniers qui avaient été ordonnés au héros. On pouvait

1. Achille.
2. Héraclès.

voir réunis en même temps les deux destins qui causeraient la chute de Troie : ici, l'enfant de l'Alcide, là, le fils de Jupiter. L'héroïque fils de Philyra offre l'hospitalité au jeune homme ; il l'interroge sur le motif de sa venue, l'autre le lui apprend.

Pendant ce temps, il examine la massue, la peau de lion, et il dit : « L'homme est à la hauteur de ces armes, et les armes sont à la hauteur de l'homme ! » Et les mains d'Achille ne purent s'empêcher d'oser toucher la fourrure hirsute. Et pendant que le vieillard manipule les traits souillés de poison, une flèche tombe et se plante dans son pied gauche. Chiron poussa un gémissement, et il sortit le fer de son corps : gémirent aussi le fils d'Alcée et l'enfant de l'Hémonie.

Malgré tout, il concocte lui-même des herbes cueillies sur les collines de Pagase et soulage sa blessure par divers remèdes. Mais le poison qui le rongeait était plus puissant que ses remèdes et le mal s'était propagé au plus profond de ses os et de tout son corps. Le sang du centaure, mêlé au sang du serpent de Lerne, ne laissait aucun répit à un expédient.

Achille se tenait devant lui comme devant un père, les yeux baignés de larmes ; il ne pleurerait pas moins la mort de Pélée. Régulièrement, il serrait les mains malades de ses mains amies (le maître reçoit la récompense de l'enseignement qu'il a dispensé). Régulièrement, il l'embrassait, et aussi répétait au gisant : « Vis, je t'en supplie, ne me laisse pas, mon père chéri ! »

Vint le neuvième jour, et toi, très sage Chiron, deux fois sept étoiles avaient dessiné ton corps.

Ovide, *Fastes*, V, vv. 379-413
trad. Nisard revue par les auteurs

ROMULUS ET RÉMUS

La mythologie n'est pas l'apanage du monde grec. Rome aussi, en plus des mythes grecs qu'elle a adoptés et adaptés, a sa propre mythologie. Mais la différence majeure entre les deux cultures est que Rome a intégré ses mythes dans son histoire : c'est ce que Georges Dumézil a démontré de manière magistrale[1]. Par conséquent, le statut des mythes romains n'a pas la même valeur que celui des mythes grecs à leurs yeux. C'est donc chez les historiens, autant que chez les poètes, qu'il faut en trouver la trace. Tite-Live, auteur de la fin du Ier siècle avant J.-C., rapporte ainsi le récit de la fondation de Rome au début de son *Histoire de Rome, des origines à nos jours*[2].

Tout commence après la guerre de Troie (→ *la guerre de Troie*) : le prince troyen Énée s'enfuit de la ville en flammes et part à la recherche d'une terre promise – le Latium, où sera fondée Rome. Après une longue pérégrination digne de celle d'Ulysse, il y parvient enfin et fonde la ville de Lavinium, après une alliance avec le roi local, Latinus, et une guerre contre les Rutules voisins. Ce récit fait l'objet de l'*Énéide* de Virgile. Puis le fils d'Énée, Ascagne (Iule), fonde à son tour Albe-la-Longue. Parmi les rois d'Albe qui en descendent, deux frères se disputent le pouvoir : Amulius l'obtient par la force sur son aîné Numitor, tue ses fils et « neutralise » sa fille Rhéa Silvia en en faisant une vestale, une prêtresse vouée à la chasteté sous peine de mort.

Mais c'était, à mon avis, le devoir du destin d'assurer la naissance d'une si grande ville et de fonder l'empire le plus puissant après celui des dieux. La vestale, qui avait été prise de force, accoucha de jumeaux : soit qu'elle y crut, soit parce que, si un dieu était l'auteur de cette faute, sa culpabilité était moindre, elle proclama que Mars était le père de cette progéniture douteuse. Mais personne, ni dieu, ni homme, ne parvient à les sauver, elle et sa progéniture, de la cruauté

1. G. Dumézil, *Mythe et épopée*, II, Paris, Gallimard, 1971.
2. Trad. de J.-P. De Giorgio.

du roi : la prêtresse est enchaînée et emprisonnée, et il ordonne que les enfants soient jetés dans l'eau du fleuve. Par un hasard divin, le Tibre avait débordé au point que ses rives soient inondées et des mares d'eau stagnante se soient formées : le fleuve ne pouvait poursuivre sa course normale mais, bien que son eau fût dormante, il donna l'illusion à ceux qui avaient la charge des bébés qu'elle pourrait les noyer. Ainsi, croyant avoir exécuté l'ordre du roi, ils déposent les enfants dans la première mare qu'ils trouvent, là où, aujourd'hui, il y a le figuier Ruminal (on raconte qu'on l'appela « figuier de Romulus »).

À l'époque, à cet endroit, c'étaient de grands terrains vagues. Voici ce qu'on raconte : tandis que l'eau peu profonde avait déposé dans un endroit sec le baquet flottant dans lequel les enfants avaient été placés, une louve, descendue des collines environnantes pour boire, fut attirée par les vagissements des enfants ; elle présenta ses mamelles pendantes aux bébés avec une si grande douceur qu'un berger qui gardait un troupeau du roi (il s'appelait Faustulus) la trouva en train de lécher les enfants ; il les confia à sa femme Larentia pour qu'elle les élève dans sa ferme. D'aucuns pensent que Larentia était une prostituée que les bergers avaient surnommée Louve : c'est de là que serait née cette histoire miraculeuse. C'est donc ainsi que les petits ont été élevés : sitôt adolescents, ils ne restèrent pas paresseusement à la ferme à garder les troupeaux, mais ils parcoururent les bois pour chasser. De ce fait, gagnant en force physique et mentale, ils ne se contentent plus de tenir tête à des bêtes sauvages, mais ils s'attaquent aussi à des brigands chargés de butin et ils partagent leur prise avec les bergers : avec eux, une troupe de jeunes gens, grossissant de jour en jour, partagent leurs dangers et leurs jeux.

Tite-Live, *Histoire romaine*, I, 4
trad. Nisard revue par les auteurs

Les jumeaux finissent par se faire reconnaître par leur grand-père Numitor : ils l'aident à assassiner Amulius et à reprendre le trône d'Albe. Mais leur destin les conduit plus loin.

Ainsi, une fois Albe remise aux mains du roi Numitor, il leur prit l'envie de fonder une ville à l'endroit où ils avaient été abandonnés et où ils avaient grandi. D'ailleurs, la population d'Albe et du Latium était trop nombreuse ; à cela s'ajoutaient aussi les pasteurs : à eux tous, ils espéraient que la ville qu'ils allaient fonder rendrait, en comparaison, Albe et Lavinium toutes petites. Enfin, vint se mêler à ces considérations un défaut héréditaire, la soif du pouvoir, et s'ensuivit une compétition funeste née au départ d'une question assez pacifique. Puisqu'ils étaient jumeaux et que le droit d'aînesse ne pouvait les départager, afin que les dieux protecteurs des lieux choisissent qui donnerait son nom à la nouvelle ville, qui la fonderait et y imposerait ses lois, Romulus prit le carré du ciel où prendre les augures[1] sur le Palatin, et Rémus sur l'Aventin. On raconte que c'est d'abord à Rémus qu'une réponse augurale fut donnée, avec six vautours ; et il venait de l'annoncer quand le double du nombre apparut à Romulus – et chacun des deux fut proclamé roi par son propre clan : pour les uns, c'était l'antériorité qui l'emportait, tandis que les autres déduisaient l'attribution du pouvoir du nombre des oiseaux. À partir de là, une simple bagarre s'enflamma sous le coup de la colère et dégénéra en un bain de sang. C'est là que Rémus reçut un coup dans la mêlée et tomba, mort. Dans une version plus répandue, pour le ridiculiser, Rémus sauta par-dessus les murailles toutes neuves de son frère ; Romulus, furieux, lui lança aussi en hurlant : « À partir de maintenant, même

1. La science augurale comporte un procédé de divination qui consiste à observer le vol des oiseaux (« prendre les auspices ») pour interroger la volonté divine.

traitement pour le prochain qui sautera par-dessus mes murailles ! » et il le tua. Ainsi Romulus, resté seul, s'empara-t-il du pouvoir ; et la ville qu'il fonda prit le nom de son fondateur.

Ibid., I, 6-7

Et ainsi naquit Rome, sous le signe d'un fratricide, les dieux laissant les hommes interpréter l'ambiguïté de leurs messages et accomplir leur destin – et celui de la Ville éternelle.

LE JUGEMENT DES CHRÉTIENS

Comme les philosophes de l'Antiquité, les Chrétiens se sont intéressés aux mythes pour démontrer qu'ils étaient faux, mensongers et moralement dangereux. Leur argumentation est souvent développée pour prouver l'erreur des traditions païennes, dont la plupart des Pères de l'Église sont issus. Notamment, ils ne nient pas que les dieux païens existent, mais en font des démons qui s'opposent au véritable Dieu. Saint Augustin, citoyen romain né en Algérie au IVe siècle, se livre à ce type de démonstration dans l'un de ses principaux traités, *La Cité de Dieu contre les païens*, en poussant jusqu'au bout le raisonnement, et en mettant en lumière les incohérences de la religion traditionnelle :

Certains croient qu'il y a des bons et des mauvais dieux ; d'autres, qui ont une meilleure opinion des dieux, leur attribuent tant d'honneurs et de gloire qu'ils n'osent croire que les dieux puissent contenir le moindre mal. Mais les premiers, qui ont dit que certains dieux étaient bons et les autres mauvais, ont aussi employé le nom de démons pour qualifier les dieux – de même qu'ils ont employé le nom de dieux pour qualifier les démons, bien que plus rarement ; ainsi, ils reconnaissent que Jupiter lui-même, dont ils font le roi et le premier des autres dieux, est appelé « démon » par Homère. En revanche, ceux qui soutiennent qu'il n'existe pas de dieux qui ne soient bons et largement supérieurs aux hommes les meilleurs, sont choqués à juste titre par les exactions des démons – qu'ils ne peuvent nier ; vu qu'ils pensent qu'elles ne peuvent être en aucun cas imputées aux dieux qu'ils veulent tous bons, ils sont obligés d'établir une différence entre les dieux et les démons ; ainsi, tout ce qui ne leur plaît pas, à juste titre, dans les actions ou les pensées mauvaises, à travers lesquelles les esprits occultes manifestent leur force, ils considèrent que c'est l'œuvre des démons, et non des dieux.

Saint Augustin, *La Cité de Dieu*, IX, 1

De la même manière, Augustin tourne en ridicule la multiplicité des dieux païens, et en particulier les petites divinités romaines qui sont souvent des abstractions des actions de la vie quotidienne.

Ces déesses, ce n'est pas la vérité, mais la vanité qui les crée ; car ce sont des dons du vrai Dieu, et non pas des divinités elles-mêmes. Non, vraiment, là où sont la Vertu et la Chance, que va-t-on chercher d'autre ? Qu'est-ce qui peut combler celui que la vertu et la chance ne comblent pas ? En réalité, la vertu embrasse tout ce qu'on doit faire, et la chance, ce qu'on doit souhaiter. On vouait un culte à Jupiter pour qu'il les accorde – parce que, s'il y a quelque chose de bien dans l'extension de l'Empire dans l'espace et dans le temps, cela revient à la même chance : alors pourquoi n'a-t-on pas compris que c'étaient des dons de Dieu, et non pas des déesses ?

Mais si l'on pense que ce sont des déesses, au moins, que l'on n'aille pas chercher cette autre foule immense de divinités. En effet, prenons les fonctions de tous les dieux et toutes les déesses que chacun a façonnés à son gré, selon son idée : que l'on trouve, si c'est possible, un avantage qui, venant d'un dieu quelconque, puisse profiter à un homme qui possède la vertu et la chance. Quelle partie de la culture devrait-on demander à Mercure ou à Minerve, alors que la vertu l'a tout entière avec elle ? De fait, l'art lui-même a été défini par les anciens comme la vertu de vivre bien et droit. Cela vient du fait qu'en grec la vertu se dit arètè, et ils pensaient que les Romains l'avaient traduit par le mot « art ». Mais si la vertu ne pouvait arriver qu'aux génies, à quoi servait le dieu Père Malin, qui rendait les gens malins, c'est-à-dire fins, alors que la chance pouvait s'en charger ? De fait, naître génial, c'est un coup de la chance : donc, même si un être ne pouvait pas vouer un culte à la déesse Chance avant de naître afin de la rendre favorable et qu'elle lui fasse ce cadeau, il revenait à ses parents de lui vouer un culte, pour qu'il leur naisse un fils génial.

À quoi servait aux femmes qui accouchaient d'invoquer Lucine, alors que si la Chance les assistait, non seulement elles accouchaient bien, mais en plus de bons enfants ? Quelle utilité y avait-il à recommander les nouveau-nés à la déesse Aide (Ops), les bébés qui vagissent au dieu Vatican, ceux qui sont couchés à la déesse Berceau (Cunina), ceux qui tètent à la déesse Mamelle (Rumina), ceux qui se mettent debout au dieu Debout (Statilinus), ceux qui arrivent à la déesse Arrivée (Adeona), ceux qui partent à Départ (Abeona) ; à la déesse Raison (Mens), pour que leur raison soit saine, au dieu Volumnus et à la déesse Volumna, pour qu'ils veuillent de bonnes choses ; aux dieux du mariage, pour qu'ils fassent un beau mariage, aux dieux des champs, pour qu'ils aient des récoltes très fructueuses, et en particulier directement à la déesse Fructesea ; à Mars et à Bellone, pour qu'ils se battent bien, à la déesse Victoria, pour qu'ils remportent la victoire ; au dieu Honneur, pour qu'ils reçoivent les honneurs, à la déesse Richesse (Pecunia), pour qu'ils soient riches, au dieu Pièces-Jaunes (Aesculanus) et à son fils Argentin, pour qu'ils soient riches de pièces de cuivre et d'argent ? Ils établirent que Pièces-Jaunes était le père d'Argentin parce que la monnaie de cuivre a commencé à être utilisée d'abord, et ensuite les pièces en argent. Je me demande d'ailleurs pourquoi Argentin n'a pas donné naissance à Doré, puisque ce sont les pièces d'or qui leur ont succédé. S'ils avaient eu un tel dieu, comme ils ont préféré Jupiter à Saturne, ils auraient préféré Doré à son père Argentin et à son grand-père Pièces-Jaunes.

Pourquoi était-il donc nécessaire de vouer un culte et d'adresser des prières à une si grande foule de divinités pour obtenir des qualités morales et physiques ou des avantages extérieurs (je ne les ai pas tous cités, et même les païens ne purent prévoir qu'après avoir divisé de part en part et individualisé tous les avantages pour les hommes, les dieux seraient divisés et individualisés), alors que la déesse Chance, à elle seule, pouvait les leur assurer de tout son poids, facilement, avec un grand profit, vu qu'elle est la seule non seulement qui attire les bonnes choses, mais aussi qui repousse les mauvaises ? En effet, pourquoi devait-on invoquer pour les gens fatigués, la divine Fatigue (Fessonia), pour repousser les ennemis, la divine Débâcle (Pellonia), pour les malades, Apollon médecin, ou Esculape, ou les deux à la fois quand la situation était très grave ? Sans parler du dieu Piquant (Spiniensis) qui doit arracher les ronces des champs, ni de la déesse Rouille (Robigo), qui doit éviter la rouille : avec l'aide et la protection de la seule Chance, aucun de ces malheurs n'arriverait, ou alors il serait très facilement écarté.

Ibid., IV, 21

Le mythe de l'Atlantide

Si les mythes chantent le plus souvent les dieux et les héros, certains concernent les hommes, ceux d'avant qui, du fait de leur ancienneté et de leur disparition, sont entrés dans l'univers mythique. C'est le cas des Atlantides, le peuple descendant d'Atlas, protégé par Poséidon*, prospérant sur une île de l'océan qui tire son nom de leur souvenir : l'Atlantique. Dans un dialogue de Platon, Critias raconte une histoire que son grand-père tenait de Solon, le sage législateur des premiers temps de la démocratie athénienne. Celui-ci fut instruit par un vieux prêtre égyptien d'un passé si reculé que les Grecs n'en ont gardé aucune trace :

« Oh Solon, Solon, vous, les Grecs, vous êtes toujours des enfants, un vieillard grec, ça n'existe pas. »

En entendant cela, [Solon] demanda :

« Qu'est-ce que tu veux dire par là ?

— Vous tous autant que vous êtes, dit-il, vous êtes jeunes dans vos âmes ; en effet, en elles, vous n'avez aucune idée ancienne issue d'une tradition antique, ni aucune connaissance blanchie par le temps. Et en voici la raison : de nombreuses destructions de populations humaines ont eu lieu, et il y en aura encore, les plus importantes par le feu et par l'eau, les autres, moindres, par des milliers d'autres moyens. Par exemple, on raconte chez vous aussi que Phaéton, le fils d'Hélios [1], après avoir attelé le char de son père, ne fut pas capable de le diriger sur le chemin qu'empruntait son père ; aussi, il brûla ce qui se trouvait sur la terre et périt lui-même foudroyé. Cette histoire est passée sous la forme d'un mythe, mais en réalité, il s'agit de la déviation de corps célestes qui tournent autour de la terre et de la destruction par un grand feu de ce qui se trouvait sur terre, survenue à de grands intervalles de temps. »

Platon, *Timée*, 22b-d

L'Égypte a été préservée de ces cataclysmes et a pu conserver, matériellement, des traditions antédiluviennes. Le prêtre égyptien enseigne donc à Solon qu'il y a huit mille ans, il existait une cité florissante et très avancée sur le site d'Athènes.

« En effet, nos écrits parlent de la grande puissance que votre cité anéantit autrefois : par une ambition démesurée, elle envahit à la fois l'Europe et l'Asie tout entières après

1. Le soleil.

avoir surgi de l'océan Atlantique. Car à cette époque, l'océan là-bas était praticable. En effet, il y avait une île en face du détroit que vous appelez, comme vous dites, les colonnes d'Héraclès[1] ; l'île était plus grande que la Libye et l'Asie réunies. Depuis celle-ci, les voyageurs d'alors pouvaient accéder à d'autres îles, et depuis ces îles, à tout le continent en face qui borde ce véritable océan. Tout ce qui se trouve à l'intérieur du détroit dont nous parlons semblait naviguer dans un port minuscule, tandis que la terre qui borde cet océan peut vraiment être appelée à juste titre un continent.

« Et sur cette île de l'Atlantide, le pouvoir, partagé entre des rois, était extraordinairement grand : il dominait l'ensemble de l'île, et aussi les autres îles et des morceaux du continent ; en plus de cela, ils commandaient encore à des territoires de ce côté-ci du détroit, à la Libye jusqu'à l'Égypte, et à l'Europe jusqu'à la Tyrrhénie[2]. Les rois réunirent tous leurs pouvoirs en une seule puissance, qui entreprit alors d'asservir en un seul assaut votre pays, le nôtre et tous ceux qui se trouvaient en deçà du détroit.

« C'est alors, Solon, que la puissance de votre cité devint évidente pour tous les hommes par sa vertu et sa force ; car elle les surpassait tous par son courage et ses techniques de guerre, d'abord à la tête des Grecs, ensuite contrainte de continuer seule, après la désertion des autres ; elle vint à bout de chaque danger, elle triompha des assaillants et éleva des trophées, elle empêcha que ne soient réduits en esclavage des peuples qui n'avaient jamais été esclaves ; quant aux autres qui habitaient à l'intérieur des colonnes d'Héraclès, elle les libéra tous autant qu'ils étaient.

« Mais quelque temps plus tard, des séismes extraordinaires et des raz-de-marée se produisirent ; en un seul jour et une seule nuit terribles, toute votre armée rassemblée

1. Le détroit de Gibraltar.
2. Probablement la côte africaine jusqu'à l'Égypte et la côte européenne, en partant de l'Espagne jusqu'à l'Étrurie (la Toscane).

s'enfonça sous terre et l'île de l'Atlantide, de la même manière, disparut, engloutie sous la mer. C'est pourquoi, aujourd'hui encore, l'océan là-bas est devenu impraticable et on ne peut pas l'explorer, vu qu'il est enlisé par une eau marécageuse que l'île qui s'y est enfoncée a engendrée.

Ibid., 24e-25d

Orphée

L'aède Orphée, chanteur inspiré par les dieux, fils du roi de Thrace Œagre et de la muse* Calliope, a poussé si loin son art qu'il a surpassé toutes les limites : celles des ordres naturels, en charmant par sa musique les bêtes sauvages et même les rochers, mais aussi l'infranchissable frontière qui sépare les vivants des morts. Éperdument amoureux de sa femme, la naïade Eurydice, il la perd aux lendemains de leurs noces. Il descend alors aux Enfers pour tenter d'infléchir leurs intraitables souverains, Hadès et Perséphone, et Ovide le suit pas à pas, à travers les âmes des morts et des damnés :

Tandis que la jeune épousée, accompagnée de son groupe de Naïades, batifole dans un pré – elle meurt, piquée au talon par la dent d'un serpent. Or une fois que le chantre du Rhodope [1] en eut assez de la pleurer sur terre, à tous les vents, pour tout tenter, même de toucher les ombres, il osa descendre jusqu'au Styx, par la porte du Ténare ; s'étant frayé un chemin à travers les peuples inconsistants et les fantômes gratifiés d'une sépulture, il parvint auprès de Perséphone et du Seigneur des ombres, qui règne sur cet empire désolé, et, après avoir accordé sa lyre, il entonna le chant que voici :

« Ô divinités de ce monde souterrain, dans lequel nous retournons tous, quoi que nous soyons, nous, les créatures mortelles ; s'il est possible, permettez-moi de laisser de côté les ambages d'un discours fallacieux et que je parle avec

1. Orphée.

sincérité. Je ne suis pas descendu jusqu'ici pour visiter l'obscur Tartare, ni pour mettre un collier à la triple tête garnie de couleuvres du monstre de Méduse [1] ; la raison de mon voyage, c'est ma femme : une vipère sur laquelle elle a marché a distillé son venin en elle, et lui a pris les années qui lui restaient à vivre. J'ai voulu pouvoir le supporter, et j'ai essayé, je ne dirai pas le contraire ; l'Amour a triomphé. Ce dieu, on le connaît bien dans les régions supérieures ; s'il est connu ici aussi, je ne sais ; mais je suppose pourtant qu'il l'est ici aussi ; et si l'histoire de cet antique enlèvement n'est pas une fable, vous aussi, c'est l'Amour qui vous a unis. Moi, par ces contrées pleines de terreur, par ce Chaos immense et le silence de ce gigantesque royaume, Eurydice ! Je vous en supplie, renouez les fils de son destin précipité. Tout vous est dû : après une petite étape, tôt ou tard, nous nous précipitons vers le même séjour. Nous tendons tous ici, c'est notre dernière demeure, et vous, vous bénéficiez du plus long règne sur le genre humain. Elle aussi, lorsque, mûre, elle aura accompli le juste nombre de ses années, elle vous reviendra de droit ; au lieu d'un don, je revendique sa jouissance. Mais si les destins refusent cette grâce en faveur de ma femme, il est certain que je ne veux pas revenir en arrière ; réjouissez-vous, vous avez deux défunts. »

Telles étaient les paroles de son chant, qu'il accompagnait en pinçant les cordes de sa lyre : les âmes exsangues en pleuraient ; et Tantale ne chercha plus à atteindre l'eau qui lui échappe, la roue d'Ixion resta immobile, les oiseaux ne dévorèrent plus le foie, les filles de Bélus [2] cessèrent de remplir leurs urnes et toi, Sisyphe, tu t'assis sur ton rocher. Alors, pour la première fois, vaincues par son chant, il paraît que des larmes vinrent baigner les joues des Euménides [3] ; l'épouse royale ne supporte pas de dire non à sa prière, pas

1. Cerbère, le chien à trois têtes, gardien de la porte des Enfers.
2. Les Danaïdes.
3. Les implacables Érinyes, déesses de la vengeance.

plus que le roi du monde d'en bas, et ils appellent Eurydice ; elle était là, parmi les ombres nouvelles, et elle s'avance, le pas ralenti par sa blessure. Orphée du Rhodope la reçoit, en même temps qu'une condition : qu'il ne jette pas un regard en arrière jusqu'à ce qu'il soit sorti des vallées de l'Averne ; ou alors la faveur sera annulée. Ils parcourent, dans un profond silence, un sentier raide, escarpé, obscur, assombri par une brume épaisse. Ils n'étaient plus loin de la surface de la terre ; là, craignant qu'elle ne disparaisse, impatient de la voir, l'amant se retourne et regarde – aussitôt, elle est attirée en arrière ; elle lui tend les bras, elle lutte pour être étreinte et l'étreindre, rien, la malheureuse ne saisit que des courants d'air. Et alors, mourant pour la seconde fois, elle n'émet aucune plainte contre son époux (de quoi se plaindrait-elle, sinon d'être aimée ?) ; un dernier adieu, que déjà il a du mal à entendre, c'est ce qu'elle lui dit, et elle repartit en arrière, là d'où elle venait.

Ovide, *Métamorphoses*, X, 8-63

Une secte philosophique et religieuse, l'orphisme, s'inspire de cette expérience de l'au-delà pour fonder des espoirs eschatologiques : les initiés aux mystères d'Orphée attendent de ses préceptes, après la mort, une vie meilleure que celle de la foule anonyme des ombres. Le chemin à suivre et les formules à prononcer devant Mnémosyne (Mémoire) ont été retrouvés dans des tombes, inscrits sur des lamelles de plomb ou d'or, comme la suivante, provenant d'Hipponion, dans le sud de l'Italie :

À Mnémosyne, ceci est consacré : pour lui, au moment même où il est sur le point de mourir. « Tu iras dans les demeures bien ajustées d'Hadès ; il y a, sur la droite, une source, à côté d'elle se dresse un cyprès blanc ; descendues à cet endroit, les âmes des morts s'y rafraîchissent. De cette source, ne t'approche pas, de près ou de loin. Devant, tu trouveras, venant du lac de Mnémosyne, une eau froide qui s'écoule ; des gardiens se tiennent au-dessus et, certainement, ils te demanderont, dans leur esprit réfléchi, pourquoi tu explores les ténèbres du sombre Hadès. Dis : "Je suis l'enfant de la Terre et du Ciel étoilé, je suis desséché par la soif et je trépasse ; mais vous, donnez-moi à boire l'eau froide venant du lac de Mnémosyne." Et alors, ils te poseront des questions, sur ordre du roi souterrain, et alors, ils te donneront à boire de l'eau venant du lac de Mnémosyne, et alors toi, après avoir bu, tu t'en iras sur le chemin sacré que les autres mystes et bacchants empruntent aussi, glorieux. »

QUATRIÈME PARTIE
La mythologie est un jeu

par Catherine Groud

Introduction

> « *On ne devient homme véritable qu'en se conformant à l'enseignement des mythes, en imitant les dieux.* »
>
> Mircea ELIADE

On en faisait déjà bien des histoires, la voilà devenue un jeu. La mythologie a toujours hanté nos littératures, nos tableaux, nos sculptures, nos théâtres et nos esprits. Les aventures universelles rencontrent encore nos consciences et renouent interrogations, connaissances, origines.

Qui ne s'est pas déjà promené dans un musée en cherchant le nom du héros musculeux qui tape sur la tête d'un taureau ? Qui ne s'est pas demandé ce qui avait bien pu valoir sa célébrité à une Calypso ou à un Achille ? Qui n'a pas eu envie de se souvenir de l'histoire de la guerre de Troie ? N'y avait-il pas une belle Hélène enlevée par une déesse ? Mais que venait faire un cheval dans cette histoire ?

Dans *La mythologie est un jeu*, nous vous proposons de remettre chacun à sa place, à Troie comme ailleurs.

Nous allons explorer des terres que vous connaissez sans doute un peu, la Grèce antique et l'Égypte ancienne, mais aussi vous faire aborder de nouveaux rivages. Vous découvrirez ainsi l'univers fascinant des mythologies nordiques...

Vous ne courrez aucun risque, contrairement aux héros de nos aventures : pas de métamorphoses, aucun naufrage, nulle rencontre avec les Cyclopes, pas de découpage en morceaux, sinon sous formes de quiz, QCM, jeux de logique, charades ou mots mêlés.

Quel est le terrain de jeu ? Les récits que l'on dit mythologiques. Qu'est-ce qu'un mythe ? Une histoire sacrée, généralement peu rationnelle, qui permet d'expliquer le monde et qui met souvent en scène des dieux et des héros. Quelles sont les civilisations concernées ? Les Babyloniens, les Égyptiens, les Grecs, les Romains, les civilisations nordiques, des civilisations d'avant notre ère chrétienne. Nous ne considérons pas qu'elles aient eu une meilleure réponse que les autres aux questions fondamentales que nous nous posons sur le monde, mais leurs mythologies ont eu une vaste influence sur notre culture occidentale. La plus proche de nous reste la mythologie grecque ; elle est si prégnante que nous avons parfois omis de préciser qu'il s'agissait d'elle. Pour les autres, elles sont toujours « étiquetées ».

Vous serez peut-être surpris de ne pas retrouver exactement les récits mythologiques tels que vous les racontait, par exemple, votre professeur de français. Il se trouve que les traditions orales fonctionnent comme le téléphone arabe : les versions ont pris les couleurs des différents orateurs et ont varié au gré de leur voyage de bouche en bouche. Les auteurs qui se sont chargés de les transcrire ont privilégié tel ou tel récit, fixant à jamais des aventures que leur voisin entendait autrement. Il nous a bien fallu faire de même et choisir la version qui nous semblait la plus connue. Alors, si Amalthée, qui nourrit Zeus enfant, est pour les uns une chèvre et pour les autres une nymphe, pas de panique, le tout était que le dieu fût nourri !

Maintenant, à vos stylos, prenez le large, redécouvrez les créations des mondes, les naissances des dieux, les conflits et les amours, retrouvez vos interrogations les plus profondes, qu'elles correspondent à des questions existentielles, à la lecture d'œuvres aux métaphores obscures, ou qu'elles proviennent de souvenirs de classe... Qui sait, vous allez peut-être trouver des réponses que vous ne soupçonnez pas !

Catherine GROUD

1

Macédoine de dieux

Connaître les dieux des mythologies

Tous ces mythes ? Rien que des salades ! Des inventions sans queue ni tête... à vous en faire perdre la vôtre. Soit. Mais que d'histoires passionnantes où se mêlent imaginaires et quêtes de sens, conflits, amours, gloires et beautés ! Partout, en Grèce, à Rome, sur les bords du Nil, aux portes de Babylone ou dans les contrées du Nord, les dieux mènent des vies bien agitées. Ils sont bonnes poires, prêts à croquer la pomme, voient le monde bleu comme une orange ou s'agitent pour des prunes. Ce sont surtout les personnages principaux de récits fabuleux. Dans ce premier chapitre, vous allez apprendre à mieux les connaître. À moins qu'ils ne vous soient déjà familiers ?

À en perdre son latin

Retrouvez les équivalents latins des dieux grecs, cachés sous les anagrammes ci-dessous.

Aphrodite : **usénv** ______________
Athéna : **vermine** ______________
Cronos : **taurnes** ______________
Déméter : **crèsé** ______________
Héphaïstos : **calvuin** ______________
Hadès : **tnloup** ______________
Héra : **nujno** ______________
Hermès : **crumere** ______________
Perséphone : **reprisepon** ______________
Zeus : **pujitre** ______________

Et vous faites quoi dans la vie ?

Voici des invocations de dieux, extraites de textes littéraires grecs du VIIe et du VIe siècle av. J.-C., les *Hymnes homériques*[1]. Trouvez, parmi les propositions qui vous sont faites, à qui elles sont adressées. Attention, ces textes appartiennent à la culture grecque !

1. « Chante __________, Muse, la sœur de l'Archer, la Vierge qui se réjouit de ses flèches, nourrie avec Apollon, et qui, ayant fait boire ses chevaux dans le Mélès plein de joncs, pousse rapidement son char d'or, à travers Smyrnè, sur Klaros où croissent les vignes, et où Apollon à l'arc d'argent est assis, attendant la Chasseresse qui se réjouit de ses flèches. »
❐ Perséphone ❐ Artémis ❐ Diane ❐ Hestia

2. « __________, qui, dans les hautes demeures de tous les Dieux immortels et des hommes qui marchent sur la terre, as reçu en partage un siège éternel, honneur antique ! Tu as cette belle récompense et cet honneur, car, à la vérité, il n'y aurait point sans toi de festins chez les mortels. C'est par __________ que chacun commence et finit, en faisant des libations de vin mielleux. »
❐ Hestia ❐ Héra ❐ Vesta ❐ Perséphone

3. « Phoibos __________ dit aussitôt aux Immortelles : — Qu'on me donne la kithare amie et l'arc recourbé, et je révélerai aux hommes les véritables desseins de Zeus. »
❐ Vulcain ❐ Apollon ❐ Hadès ❐ Poséidon

4. « Et je te salue ainsi, ô __________ riche en raisins ! Donne-nous de recommencer les Heures, pleins de joie, et d'arriver par celles-ci à de nombreuses années ! »
❐ Éros ❐ Héphaïstos ❐ Bacchus ❐ Dionysos

5. « Très puissant __________, fardeau des chars, au casque d'or, au grand cœur, porte-bouclier, sauveur de villes, armé d'airain, aux bras vigoureux, infatigable, puissant par ta lance, rempart de l'Olympos, père de l'heureuse guerrière Nikè, auxiliaire de Thémis, tyran des révoltés, chef des hommes justes, porte-sceptre du courage, roulant dans le cercle enflammé de l'Aithèr, parmi les sept astres mouvants, là où

1. Traduction de Leconte de Lisle, 1868.

tes chevaux flamboyants te portent toujours, au-dessus du troisième orbite ! »
❒ Dionysos ❒ Arès ❒ Mars ❒ Zeus

6. « Je commence à chanter sur ________, le grand Dieu, qui ébranle la terre et la mer stérile, qui possède Aigas et l'Hélikôn.
Les Dieux t'ont partagé les honneurs, ô toi qui ébranles la terre ! Ils t'ont fait dompteur de chevaux et sauveur de nefs. Salut, ________ qui entoures la terre, Bienheureux, aux cheveux bleus, ayant un cœur bienveillant, et qui secours les marins ! »
❒ Neptune ❒ Jupiter ❒ Poséidon ❒ Zeus

Vous habitez chez vos parents ?

Retrouvez les dieux égyptiens et nordiques qui se cachent derrière ces charades.

1.
Mon premier est fait de feuilles ou de boutons, ou de lingots...
Mon second est synonyme de coutumes.
Mon tout est un dieu égyptien représenté sous forme de faucon, dont les yeux sont la lune et le soleil.

2.
Mon premier se rencontre sous forme de bonnet à l'école.
Mon second, c'est ce qu'on dit souvent à mon premier lorsqu'il s'arrête.
Mon troisième va avec les applaudissements.
Mon tout est un dieu chacal égyptien, lié à la résurrection des morts.

3.
Mon premier ne le fait qu'en rougissant.
Mon second est une fleur violette et la messagère d'Héra.
Mon tout est un dieu égyptien qui a perdu la tête... et un peu tout le reste, à vrai dire.

4.
Mon premier est la lettre la plus droite de l'alphabet.
Mon second est le bruit qui annonce le moustique.
Mon troisième complète ho dans l'effort.

Mon tout est une déesse égyptienne appelée à recoller les morceaux dans son ménage.

5.
Mon premier est aussi mon dernier et désigne un célèbre sculpteur français du XIXe siècle, mais qui aurait manqué d'air.
Mon tout est un dieu nordique.

6.
Mon premier est un synonyme masculin de petite vallée.
Mon second est une activité propre à une vache célèbre.
Mon tout désigne les servantes du paradis nordique où règne le dieu des dieux.

Vox populi, vox dei

De nombreuses expressions nous viennent tout droit des mythologies. Mais en connaissez-vous bien le sens ?

1. Finir en *bacchanale* se dit :
   a. d'un costume qui part en lambeaux
   b. d'une fête tapageuse qui tourne à l'orgie
   c. des révisions forcenées de fin d'année en vue des examens
   d. d'une fête ratée qui tourne à l'ennui

2. De nos jours, un *apollon* :
   a. va souvent chez le coiffeur
   b. fait de la musique
   c. a des rêves prémonitoires
   d. a un corps de rêve

Réponses

À en perdre son latin

Aphrodite : **Vénus**
Déesse de l'amour. Elle était l'épouse d'Héphaïstos qui, à cette occasion, ne forgea pas que son bonheur : elle allait lui en faire voir des vertes et des pas mûres. Aussi colérique que passionnée, elle était un brin orgueilleuse. Elle rendit puantes les femmes de Lemnos qui ne l'honoraient pas suffisamment à son goût, et n'hésita pas à provoquer une guerre pour faire reconnaître sa beauté... une peste quoi !

Athéna : **Minerve**
Déesse guerrière, elle était armée de la lance et de l'égide (cuirasse en peau de chèvre). Pas vraiment une rigolote. Elle est d'ailleurs considérée comme la déesse de la raison. Il était trop tôt pour le fil à couper le beurre, mais en tant que déesse de l'intelligence, elle inventa l'huile d'olive, le char de guerre et le navire *Argo*. Elle était la protectrice de la ville d'Athènes, notamment, et elle avait deux « chouchous » : Ulysse et Héraclès.

Cronos : **Saturne**
Titan, plus jeune fils d'Ouranos. Il était parfois confondu avec le Temps personnifié, Chronos.

Déméter : **Cérès**
Divinité de la terre cultivée, elle s'était tout de même spécialisée dans la culture du blé. Elle était très liée à sa fille Perséphone, avec qui elle eut du mal à couper le cordon. Ses changements d'humeur permettaient d'expliquer les saisons. Elle était notamment connue pour sa fameuse déprime de décembre qui laissait la terre stérile.

Héphaïstos : **Vulcain**
Dieu du feu, des métaux et de la métallurgie, il régnait sur les volcans où il installait couramment ses ateliers. Travaillaient avec lui ses amis les Cyclopes. Il était le fournisseur officiel des armes d'Achille.

Hadès : **Pluton**
Dieu des Enfers. Il reçut sa part du gâteau dans le grand partage de l'univers. Peu loquace et d'un naturel ombrageux, il régnait sur les morts, à qui il imposait des règles de vie draconiennes :

interdiction de sortir des Enfers une fois qu'on y était entré. Hadès signifie « l'Invisible », mais on évitait de prononcer son nom au cas où le terme aurait été mensonger.

Héra : **Junon**
Sœur et épouse de Zeus. On soupçonna les deux tourtereaux de ne pas avoir attendu une union légitime pour vivre leur passion. Un comble pour la déesse du mariage ! Elle était néanmoins la protectrice des épouses, attachée à la fidélité. Jalouse et violente, elle avait la vengeance facile, comme l'apprit à ses dépens Héraclès. Elle aimait les « soirées-débats » avec Zeus, lors desquelles elle laissait parler sa nature : un jour qu'ils cherchaient à savoir qui de la femme ou de l'homme avait le plus de plaisir dans l'amour, elle prétendit que c'était l'homme. Elle demanda à Tirésias, devin qui avait connu les deux natures, de confirmer son opinion, contre Zeus. Quand ce dernier lui donna tort, elle le rendit aveugle. Cela lui apprendrait à y voir clair.

Hermès : **Mercure**
Comme le lièvre, il rencontra une tortue. Plein d'imagination, dès l'enfance, il eut l'idée de vider sa coquille et d'en faire une lyre. Rien ne sert de courir... on connaît la musique ! Adulte, il devint le héraut de Zeus, le messager des dieux, allant, venant, accompagnant les uns aux Enfers, les autres sur l'Ida, d'autres encore sur le mont Nysa, ou encore chez Athamas... : on lui installa deux petites ailes de part et d'autre de ses sandales pour soulager ses pieds.

Perséphone : **Proserpine**
Déesse des Enfers, elle était la femme d'Hadès. Ce dernier l'avait enlevée, ne trouvant pas de meilleure méthode pour la séduire. Elle était en train de cueillir des fleurs, Hadès lui en montra les racines. Cet enlèvement provoqua la dépression de sa mère Déméter, qui ne supporta pas de voir disparaître ainsi son enfant. Zeus lui rendit sa fille six mois sur douze. Elle ne pouvait retrouver le jour plus de la moitié de l'année, car lors de son séjour chez les morts, elle avait avalé un grain de grenade, rompant le jeûne obligatoire dans les Enfers et se condamnant à y rester à jamais. Grâce à l'intervention de Zeus, elle pouvait cependant rester la moitié de l'année auprès de sa mère. On vous avait dit qu'Hadès était strict sur le règlement !

Zeus : **Jupiter**
C'était le chef, le grand des grands, le roi des rois, le dieu des dieux et des hommes. Il s'occupait en personne de la lumière,

du ciel, ainsi que de la foudre. Mais sa seule passion n'était pas la météorologie, il aimait aussi la justice qu'il rendait en tous lieux. Beau, bien fait de sa personne, un livre entier ne suffirait pas à rappeler ses aventures, amoureuses et autres.

Et vous faites quoi dans la vie ?

1. Artémis (Diane à Rome)
Sœur jumelle d'Apollon, éternellement vierge, éternellement jeune, elle portait comme lui un arc et avait une passion exclusive : la chasse. D'un caractère peu amène, la déesse laissait éclater des colères redoutables. On la tint pour responsable des morts violentes, à coups de flèches. Encore une dont on aurait souhaité qu'elle arrête son char...

2. Hestia (Vesta)
Déesse du foyer. Elle obtint de garder éternellement sa virginité. Elle recevait des honneurs exceptionnels : chaque foyer lui vouait un culte, chez les hommes comme chez les dieux. À part ça, elle restait immobile sur son siège dans l'Olympe. Autant dire qu'il ne lui arriva que peu d'aventures...

3. Apollon (Apollon)
Il eut comme cadeau de naissance une mitre d'or, une lyre et un char attelé de cygnes. Apollon s'était installé dans la ville de Delphes, il y avait mis un trépied et avait posé la Pythie dessus, afin qu'elle rende des oracles. Il était très très beau, surtout grâce à ses boucles noires aux reflets bleutés, qui lui assuraient un succès extraordinaire auprès des femmes et des hommes, parce qu'il le valait bien. Lorsqu'il ne tirait aucune flèche avec son arc, il s'occupait de poésie, de musique et des arts, en général avec ses copines les Muses.

4. Dionysos (Bacchus)
Dionysos n'était pas le poivrot que l'on croit. Il était indiscutablement le dieu de la vigne, du vin et du délire mystique, mais sa consommation personnelle n'a jamais été prouvée. Autre fausse réputation : il ne portait pas de moustaches. Ses Bacchantes désignaient les femmes lui vouant un culte. Il fut à l'origine du théâtre : ses cortèges étaient composés d'adorateurs qui se donnaient à ce point en spectacle que les autorités lui firent une scène. Dieu sulfureux, il symbolise la folie créatrice

et la déraison. Nietzsche demeure son dernier disciple le plus connu.

5. Arès (Mars)
Dieu de la guerre, il était connu pour être bruyant. Il se déplaçait souvent avec Déimos la Crainte, Phobos la Terreur, Éris la Discorde et Ényo. Il organisait avec eux des événements majeurs, souvent violents, mais où il se trouvait confronté régulièrement à Athéna, qui avait tendance à se mêler aussi de faits guerriers.

6. Poséidon (Neptune)
Il eut la troisième part du gâteau : à Zeus le ciel et la terre, à Hadès les Enfers, et à lui le pouvoir sur la mer. Il se querella surtout avec Athéna, à qui il disputa la possession de la ville d'Athènes. Mais le méchant coup de trident qu'il donna sur l'Acropole ne suffit pas à l'en rendre maître. La jardinière Athéna avait planté un olivier bien plus convaincant que la source d'eau salée qu'avait fait naître son geste. Pour se venger, Poséidon inonda la plaine d'Éleusis.

Vous habitez chez vos parents ?

1. Horus
Dieu de la mythologie égyptienne, Horus signifie « le lointain ». Il est assimilé au ciel. Ses yeux représentent la lune et le soleil. Il est double, son alter ego est aveugle pendant les nuits sans lune ou lorsque les nuages cachent le soleil. Il est représenté le plus souvent assis à jouer de la harpe, avec une tête de faucon sur un corps humain. Il succédera à son père Osiris, après bien des histoires de famille.

2. Anubis
Embaumeur d'Osiris, il est représenté comme un homme à tête de chacal. Il est lié aux rites funéraires et à la résurrection.

3. Osiris
Tout d'abord dieu agraire, il incarne les forces immortelles de la terre. Il est représenté avec le sceptre, le fouet chasse-mouches, coiffé de la haute mitre blanche, parfois « décoré » aussi de deux grandes plumes d'autruche. Il fut tué par son frère Seth qui, non content de l'assassiner, le découpa en morceaux pour mieux le dissimuler. Il est depuis souverain du

monde des défunts, le monde de l'occident, où vient mourir le soleil chaque soir.

4. Isis
Femme d'Osiris, elle se chargea de reconstituer le corps de son mari, morcelé par son frère Seth, jaloux. Elle était magicienne et rusée. Elle s'occupa de récupérer, pour son fils Horus, un trône convoité par Seth, son frère.

5. Odin
Père des dieux et des hommes du panthéon nordique, il appartient à la famille des Ases, première grande famille de dieux, avec les Vanes. Il a pour femme Frigg. Il porte l'anneau magique Draupnir, la lance Gungnir et chevauche Sleipnir, son cheval à huit pattes. Il fut pendu à un arbre durant neuf jours, transpercé d'une lance, pour acquérir la science des runes, l'écriture des dieux. Il ramena aux dieux l'hydromel que gardait pour lui seul le géant Suttung. Il troqua un œil contre la Connaissance du monde. Cela justifie amplement sa réputation d'être un personnage enthousiaste.

6. Valkyries
Wagnériennes. Elles sont les servantes d'Odin, dans sa résidence de la Valhalle. Elles sont envoyées par le dieu sur les champs de bataille où elles chevauchent au milieu des combattants, désignant ceux qui vont mourir. Elles les ramènent ensuite dans la Valhalle où elles les gorgent d'hydromel pour se faire pardonner.

Vox populi, vox dei

1. b
Les *Bacchanales* étaient des fêtes en l'honneur de Bacchus, le dieu assimilé à Dionysos à Rome. Ces fêtes étaient secrètes et inquiétaient les Romains, d'autant plus que tout le monde s'y mélangeait et que l'ordre social y était transgressé.

2. d
Un *apollon* désigne un beau jeune homme. Le dieu correspondait à l'idéal de la beauté masculine chez les Grecs : jeune, sans barbe, avec des cheveux bouclés. Mais pas blond.

2

Devenir un dieu

Les théogonies

Vous est-il déjà arrivé d'envier le sort des dieux antiques ? Sachez-le, ce n'est pas une carrière facile. Les théogonies, ces histoires des premières divinités, regorgent d'émanations du néant, de disparitions et de dissensions. D'abord, il faut naître : ce n'est pas le plus simple. Les méthodes d'accouchement sont originales, voire périlleuses. Ensuite, il faut réussir à garder sa place : seconde difficulté. Alors, avant d'envisager sérieusement d'épouser la profession, vérifiez votre connaissance du milieu, puis reconstituez les histoires de naissances qui commencent souvent plus mal qu'elles ne finissent. Voici comment tout débuta !

Des débuts prometteurs : poursuivez vos efforts !

1. Placez correctement les noms des dieux et des divinités, présentés en italique, dans le texte ci-dessous.

Les Grecs

Le Chaos, Cronos, les Cyclopes, Éros, Gaia, Gaia et Ouranos, les Hécatonchires, Rhéa, les Titans.

Au début, rien. Mais alors rien du tout. Un vide indéfinissable auquel les Grecs donnèrent un nom, **a.** ____________. Tout était dans tout et réciproquement. Mais l'équilibre fut rompu et un jour apparurent **b.** ____________ et **c.** ____________. Les deux premiers, sur les conseils du troisième, enfantèrent une progéniture prometteuse : des êtres munis d'un seul œil au milieu du front : **d.** ____________, d'autres dotés de cent bras :

e. ___________, les derniers enfin beaucoup trop belliqueux : **f.** ___________. Quand il les vit, leur père prit peur et partit en claquant la porte, renvoyant d'où ils venaient ses descendants. Ils retournèrent en bas de l'échelle, dans le sein de leur mère, la terre. L'affaire était réglée. C'était compter sans l'instinct maternel qui arma le bras de son cadet : **g.** ___________. Un soir, il émascula son père, épousa sa sœur **h.** ___________ dans la foulée et se crut devenu le maître du monde. Quant à **i.** ___________, elle s'adonna à la parthénogenèse [1], sans mari, mais enthousiasmée par ses premiers essais.

2. Voici deux séries de dieux. Puis deux textes à compléter. À vous de retrouver à quel texte appartient chacune des séries. Attention : les dieux sont présentés dans leur ordre d'apparition dans les textes.

a. *Atoum, Chou, Tefnout, Geb, Nout.*
b. *Bur, Odin, Vili, Vé, Ymir.*

Les Égyptiens

Les Égyptiens, en leur début, eurent les pieds dans l'eau. Au tout début était l'Océan primordial, le Noun, sorte de chaos liquide d'où émergea un beau jour le Démiurge ___________. Ce dernier eut recours à différents fluides pour engendrer un fils, ___________, du nom de Vie, et une fille, ___________, l'Harmonie. Heureux du plaisir qu'il tira de ses premières créations, il renouvela l'expérience et créa ___________ et ___________. Il fit du premier la terre et de la seconde le ciel, qu'il plaça tête à l'ouest, les jambes à l'est. Ciel et terre se reproduisirent. Cette mère avait la fâcheuse habitude d'avaler ses enfants pour les faire réapparaître plus tard, ce qui lui permettait de ne pas les avoir sans cesse dans les pattes.

Les peuples du Nord

Autre lieu, autres mœurs : nous voici dans les froideurs nordiques. Là-haut, tout commença dans les glaces. S'y étaient formés deux gouffres, l'un aussi sombre que congelé, le Niflheim, l'autre brûlant, le Muspell. Le premier envoyait des eaux bouil-

1. La parthénogenèse est une reproduction sans fécondation, donc sans intervention d'un mâle.

lonnantes, le second des étincelles. Selon des lois bassement scientifiques, il y eut écume tiède, condensation, et, moins scientifiquement, naissance du premier dieu, __________. De lui naîtront __________, __________, __________, les dieux primordiaux. On utilisa le même procédé « hydro-calorique » pour créer une série de géants, dont le premier exemplaire s'appelait __________, refoulés rapidement par les dieux dans le Jotulheim, entre le ciel et la terre, attendant les hommes pour s'amuser un peu.

Recollez les morceaux

Voici une liste de dieux suivie de courts récits divisés chacun en deux morceaux. Associez les deux morceaux pour obtenir les histoires complètes des naissances de chaque divinité.

Exemple : Aphrodite : **1-c**

Athéna :
Dionysos :
Héphaïstos :
Enfant lotus :

Premier morceau des récits

1. Nous avons vu que, chez les Grecs, certains dieux aux mœurs barbares mutilent leur père pour prendre sa place. Lors de cet épisode, on laissa traîner les morceaux jetés négligemment dans les flots et...
2. Zeus et Sémélé s'aimaient d'amour tendre, mais Zeus avait séduit la belle mortelle sous des traits humains. Or Sémélé voulut voir son homme dans toute sa gloire et sa splendeur...
3. Zeus, ayant appris que Métis, enceinte d'une fille, lui donnerait un jour un descendant dangereux pour lui et son empire...
4. On dit qu'Héra voulait avoir un bébé toute seule. On dit aussi que sa tentative la déçut beaucoup et qu'elle trouva le résultat très laid...
5. Chez les Égyptiens, les Huit divinités, Pères et Mères à l'origine de toute chose, apparurent un jour sous forme de tau-

reaux et de vaches noirs. Le désir jeta le premier taureau sur la première vache. Mais dans sa précipitation, sa semence tomba à côté, dans l'eau du grand lac...

Second morceau des récits

a. ... Zeus lui apparut en habit de lumière, avec sa foudre et ses éclairs. Cela la foudroya et le dieu récupéra l'enfant dont elle était enceinte. Il enfouit sa progéniture dans sa cuisse et attendit la fin de la grossesse.

b. ... Une fleur qui se trouvait là s'en trouva soudainement transformée en un enfant couronné.

c. ... la divinité naquit spontanément et fut portée par un souffle sur terre.

d. ... il se débarrassa de la mère en l'avalant. L'enfant trouva refuge dans sa tête et attendit d'être à terme pour naître.

e. ... L'enfant fut jeté dans le vide, il tomba pendant une journée entière, il ne mourut pas mais se fit très mal.

Vox populi, vox dei

1. Quelle expression emploie-t-on pour signifier « se croire supérieur aux autres, se prendre pour ce que l'on n'est pas » ?
   a. se croire sorti de la coursive de Jupiter
   b. se croire sorti de la cuisine de Jupiter
   c. se croire sorti de la cuisse de Jupiter
   d. se croire sorti de la cousine de Jupiter

2. Ce qui est *chaotique* caractérise :
   a. une situation désordonnée et confuse
   b. un prototype de voiture jamais commercialisé
   c. un choc qui fait sursauter le voyageur assis dans sa voiture
   d. un jardin aménagé pour donner l'impression d'une nature sauvage

Réponses

Des débuts prometteurs : poursuivez vos efforts !

1.
Les Grecs

a. le Chaos
b. Gaia et Ouranos
Ouranos, en grec, désigne le ciel. *Gaia* désigne la terre.
c. Éros
Éros est le dieu de l'amour.
d. les Cyclopes
e. les Hécatonchires
f. les Titans
g. Cronos
Cronos et Rhéa sont des Titans.
h. Rhéa
i. Gaia

2.
a. Les Égyptiens
b. Les peuples du Nord

Recollez les morceaux

Aphrodite : 1-c
Aphrodite naquit ainsi des eaux où étaient tombés les organes sexuels mutilés de Cronos. Le peintre Botticelli s'en souviendra, représentant dans un tableau célèbre une déesse qui sort de sa coquille à fleur d'écume, sous le souffle de Zéphyr[1]. Elle fut immédiatement accueillie à Cythère et à Chypre par les Saisons, qui la conduisirent chez les Immortels pour y vivre son destin de déesse.

Athéna : 3-d
Quand il avala Métis, il ne vint pas tout de suite à l'esprit de Zeus d'enfanter. L'idée lui passa par la tête plus tard et ce ne

1. Il s'agit du tableau *La Naissance de Vénus* (1484), que l'on peut admirer à Florence, au musée des Offices.

fut pas sans douleurs. Métis était enceinte d'une fille. Mais Ouranos et Gaia avaient averti Zeus qu'elle enfanterait ensuite un garçon qui pourrait bien le détrôner. En dieu avisé, Zeus se débarrassa donc de la mère et porta l'enfant en son sein. Quand il sentit le moment venu, il demanda à Héphaïstos de lui fendre le crâne d'un coup de hache et il fut délivré d'une fille tout armée, prête à en découdre. Ainsi vint au monde Athéna, la déesse guerrière.

Dionysos : 2-a

Tout fut de la faute d'Héra. Avoir un mari qui faisait un enfant à une autre n'était pas de son goût. L'épouse trahie prétendit à Sémélé qu'il n'était de plus beau spectacle que son Zeus dans toute sa gloire. Celle-ci alla voir son divin amant, exigeant qu'il se montre à elle dans sa majesté, n'en démordit pas et s'en brûla les doigts. Le dieu lui apparut enfin avec ses foudres sous le bras. Sémélé se consuma, mais ce ne fut plus d'amour. Zeus récupéra l'enfant qu'elle portait et le mit dans sa cuisse afin qu'il arrive tranquillement à terme. D'où le nom de « deux fois né » que l'on donna à Dionysos.

Héphaïstos : 4-e

Il s'agirait d'une vengeance d'Héra encore. À voir son mari Zeus sortir des enfants de son corps, comme un magicien sort des lapins de son chapeau, elle tenta de l'imiter. Mais honteuse de l'aspect de son fils, elle essaya de l'escamoter tout aussi habilement qu'elle l'avait fait apparaître, par un très discret lancer du haut de l'Olympe. L'enfant tomba dans l'Océan et fut recueilli par Téthys et Eurynomé qui assurèrent son éducation. Une fois adulte, le garçon entamera son ascension professionnelle pour regagner l'Olympe.

Une autre version le met entre les mains de Zeus, dont il était l'enfant. Un jour de querelle entre les époux, le dieu n'aurait pas supporté que son fils prenne le parti d'Héra, sa mère, et l'aurait jeté de colère du haut de l'Olympe. Le résultat fut sensiblement le même : il eut du mal à se remettre sur pied... et resta boiteux.

Enfant lotus : 5-b

Les Huit divinités d'Hermopolis, l'Ogdoade, symbolisant la volonté de création initiale, étaient représentées le plus souvent avec des têtes de grenouilles pour les mâles et des têtes de serpents pour les femelles, se divisant équitablement en deux groupes de quatre. Ce jour-là, elles étaient d'humeur et d'aspect bovins. Lorsque la semence du taureau tomba dans le lac d'Hermopolis, elle éclaboussa une fleur de lotus en forme de scarabée. Les pétales se déployèrent et se transformèrent en un enfant, assis sagement, un doigt sur les lèvres. On sentit alors le premier parfum de la création et l'enfant lotus illumina les ténèbres. « Un coup de Dés jamais n'abolira le Hasard »...

Vox populi, vox dei

1. c

Se comparer à Dionysos, né de la cuisse de Jupiter où il avait fini sa croissance, n'est pas faire preuve de modestie. Cependant, pour ceux qui sont réellement d'une haute naissance, l'expression sera acceptable pour caractériser leur origine sociale.

2. a

Ne confondez pas les deux homonymes[1] *cahot* et *chaos*. Le premier désigne le sursaut d'un véhicule sur un sol inégal, le second évoque le vide d'avant la création dans la tradition judéo-chrétienne. Dans la mythologie grecque, le *chaos* désigne l'immensité vide précédant la formation « spontanée » de l'Univers. L'adjectif *chaotique*, dérivé de *chaos*, est surtout employé aujourd'hui au sens figuré.

1. Des homonymes sont des mots similaires par la forme (graphique ou sonore) mais différents par le sens.

3

Olympe, ton univers impitoyable !

Les grandes dynasties

Qui l'eût cru ? Prendre le pouvoir dans la mythologie ne se fait pas sans violence. On ne naît pas puissant, on le devient. Zeus dut se rebeller contre son père ; il rencontra Titans et Géants sur le chemin de sa gloire. Horus eut à se débarrasser de son oncle Seth, avide de pouvoir et prêt à toutes les bassesses pour l'obtenir. Il fallait payer son droit à l'héritage et instituer de nouvelles dynasties, en chassant les précédentes. Vous aurez justement, dans ce chapitre, à démêler les conflits, à désigner vainqueurs et vaincus, et à remettre chacun à sa place !

Places réservées

Voici les suites des histoires racontées dans le chapitre 2. Placez correctement les noms des dieux et des divinités, présentés en italique, dans les textes ci-dessous.

Les Grecs, deuxième épisode

Amalthée, Cronos, Curètes, Olympiens, Rhéa, Zeus.

a. __________, qui deviendra le dieu tout-puissant de l'Olympe, dut se débarrasser de son père, lui aussi. Sa mère, **b.** _______, dont nous avons fait la connaissance dans l'épisode précédent, enfantait régulièrement. Son mari, **c.** __________, ayant eu vent des risques du métier (il était bien placé pour savoir qu'on ne peut faire confiance à personne, surtout pas à son fils), avait la mauvaise habitude d'avaler ses propres enfants à leur naissance. Cependant, un jour, la mère donna en dessert à son mari, non pas le bébé qui venait de naître, mais une pierre recouverte de langes. Il ne fit aucune différence, tant avoir des enfants lui restait de toute façon sur l'estomac. On cacha le dernier-né en Crête, où la nymphe **d.** __________ le nourrit. On demanda aussi aux **e.** __________, des démons, d'exécuter des danses guerrières bruyantes pour masquer des cris qui pouvaient révéler la présence de l'enfant. Ce dernier devint adulte, il alla combattre son père et l'obligea à régurgiter sa progéniture que, finalement, il n'avait jamais vraiment pu digérer. Ainsi débuta l'ère des f. __________.

Les Égyptiens, deuxième épisode

Apophis, Atoum, Khepri, Neith, Rê (Râ)

Dans l'Océan primordial s'ébattait **a.** __________, d'abord sous forme de vache, puis de poisson, car elle trouva la forme plus adaptée à son milieu naturel. Elle annonça la naissance du dieu soleil, **b.** __________. Elle avait créé par la parole, elle fut tenue pour responsable, elle devint donc sa mère. Il était caché dans un œuf au sein de l'eau. Son nom fut triple : **c.** __________ au matin, **d.** __________ le soir et, entre les deux, celui de dieu soleil. Notre poisson donna naissance aussi à un serpent, **e.** __________. Les deux frères eurent bien du mal à s'entendre.

Dans la famille des Olympiens, je voudrais le fils...
(mots mêlés)

Les Olympiens sont en Grèce les dieux qui régnèrent sur l'Olympe. Retrouvez les quatorze Olympiens cachés dans ce tableau. Si vous ne vous souvenez plus de leurs noms, vous en retrouverez la liste sous le tableau.

O	T	D	V	J	A	I	P	E	C	R	I	L	P	G	Y	P	A	K	P
D	I	M	V	O	C	L	A	S	B	M	C	W	E	J	I	R	P	U	E
E	J	H	F	X	H	H	E	R	A	G	D	V	R	F	O	D	H	F	S
M	A	E	O	J	K	I	F	O	E	C	A	O	S	I	A	G	E	I	A
I	S	R	M	U	D	S	E	E	E	X	K	A	E	G	T	O	S	P	D
R	S	M	E	P	S	U	U	P	L	I	D	K	B	A	H	L	T	R	O
I	E	E	D	A	P	O	L	L	O	N	D	O	H	R	E	I	I	A	M
I	T	S	N	P	M	U	S	L	S	I	P	A	O	U	N	A	A	T	E
Z	H	I	Q	H	U	P	O	R	E	S	U	O	N	N	A	N	Z	T	U
E	E	Z	A	R	T	E	H	A	D	E	S	P	E	C	E	O	O	U	S
B	P	I	L	O	H	A	R	R	Y	E	P	A	R	I	R	I	E	I	O
R	H	N	M	D	I	O	Q	U	I	A	L	P	G	R	I	I	Q	N	Z
I	A	A	U	I	S	S	J	I	O	H	R	U	O	P	E	X	N	A	E
G	I	G	D	T	E	P	I	T	E	R	G	E	D	S	S	A	M	O	U
O	S	K	O	E	M	A	A	R	T	E	M	I	S	M	E	O	N	Z	S
U	T	V	A	Z	A	O	P	O	L	L	A	V	U	G	P	I	P	S	A
J	O	O	V	J	O	A	T	H	O	G	L	Z	C	H	U	I	D	G	D
E	S	I	I	D	E	M	E	T	E	R	Q	F	G	J	K	L	U	O	U
T	D	C	A	R	O	N	A	O	V	H	E	R	M	O	Z	I	N	E	N
Y	I	D	I	O	N	Y	S	O	S	P	L	U	T	I	D	O	R	I	C

Aphrodite, Apollon, Arès, Artémis, Athéna, Déméter, Dionysos, Hadès, Héphaïstos, Héra, Hermès, Hestia, Poséidon, Zeus.

Dans la famille de l'Ennéade, je voudrais le grand-père...

À l'aide des indices, retrouvez la dynastie égyptienne de l'Ennéade. Les dieux proposés sont à replacer sur quatre générations : l'arrière-grand-père, les grands-parents, les parents et les enfants. N'oubliez pas que les mariages entre frères et sœurs ne choquaient en rien les Égyptiens.

Atoum, Chou, Geb, Horus l'ancien, Isis, Nephthys, Nout, Osiris, Seth, Tefnout.

Première génération : ___________.

Deuxième génération : ___________, ___________.

Troisième génération : ___________, ___________.

Quatrième génération : ___________, ___________, ___________, ___________, ___________.

- Osiris est le frère d'Horus l'Ancien, mais il n'est pas le fils d'Atoum.
- Nout est la sœur de Geb, et la mère d'Isis.
- Atoum est le grand-père de Geb.
- Seth a deux sœurs.
- Chou, frère de Tefnout, est le grand-père de Nephthys.
- Chou et Geb ont régné successivement.

Quand les dieux lavaient leur linge sale en famille

Placer les phrases ci-dessous dans les bons textes en faisant correspondre les chiffres et les lettres entre parenthèses.

1. Il fabriqua une barque.
2. Ils se transformèrent en hippopotames.
3. Ils menacèrent le ciel, en jetant des arbres enflammés et des rochers immenses.
4. Il reçut l'île de la Sicile en pleine figure.
5. Il transporta la déesse sur l'île.
6. Ils placèrent un nain aux quatre points cardinaux.
7. Son corps servit de matière première.
8. Ils firent corps pour combattre ce neveu mal éduqué.
9. Il perdit ses yeux, il les retrouva.

1. Quand Zeus prit le pouvoir, ses oncles et tantes, Titans de leur état, ne le virent pas du meilleur œil. (**a** ___) : ils provoquèrent une guerre qu'on nomma Titanomachie. Ils perdirent et furent enfermés dans le Tartare[1].

1. Le Tartare est le lieu de supplices des Enfers.

Vexée, la Terre, Gaia, fit naître les Géants pour venger les Titans. Elle les fit particulièrement laids : ils avaient les cheveux touffus, la barbe hirsute et des jambes en corps de serpents. Ils étaient énormes et d'une force invincible. Dès leur naissance, (**b** ___). Cela énerva Zeus. Il rameuta les Olympiens, mais il fallait être un mortel pour pouvoir tuer les Géants. Aussi le dieu des dieux appela-t-il à son aide Héraclès, le fils qu'il avait eu d'une mortelle. On nomma cet épisode la Gigantomachie.
Quelques détails de l'action : le rôle principal fut tenu par Alcyonée, le plus géant des Géants. Il ne pouvait mourir tant qu'il était en contact avec sa terre natale. Aussi, Athéna conseilla-t-elle à Héraclès de l'emmener au loin pour le tuer, ce que fit le héros. Alcyonée, notre géant, vert de rage, tomba sous une flèche.
Athéna s'en prit aussi à Encelade. (**c** ___)
Quel que soit le dieu qui estourbissait le Géant, il fallait qu'Héraclès l'achève de ses flèches.

2. Autres temps, autres Géants. On se souvient de la manière dont Ymir, le premier Géant nordique, donna naissance à ses géants camarades qui furent rapidement isolés par les dieux. Ces derniers découpèrent Ymir en morceaux afin d'aménager l'espace. (**d** ___). Sa chair se transforma en terre ferme, ses os en montagnes, ses dents et petits os en petits rochers et en galets, et son sang forma les mers autour des terres. Le crâne servit à faire le ciel. (**e** ___). Les cils d'Ymir constituèrent des fortifications pour protéger les hommes. Avoir tué ce Géant permit de créer un monde où cohabitèrent les humains, les dieux, les monstres, les Géants et les elfes. Mais les Géants durent attendre un peu avant d'exister vraiment, car dans un premier temps, ils furent noyés dans le sang répandu d'Ymir et seul Bergelmir prit la fuite avec son épouse. (**f** ___) et sauva ainsi la race de l'extinction.

3. À la mort d'Osiris, son fils Horus se crut tout désigné pour prendre sa succession et monter sur le trône d'Égypte. C'était compter sans son oncle Seth, qui revendiqua l'héritage et engagea une lutte interminable avec Horus. L'Ennéade, l'assemblée des dieux, ne savait comment trancher la question. La déesse Neith, consultée par courrier, avait désigné Horus comme successeur, mais Rê soutenait Seth. On décida que l'Ennéade se réunirait sur l'île du Milieu et délibérerait. Craignant l'influence d'Isis, la mère d'Horus, on interdit au passeur Ânti d'embarquer une femme. Mais la déesse, prenant l'apparence d'une vieillarde et prétendant apporter de la nourriture à son petit-fils, attendrit le cœur du batelier. Le cadeau d'un anneau d'or acheva de le convaincre et (g ___). Isis apparut devant Seth sous forme d'une jolie jeune femme et l'étourdit par sa beauté. Elle raconta l'histoire d'une mère qui voit son fils privé de son héritage et, naïvement, le dieu jugea en effet que cela était vraiment trop injuste. Aussitôt, Isis lui apparut sous son vrai visage et lui apprit qu'il venait de se juger lui-même. L'Ennéade dut reconnaître la victoire d'Horus, mais Seth supplia pour qu'on le laisse jouer le tout à quitte ou double : il proposait un combat à la loyale. Cela lui fut accordé. (h ___) Horus et lui devaient rester trois mois sous l'eau : le premier qui remonterait à la surface serait le perdant. Isis, voulant aider son fils, partit à la pêche au harpon, et le planta dans la chair de Seth. Mais au moment de tuer son frère, elle eut pitié et le laissa en vie. Horus, furieux contre sa mère, lui trancha la tête. Toth la répara en plaçant à la place une tête de vache, moins seyante, mais qui lui redonna vie.

Il fallut encore quelques épisodes pour qu'Horus soit couronné : (i ___), il déjoua quelques fourberies, il fit une dernière course en bateau et, finalement, ayant lassé l'assemblée des dieux qui n'en pouvait plus de ces enfantillages, il fut désigné par son propre père qu'on eut enfin l'idée de consulter.

Vox populi, vox dei

1. Un *travail de titan* :
   a. finit à la poubelle
   b. comporte un certain danger
   c. est très contesté
   d. est d'une grande ampleur

2. Conserver un *calme olympien* signifie :
   a. paraître calme, mais être très énervé
   b. être calme et serein
   c. faire une guerre sans merci, mais avec une parfaite froideur
   d. s'énerver

Réponses

Places réservées
Les Grecs, deuxième épisode

a. Zeus
b. Rhéa
c. Cronos
d. Amalthée
e. Curètes
f. Olympiens

Les Égyptiens, deuxième épisode

a. Neith
b. Rê
c. Khepri
d. Atoum
e. Apophis

Dans la famille des Olympiens, je voudrais le fils...
(mots mêlés)

O	T	D	V	J	A	I	P	E	C	R	I	L	P	G	Y	P	A	K	P
D	I	M	V	O	C	L	A	S	B	M	C	W	E	J	I	R	P	U	E
E	J	H	F	X	H	H	E	R	A	G	D	V	R	F	O	D	H	F	S
M	A	E	O	J	K	I	F	O	E	C	A	O	S	I	A	G	E	I	A
I	S	R	M	U	D	S	E	E	E	X	K	A	E	G	T	O	S	P	D
R	S	M	E	P	S	U	U	P	L	I	D	K	B	A	H	L	T	R	O
I	E	E	D	A	P	O	L	L	O	N	D	O	H	R	E	I	I	A	M
I	T	S	N	P	M	U	S	L	S	I	P	A	O	U	N	A	A	T	E
Z	H	I	Q	H	U	P	O	R	E	S	U	O	N	N	A	N	Z	T	U
E	E	Z	A	R	T	E	H	A	D	E	S	P	E	C	E	O	O	U	S
B	P	I	L	O	H	A	R	R	Y	E	P	A	R	I	R	I	E	I	O
R	H	N	M	D	I	O	Q	U	I	A	L	P	G	R	I	I	Q	N	Z
I	A	A	U	I	S	S	J	I	O	H	R	U	O	P	E	X	N	A	E
G	I	G	D	T	E	P	I	T	E	R	G	E	D	S	S	A	M	O	U
O	S	K	O	E	M	A	A	R	T	E	M	I	S	M	E	O	N	Z	S
U	T	V	A	Z	A	O	P	O	L	L	A	V	U	G	P	I	P	S	A
J	O	O	V	J	O	A	T	H	O	G	L	Z	C	H	U	I	D	G	D
E	S	I	I	D	E	M	E	T	E	R	Q	F	G	J	K	L	U	O	U
T	D	C	A	R	O	N	A	O	V	H	E	R	M	O	Z	I	N	E	N
Y	I	D	I	O	N	Y	S	O	S	P	L	U	T	I	D	O	R	I	C

Dans la famille de l'Ennéade, je voudrais le grand-père...

Première génération : **Atoum.**

Deuxième génération : **Chou, Tefnout.**

Troisième génération : **Geb (la terre), Nout (le ciel).**

Quatrième génération : **Osiris, Horus l'ancien, Seth, Isis, Nephthys.**

L'Ennéade est l'ensemble des neuf divinités issues d'Atoum, qui représentent toutes les forces élémentaires dans l'univers.
Geb et Nout, une fois créés, furent séparés par Chou, qui se glissa entre eux et soutint de ses bras le ventre de Nout, voûte étoilée.

Quand les dieux lavaient leur linge sale en famille

1.
a : 8
b : 3
c : 4
Les Titans sont six « mâles » et six « femelles ». Le plus célèbre des Titans est certainement Atlas, qui soutenait la voûte du ciel sur ses épaules.
La Titanomachie a duré dix ans. Dans le Tartare où ils furent jetés, les vaincus furent surveillés par les Hécatonchires, que nous avons déjà rencontrés dans le chapitre 2.
Nés sur le sol de Thrace, les Géants déclarèrent la guerre aux Olympiens. Dans cette histoire, ils l'ont échappé belle. En effet, Gaia venait d'inventer une herbe magique qui allait rendre les créatures insensibles aux coups des mortels. Mais Zeus s'empara le premier de l'herbe et put embaucher Héraclès, son fils, pour achever ses adversaires.
On trouve trace des gigantomachies dans nombre de temples, notamment à Delphes et Pergame : les queues de serpents, qui prolongeaient les jambes des Géants, étaient très faciles à caser dans les coins des frontons, endroit où on ne pouvait faire entrer aucun dieu, sinon en le faisant ramper, ce qui nuisait à sa prestance. Les sculpteurs allaient s'en souvenir.

2.
d : 7
e : 6
f : 1
Le monde créé par le corps d'Ymir, nourri par la vache Audhumla, dont les mamelles servaient de sources à quatre rivières de lait, était organisé pour laisser un territoire à chaque race. Les géants étaient près de l'océan, à l'orée des terres habitées ; les hommes étaient plus près du centre, dans le domaine de Midgard ; les dieux dans le domaine d'Asgard. Le centre du monde était occupé par le frêne Yggdrasill, dont les branches couvraient tous les territoires.
Une autre version fait naître du corps d'Ymir les nains. D'abord ils ressemblèrent à des vers, puis les dieux leur donnèrent un aspect humain et l'intelligence. Et inutile de sourire, les nains n'étaient autres que les humains

3.
g : 5
h : 2
i : 9
Dans la mythologie égyptienne, Seth incarne le déchaînement de la violence. Il est lié au désert dont il a la stérilité et la rudesse. Seth est l'assassin d'Osiris et sera poursuivi par la vengeance d'Horus.

Vox populi, vox dei

1. d
Notons que l'adjectif *titanesque*, qui dérive de *titan*, signifie « démesuré » ou bien « dont l'ampleur rend la tâche très difficile ». Exemple : *Se lancer dans une entreprise titanesque.* Quant au *Titanic*, il doit son nom à son gigantisme.

2. b
L'expression fait référence à Zeus, traditionnellement représenté par les artistes comme majestueux et serein. Attention ! un calme est *olympien* et non *olympique*, à moins que vous ne vouliez gagner la médaille de la sérénité ! L'adjectif *olympique* fait référence à la ville d'Olympie où se déroulaient les jeux sportifs.

4
Vertiges de l'amour
Les amours des dieux

« Maintenant je connais Éros. C'est un dieu accablant », peut-on lire dans une idylle[1] de Théocrite, poète grec. Chez les dieux aussi, les histoires d'amour sont mouvementées. Héra a tout de la mégère lorsqu'elle est jalouse de son époux infidèle ; Zeus a recours à toutes les ruses pour séduire ses proies ; Isis recolle les morceaux de son ménage ; Sigurd séduit par procuration. Décidément, quand les flèches de Cupidon enflamment les cœurs, les humains comme les dieux perdent la tête !

Déchiffrez des lettres

Voici des couples célèbres et les lettres qu'ils auraient pu s'envoyer. Faites correspondre chaque couple à une lettre en associant les chiffres et les lettres en gras.

a. Didon et Énée
b. Isis et Osiris
c. Pénélope et Ulysse
d. Orphée et Eurydice
e. Hector et Andromaque
f. Sigurd et Brynhild

1.
Mon cher amour,
Mais que fais-tu donc ? Je pleure chaque soir, attendant ton retour. Tous les autres rois grecs sont rentrés, sauf toi ! Je me

1. Petit poème bucolique qui a pour sujet les amours des bergers.

suis mise à la tapisserie pour patienter, mais tout de même, l'ennui me gagne.
Si tu en as rencontré une autre, prends au moins la peine de m'en informer. Avec tous les prétendants que j'ai à la maison, je n'ai que l'embarras du choix. Cela m'ennuie, je m'étais bien habituée à ma réputation d'épouse parfaite.
J'envoie cette lettre à travers les flots. J'espère que tu ne t'es pas perdu dans quelque île mal fréquentée.
Ta petite femme au foyer.

2.
Espèce de marin d'eau douce,
Tu es parti tout de même, malgré mes pleurs, malgré mes supplications, malgré mon amour que tu as bafoué à coups de rames qui emmenaient tes bateaux au loin.
Et notre entrevue dans la grotte, sous des trombes d'eau, ce n'était donc rien ?
Retourne donc chez ta mère ! Tout est sa faute finalement !
Je ne résiste pas à la douleur de te perdre. Je vais m'assurer une mort certaine en doublant les moyens de mettre fin à ma vie.
Je t'écris en Italie.

3.
Imposteur !
Comment as-tu osé paraître devant moi sous l'apparence d'un autre ? Et pour me séduire ? Si j'avais imposé une épreuve à celui qui devait gagner mon cœur, c'était justement pour m'assurer des qualités de mon mari. Tu me le paieras cher, je te le jure.

4.
Mon cher époux,
Je t'écris d'où tu ne reviendras plus et d'où seul ton souvenir arrive à moi. J'aurais tant voulu t'être fidèle même après ta mort. Mais les règles de la guerre ne donnent que peu de chances à une femme de pleurer son époux tombé au combat. Me voici butin de Néoptolème en Épire. J'ai vu mourir ton fils, jeté du haut des murailles de Troie en flammes, je serai bientôt l'épouse de ton frère, maintenant que mes précédents maris sont morts. Quel destin ! Je revois tes adieux, ta peur d'Achille, ton corps traîné autour des murailles.
Je m'arrête là tant la douleur m'étreint.

5.
PAS MALIN DE T'ÊTRE RETOURNÉ STOP POUVAIS PAS ATTENDRE ENCORE UN PEU ? STOP TROP TARD MAINTENANT STOP DOMMAGE PARAÎT SOLEIL BRILLE À LA SURFACE DE LA TERRE.

6.
Mon époux,
Mais qu'allais-tu faire dans ce coffre ? Tout cela pour prouver que tu étais le plus grand ! Maintenant, tu règnes à l'ombre ! Au moins, je sais où tu es, parce que j'en avais un peu assez de te courir après, surtout quand tu te dispersais. Je crois que j'ai assez prouvé que je t'aimais. Toi aussi, je sais. Ton dernier souffle fut au service de ma maternité. Je t'en serai toujours reconnaissante.
Tu m'as donné envie de me remettre à la couture.
Porte-toi bien.

Déshabillez Zeus

Pour séduire des mortelles, Zeus eut souvent recours à des métamorphoses. Retrouvez quelle apparence il prit pour séduire ses proies en traçant les bons liens.

Zeus prit l'apparence de			pour séduire
Un taureau	•	•	Antiope
Une pluie d'or	•	•	Léda
Un aigle	•	•	Alcmène
Du mari	•	•	Europe
Un satyre	•	•	Danaé
Un cygne	•	•	Ganymède

Paroles, paroles, paroles...

À chaque personnage ci-dessous sont attribuées deux citations extraites de pièces de théâtre. Une seule est la bonne, à vous d'indiquer laquelle.

1. Médée a dit, dans une œuvre d'Euripide :

a. « Si maintenant je pars pour l'exil, expulsée,
sans un ami, abandonnée avec mes fils abandonnés,

oui, ce sera un beau décri autour du nouveau marié,
quand on verra mendier sur les routes ses enfants et la
femme qui le sauva[1]. »

b. « Mes pleurs ruisselaient, coulaient sur mes joues lorsque
je dus quitter
et ma ville et ma chambre et mon mari dans la poussière[2]. »

2. Phèdre a dit, dans une œuvre de Racine :

a. « Venge-toi, punis-moi d'un odieux amour.
Digne fils du héros qui t'a donné le jour,
Délivre l'univers d'un monstre qui t'irrite. »

b. « Je n'ai plus pour mon sang ni pitié ni tendresse.
Votre exemple m'apprend à ne le plus chérir ;
Et moi je vais, cruels, vous apprendre à mourir. »

3. Alcmène a dit, dans une pièce de Molière :

a. « Mais je ne vis jamais une froideur pareille :
De ta femme il fallut moi-même t'aviser ;
Et lorsque je fus te baiser,
Tu détournas le nez, et me donnas l'oreille ! »

b. « Allez, indigne époux, le fait parle de soi,
Et l'imposture est effroyable.
C'est trop me pousser là-dessus,
Et d'infidélité me voir trop condamnée. »

Vox populi, vox dei

On appelle un *cupidon* :
a. un enfant qui parle peu
b. un enfant qui joue à l'arc
c. un enfant particulièrement beau
d. un enfant qui aime l'argent

1. Traduction de Marie Delcourt-Curvers, Gallimard, 1962.
2. *Ibid.*

Réponses

Déchiffrez des lettres

1. c

Pénélope a la réputation d'être une épouse fidèle. Elle attendit son mari patiemment lorsqu'il partit pour Troie et qu'il eut tant de mal à en revenir. Elle était sollicitée par des dizaines de prétendants qui occupaient le palais d'Ulysse à Ithaque. Elle prétendit qu'elle arrêterait son choix lorsqu'elle aurait terminé de tisser le linceul de son beau-père Laërte. Mais elle défaisait la nuit ce qu'elle avait fait le jour.
Le roi grec et ses compagnons séjournèrent toute une année sur l'île d'Aea, où vivait la magicienne Circé.

2. a

Lorsque Énée, lors de son périple qui devait le mener en Italie pour fonder une nouvelle Troie, s'arrêta à Carthage, sa mère, Vénus, fit en sorte que la reine Didon tombe amoureuse de lui, assurant ainsi sa sécurité. Aidée de Junon, elle s'arrangea pour que, lors d'une partie de chasse, les deux amants se retrouvent seuls dans une grotte, coincés là par un orage. Malgré cet amour, Énée dut poursuivre son périple, sur l'ordre de Jupiter. La douleur de Didon fut d'une telle violence qu'elle se suicida. Afin de ne pas échouer, elle se jeta sur un bûcher, tout en se transperçant d'une épée. Il faut attendre Virgile[1] pour que cette mort soit attribuée au départ d'Énée. Auparavant, la reine de Carthage se jetait aussi dans un bûcher, mais pour ne pas épouser un roi du cru, Iarbas.

3. f

Nous voilà dans les contrées du Nord, en compagnie de Sigurd (Siegfried). Son beau-frère, Gunnar, voulait épouser la Valkyrie Brynhild. Cette dernière vivait entourée d'une barrière de feu et avait annoncé qu'elle épouserait l'homme capable de la franchir. Seul Sigurd pouvait faire preuve d'un tel courage. De plus, Sleipnir, son fidèle cheval, était doté de huit pattes et capable

1. Poète latin (vers 70 - 19 av. J.-C.). Ses œuvres les plus célèbres sont *Les Bucoliques*, *Les Géorgiques* et *L'Énéide,* cette dernière œuvre étant restée inachevée.

de franchir tous les obstacles. Pour rendre service à Gunnar, Sigurd prit l'apparence de son beau-frère pour séduire la belle. Une fois l'exploit accompli, il reprit son vrai visage et Gunnar épousa Brynhild. Mais la femme de Sigurd, un jour qu'elle se querellait avec Brynhild, révéla la vérité. Mal lui en prit, la Valkyrie à l'orgueil chatouilleux fit assassiner Sigurd pour se venger. Puis elle se suicida de dépit.

4. e

Andromaque est le parangon de la veuve digne et inconsolable. Elle forme dans *L'Iliade* d'Homère une belle opposition avec la volage Hélène. Elle aimait son Hector, prince troyen, plus que tout. Lorsque celui-ci fut tué par Achille, qui traîna son corps autour de Troie, elle se sut perdue. Hector avait fait de très beaux adieux à sa femme. Cette scène, souvent représentée sur des vases grecs, a inspiré des peintres célèbres, comme Joseph Marie Vien[1] ou Jacques-Louis David[2]. Elle plut aussi aux auteurs de tragédies, tels Euripide ou Racine. Andromaque devint le butin de Néoptolème, le fils d'Achille, surnommé Pyrrhus. Les Grecs jetèrent Astyanax, le fils d'Hector, du haut de la citadelle en flammes, lorsque Troie tomba entre leurs mains. À la mort de Néoptolème, elle fut donnée en mariage au frère d'Hector. Elle eut des fils de tous ses maris et finit à Pergame avec l'un d'eux.

5. d

Eurydice, épouse d'Orphée, s'ébattait dans la campagne avec ses camarades les Naïades. Elle était, selon certaines versions, en train de fuir Aristée qui la poursuivait. Dans sa course, elle marcha sur un serpent qui la piqua et elle mourut. Accablé par le chagrin, Orphée décida d'aller la rechercher jusque dans les Enfers. Il prit sa plus belle voix et émut même les cœurs d'Hadès et de son épouse Perséphone qui régnaient sur le royaume des morts. Le couple infernal, d'ordinaire peu commode, accepta qu'Orphée ramène Eurydice dans le monde des vivants. À une condition : il ne devait pas se retourner et la regarder avant

1. Peintre français (1716-1809), précurseur du néoclacissisme en peinture. On peut voir *Les Adieux d'Hector et d'Andromaque* (huile sur toile, 1786), au musée du Louvre, à Paris.
2. Peintre français (1748-1825), considéré comme le chef de file de l'école néoclassique. *La Douleur et les regrets d'Andromaque sur le corps d'Hector* (huile sur toile, 1783) est exposé au musée du Louvre.

d'être remonté à la surface de la terre. On ne saura jamais ce qui fit échouer Orphée : selon certains, Eurydice aurait trébuché... Pour d'autres, Orphée n'aurait pu résister longtemps au bonheur de la voir... en tout cas, l'inexplicable arriva : Orphée se retourna et perdit sa femme. Définitivement, cette fois.

6. b
Seth était horriblement jaloux de son frère Osiris. Il décida de le faire disparaître et lança lors d'une soirée arrosée le jeu du coffre : celui dont le corps remplirait un coffre superbement ouvragé en deviendrait le propriétaire. Osiris s'y allongea, le remplit parfaitement, et découvrit qu'il s'agissait d'un piège lorsque le couvercle se referma sur lui. Il fut jeté ensuite dans le Nil.
Isis, sa femme, partit à sa recherche en compagnie de sa belle-sœur, Nephthys, la propre épouse de Seth. Lorsqu'elle retrouva son époux, Isis le ranima pour qu'il lui fasse un enfant puis le rangea à nouveau dans sa boîte, définitivement inanimé. Quand il apprit qu'elle attendait un fils, Seth, furieux, chercha la dépouille d'Osiris et la coupa en morceaux. Isis se remit à la recherche de son époux, mais cette fois-ci elle dut le récupérer en pièces détachées. Elle le reconstitua et Osiris partit s'occuper du monde des morts où il y avait beaucoup à faire.

Déshabillez Zeus

Zeus prit l'apparence de — pour séduire

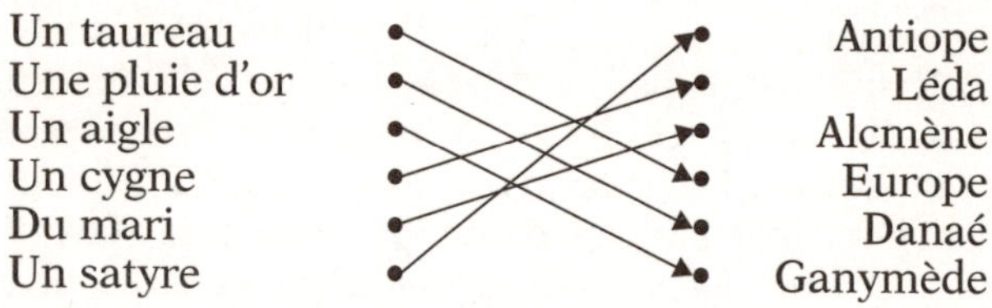

Quand elle vit le magnifique taureau qui venait se coucher à ses pieds, Europe eut d'abord très peur, mais elle flatta bientôt la bête. Elle eut même envie de monter sur son dos, comme quoi, elle était totalement rassurée. Mais le taureau partit immédiatement à la nage : c'était Zeus. Le couple se rendit en

Crète où la jeune femme donna naissance à Minos et Rhadamante.

Danaé était enfermée dans une tour par son père à qui on avait prédit qu'il serait tué par un enfant de sa fille. Pour passer sous la porte, Zeus eut cette idée ingénieuse de se transformer en pluie d'or, moyen aussi pratique que séduisant. D'ailleurs, il séduisit Danaé qui donna naissance à Persée.

Ganymède était un jeune berger dont la beauté émut Zeus. Il se métamorphosa en aigle afin de l'enlever et de l'emmener sur l'Olympe. Une autre version veut que Zeus ne se soit pas dérangé lui-même et qu'il ait envoyé son aigle.

Il suffira d'un cygne et une jeune femme, Léda, donnera naissance à l'un de ses enfants : Hélène de Troie. On considère généralement que ses autres enfants, Castor, Pollux et Clytemnestre avaient pour père son mari Tyndare.

La fourberie de Zeus pour séduire Alcmène fut sans bornes. Il prit l'apparence du mari de celle-ci, Amphitryon, parti à la guerre et sur le point de revenir en permission. Alcmène donna naissance à des jumeaux, Iphiclès, le fils d'Amphitryon, et Héraclès, le fils de Zeus.

Quand il voulut séduire Antiope et qu'il se métamorphosa en satyre, elle aurait dû flairer le piège immédiatement. Les satyres, créatures attachées à Dionysos, n'avaient rien de très attirant : certes, ils avaient une apparence humaine mais étaient également pourvus d'une queue de cheval et de pieds de bouc ! Elle donna naissance à des jumeaux : Amphion et Zéthos.

Paroles, paroles, paroles...

1. a

Euripide, *Médée*, second épisode (431 av. J.-C.).
Médée, princesse de Colchide, mère de deux enfants, avait été répudiée par son mari Jason qui voulait se marier à la fille de Créon. La magicienne Médée se vengea en faisant porter par ses enfants à sa rivale une robe et des bijoux empoisonnés qui la brûlèrent, ainsi que son père qui lui avait porté secours. Elle tua aussi ses enfants pour se venger de son mari.

Le deuxième extrait (**b**) est une réplique d'Andromaque dans la pièce d'Euripide, *Andromaque*, prologue.

2. a

Racine, *Phèdre*, acte III, scène 5 (1677).
Phèdre, épouse de Thésée, brûlait d'un amour incestueux pour son beau-fils Hippolyte. Elle lui en fit l'aveu et, craignant qu'il ne dévoile la vérité, elle l'accusa publiquement de lui avoir fait des avances. Thésée maudit son fils, qui mourut sous les coups de Poséidon. Phèdre se suicida.

Le deuxième extrait (**b**) était une réplique de Jocaste dans la pièce de Racine, *La Thébaïde*, acte IV, scène 3 (1664).

3. b

Molière, *Amphitryon*, acte II, scène 2 (1668).
Dans la pièce, Jupiter (Zeus) vient de passer la nuit avec Alcmène, sous l'apparence d'Amphitryon, le mari de celle-ci. Le lendemain, le véritable Amphitryon, retenu aux armées, rentre chez lui, pensant faire une belle surprise à son épouse. D'où un quiproquo digne d'un vaudeville : le mari pense surprendre sa femme par son retour anticipé, l'épouse s'étonne que le mari soit déjà de retour. Amphitryon accuse alors Alcmène de le tromper, mais celle-ci s'en défend vigoureusement, en toute bonne foi...

La réplique **a.** (acte II, scène 3) est prononcée par la servante d'Alcmène, Cléanthis, épouse de Sosie, serviteur d'Amphitryon. Mercure (Hermès) a pris l'apparence de ce dernier pour accompagner Jupiter auprès d'Alcmène, mais il a repoussé les élans amoureux de Cléanthis qui pensait être en présence de son mari.

Vox populi, vox dei

c.

5

Familles décomposées

Les histoires de famille

Dans les légendes les plus connues de l'Antiquité grecque, les familles se déchirent. Les dieux devraient plutôt montrer l'exemple, direz-vous ! Certes. En attendant, les descendants souffrent, les ascendants se rebiffent et tous les coups sont permis au pays des oracles, des jalousies, des incestes et des meurtres. Œdipe est sans conteste le grand champion des démêlés familiaux. Mais Héraclès et Thésée ont eu eux aussi à affronter bien des difficultés. Ces héros célèbres se seraient bien passés de leur entourage !

Oracle, ô désespoir

Pour reconstituer le récit complexe d'Œdipe, vous devez souligner après chaque chiffre entre parenthèses la bonne proposition qui correspond à l'histoire.

Œdipe était le fils de Laïos et de Jocaste, le roi et la reine de Thèbes. Un oracle avait prédit que l'enfant né de Jocaste (1) **tuerait son père et épouserait sa mère / tuerait son père et réduirait sa mère en esclavage**. Après la naissance de l'enfant, Laïos l'exposa dans la montagne, pendu par les pieds, les chevilles transpercées par une courroie, d'où son nom qui signifie (2) **Pied-En-l'Air / Pied-Enflé**.

Mais un berger qui passait par là recueillit l'enfant et le porta à Polybos, roi de Corinthe, qui l'adopta et l'éleva. L'enfant grandit et apprit un jour de l'oracle de Delphes la malédiction qui pesait sur lui. Ne sachant pas qu'il était adopté, il décida d'éviter ce destin funeste (3) **en prenant la fuite / en informant ses parents adoptifs de l'oracle**.

Plus tard, il rencontra sur son chemin Laïos, qui insulta ce jeune homme arrogant qui lui barrait la route. La dispute fut si vive que l'épée d'Œdipe s'échappa de son fourreau et alla se planter dans le corps de Laïos (4) **qui mourut en clamant : « Tu quoque, fili[1] ! » / qui ne trouva rien à dire et mourut.**

Œdipe poursuivit son chemin, (5) **vers Thèbes / vers Delphes.** Il rencontra à l'entrée de la ville un sphinx, (6) **monstre mi-lion, mi-femme / monstre mi-cheval, mi-homme.** La créature terrorisait les habitants de la ville en leur posant des devinettes qu'ils devaient aussitôt résoudre, risquant d'être dévorés en cas de mauvaise réponse. « Quel est l'être qui marche tantôt à deux pattes, tantôt à trois, tantôt à quatre, et qui, contrairement à la loi générale, est le plus faible quand il a le plus de pattes ? » demanda le sphinx à Œdipe qui répondit avec justesse : **(7) Zeus / l'homme.** Le sphinx en mourut de dépit. Par gratitude, la population fit monter Œdipe sur le trône, et il épousa la veuve de Laïos... Ainsi, l'oracle venait de se réaliser à l'insu des protagonistes. Œdipe et Jocaste eurent quatre enfants : **(8) Étéocle, Polynice, Antigone et Ismène/Castor, Pollux, Hélène et Clytemnestre.**

Mais un jour, une terrible peste s'abattit sur la ville et un oracle avertit les habitants qu'elle ne prendrait fin que lorsque l'assassin de Laïos serait enfin châtié. Le roi Œdipe maudit le meurtrier, mena l'enquête, et découvrit finalement qu'il était lui-même l'assassin de son père ! Jocaste, prenant conscience de son inceste, se suicida. Quant à Œdipe, **(9) il se creva les yeux et s'exila/il se perça les tympans et s'exila.**

Œdipe, père & fils

Voici la suite des aventures qui se sont déroulées à Thèbes. Les événements vous sont présentés dans le désordre : remettez-les dans le bon ordre en les renumérotant comme il convient.

1. Les deux frères décident de régner alternativement, chacun pendant un an. Étéocle prend le pouvoir.
2. Créon, leur oncle, devenu roi, accorde des funérailles à Étéocle, mais laisse le corps de Polynice sans sépulture.
3. Polynice organise une expédition contre Thèbes.

1. « Toi aussi, mon fils ! »

4. Étéocle et Polynice chassent Œdipe, leur père.
5. Antigone, sœur des deux morts, enterre le corps de Polynice contre la loi de son oncle Créon.
6. Son fiancé se suicide de désespoir et entraîne la mort de sa mère Eurydice.
7. Œdipe maudit ses fils, leur prédisant qu'ils s'entretueront.
8. Quand vient le tour de Polynice, Étéocle refuse de laisser sa place.
9. Elle est condamnée à mort et emmurée vivante.
10. Polynice et Étéocle se battent en duel et s'entretuent.

Si ce n'est toi...

Retrouvez qui, d'Héraclès (Hercule) ou de Thésée, est le héros des aventures proposées ci-dessous. Rayez la mauvaise réponse.

1. Héra, furieuse de l'infidélité et de la paternité de Zeus, essaya de le tuer quand il était enfant, en envoyant des serpents l'étouffer dans son berceau.
   HÉRACLÈS/THÉSÉE

2. Il fut conçu par ruse, le roi Pitthée ayant enivré son hôte pour qu'il passe la nuit avec sa fille Aethra.
   HÉRACLÈS/THÉSÉE

3. Sa femme tomba amoureuse du fils qu'il avait eu d'un précédent mariage.
   HÉRACLÈS/THÉSÉE

4. Frappé de folie, il tua les enfants qu'il avait eus avec Mégara, les prenant pour des ennemis.
   HÉRACLÈS/THÉSÉE

5. Il dut se mettre au service de son cousin Eurysthée durant douze ans.
   HÉRACLÈS/THÉSÉE

6. Il eut à lutter contre ses cousins, les cinquante fils de Pallas.
   HÉRACLÈS/THÉSÉE

7. Il décida qu'il ne pouvait épouser qu'une fille de Zeus et enleva Hélène.
   HÉRACLÈS/THÉSÉE

8. Il tua le centaure Nessos qui tentait de lui enlever sa femme.
   HÉRACLÈS/THÉSÉE

Vox populi, vox dei

On qualifie d'*herculéen* :
a. ce qui provoque une jalousie tenace
b. ce qui subit une loi injuste
c. ce qui témoigne d'une force hors du commun
d. ce qui possède deux colonnes

Réponses

Oracle, ô désespoir

1. tuerait son père et épouserait sa mère
On sait le succès qu'aura un certain Freud, bien plus tard, en s'inspirant de cet épisode. Il appela « complexe d'Œdipe » un processus inconscient chez le jeune garçon, dans le développement de sa sexualité infantile. Il se traduit par l'attirance pour la mère et l'opposition au père, qu'il considère comme un rival. Le garçon doit dépasser ce complexe pour atteindre la maturité sexuelle.

2. Pied-Enflé

3. en prenant la fuite

4. qui ne trouva rien à dire et mourut
L'autre possibilité se référait à la mort du général romain César, en 44 av. J.-C. Il fut victime d'une conspiration de sénateurs et assassiné en plein sénat. Parmi les conjurés se trouvait son fils adoptif Brutus, qui avait épousé la cause de ses ennemis. Il est douteux que César ait prononcé cette phrase, mais il l'a peut-être pensée !

5. vers Thèbes
Il ne le savait pas, mais Œdipe retournait dans sa patrie d'origine.

6. monstre mi-lion, mi-femme
Le sphinx avait en effet cet aspect dont se souviendra le peintre Ingres dans son tableau *Œdipe et le Sphinx* (1808), que l'on peut voir au musée du Louvre. Monstre féminin, il est aussi appelé « la sphinge ». Il avait été envoyé par Héra pour punir Laïos, qui avait fait violence au jeune Chrysippos.

7. l'homme
Le bébé marche à quatre pattes, l'homme sur ses deux jambes et le vieillard avec une canne.

8. Étéocle, Polynice, Antigone et Ismène
Les autres enfants sont ceux de Léda, comme précisé dans le chapitre 4 !

9. il se creva les yeux et s'exila
Il faut dire qu'Œdipe s'était aveuglé sur lui-même depuis long-

temps ! Il quitta Thèbes et trouva refuge à Athènes, accueilli par Thésée. Il était accompagné de sa fille Antigone.

Œdipe, père & fils

4-7-1-8-3-10-2-5-9-6.

1. Étéocle et Polynice chassent Œdipe, leur père.
2. Œdipe maudit ses fils, leur prédisant qu'ils s'entretueront.
3. Les deux frères décident de régner alternativement, chacun pendant un an. Étéocle prend le pouvoir.
4. Quand vient le tour de Polynice, Étéocle refuse de laisser sa place.
5. Polynice organise une expédition contre Thèbes.
6. Polynice et Étéocle se battent en duel et s'entretuent.
7. Créon, leur oncle, devenu roi, accorde des funérailles à Étéocle, mais laisse le corps de Polynice sans sépulture.
8. Antigone, sœur des deux morts, enterre le corps de Polynice contre la loi de son oncle Créon.
9. Elle est condamnée à mort et emmurée vivante.
10. Son fiancé se suicide de désespoir et entraîne la mort de sa mère Eurydice.

Créon se devait de punir celui qui avait attaqué sa propre patrie : il n'enterra qu'un frère sur deux. Antigone refusait de laisser un de ses frères sans rites funéraires, ce qui le condamnait à errer au bord du Styx, le fleuve des Enfers, sans pouvoir accéder au royaume des morts. Elle transgressa la loi de la cité et fut condamnée à mort.
Antigone est une héroïne qui fascinera nombre d'écrivains, de Sophocle à Hölderlin, de Cocteau à Anouilh, symbole de la résistance au pouvoir absolu, porteuse des lois familiales face aux lois de la cité, capable, au risque de mourir, de porter les valeurs les plus hautes.

Si ce n'est toi...

1. Héraclès
Zeus était le père d'Héraclès, qui fut conçu avec la mortelle Alcmène (voir les détails de l'histoire au chapitre 4, dans les jeux « Déshabillez Zeus » et « Paroles, paroles, paroles... »). Héra détestait les infidélités de son mari et en tenait souvent rigueur

au fruit de ses amours adultères. Elle envoya des serpents tuer Héraclès dans son berceau, mais ce dernier les étouffa d'une main.

2. Thésée

Égée, roi d'Athènes, ne pouvant concevoir d'enfant avec ses femmes successives, consulta l'oracle de Delphes. Celui-ci lui répondit de ne pas « délier le col de l'outre à vin avant d'être parvenu dans la cité d'Athènes ». Il n'y comprit rien. Passant chez le roi Pitthée pour avoir quelques éclaircissements, il en fut la dupe. Le roi, ayant percé le sens des propos de la pythie, en profita. Il fit en sorte de faire boire son hôte et lui fit passer la nuit avec sa fille.

3. Thésée

Il s'agit de l'amour incestueux que Phèdre conçut pour son beau-fils Hippolyte (voir ce récit dans le chapitre 4).

4. Héraclès

Voici les suites de la jalousie d'Héra. Elle envoya volontairement à Héraclès des visions trompeuses et provoqua ainsi l'infanticide. Certaines versions du mythe trouvent dans cet acte la raison des douze travaux imposés à Héraclès pour expier son crime.

5. Héraclès

Les travaux furent imposés par Eurysthée, cousin d'Héraclès. Il était devenu roi de Tirynthe, Mycènes et Midée, grâce à une ruse d'Héra, toujours elle. Zeus, peu avant la naissance d'Héraclès, avait promis que le descendant de Persée qui allait naître régnerait sur Mycènes. Héra fit en sorte qu'Héraclès naisse au bout de dix mois, alors qu'elle fit naître Eurysthée au bout de sept. Le prématuré eut le pouvoir, et Zeus eut l'air idiot.

6. Thésée

Lorsque Égée eut Thésée comme fils, il le laissa à Trézène, chez sa mère Aethra, de peur que les Pallantides, ses neveux, ne s'en prennent à l'enfant inespéré qui venait de lui être donné. Thésée dut se faire reconnaître de son père une fois adulte, après avoir réussi l'épreuve de l'épée. Quand il partit de Trézène, Égée plaça sous un rocher une épée et une paire de sandales. Aethra attendit que l'enfant soit devenu grand pour lui révéler la cachette. Thésée devait être d'une force remarquable pour récupérer l'épée et faire ainsi la preuve de son identité.

Une fois reconnu par son père et devenu l'héritier du royaume, ses cousins, les Pallantides, ne virent pas d'un bon œil s'envoler tout espoir de succession. Il les massacra, histoire de leur montrer qui était devenu le chef de la famille...

7. THÉSÉE
Thésée et Pirithoos étaient amis. Ils avaient décidé de n'épouser que des filles de Zeus. Leur choix s'était arrêté sur Hélène et Perséphone. Enlever Hélène fut un jeu d'enfant. Ils tirèrent au sort et elle échut à Thésée. Puis ils allèrent de concert chercher Perséphone. Hadès les reçut fort civilement, les invita à banqueter et les maintint ensuite prisonniers des sièges où ils avaient pris place. Seul Thésée fut libéré, sur la demande insistante d'Héraclès qui passait justement par les Enfers pour adopter un chien.

8. HÉRACLÈS
Il avait épousé Déjanire. Un jour qu'il traversait avec elle le fleuve Événos grâce au passeur Nessos, un centaure, ce dernier tenta d'abuser de la jeune femme. Héraclès le tua d'une flèche. Avant de mourir, il incita la jeune femme à recueillir son sang et à l'utiliser si son mari venait à ne plus lui témoigner d'amour. Déjanire s'exécuta.
Quelques années plus tard, quand elle sentit qu'Héraclès s'éloignait d'elle peu à peu, un jour qu'il demandait un vêtement propre, elle trempa la tunique dans le sang du centaure et demanda à un serviteur de la lui porter. Mais alors qu'elle pensait seulement provoquer un regain d'amour chez son mari, elle provoqua en fait sa perte : dès qu'il eut revêtu la tunique, Héraclès ressentit des brûlures telles qu'il ne put y échapper qu'en se donnant la mort. Il se confectionna un bûcher et le plus difficile fut de trouver quelqu'un pour y mettre le feu.

Vox populi, vox dei

c.
Est *herculéen* ce qui est digne d'Hercule, ce qui exige une force exceptionnelle. Exemples : *Une puissance herculéenne, une carrure herculéenne, un combat herculéen.*

6

Et l'homme fut !

Créer des hommes

Un jour, les dieux décidèrent de créer les hommes. On ne sait pas trop ce qui leur passa par la tête, mais ils eurent la drôle d'idée de concevoir des êtres à leur image. Puis ils furent déçus de voir que leur création leur échappait... Alors, en ce monde humain où l'effronterie côtoyait l'impudence, ils s'ingénièrent à effacer cette faute de goût ! En tout cas, une chose est sûre : Prométhée, Odin, Rê nous ont façonnés. Ils n'employèrent pas les mêmes matières, mais arrivèrent souvent à des résultats assez semblables. Zeus et Enlil furent des critiques redoutables de leur propre création. Prométhée adora son œuvre. Bref, nous vous laissons découvrir le tableau !

Encore raté !

Retrouvez la matière et la méthode utilisées par nos différents créateurs de l'humanité, ainsi que le problème qu'ils ont rencontré. Indiquez les réponses en cochant les bonnes cases.

	Le Grec Prométhée	L'Égyptien Rê	Le Nordique Odin
LES MATIÈRES			
Arbres			
Terre glaise			
Larmes			
LES MÉTHODES			
Ne crée que l'homme			
Sculpte l'homme et la femme et leur donne le souffle de vie			
Crée l'humain involontairement			
LES PROBLÈMES			
Aucun			
Les hommes veulent vivre sans dieux			
Les hommes s'opposent aux dieux			

On efface tout et on recommence !

Répondez par vrai ou faux aux affirmations proposées.

1. Zeus, exaspéré par les hommes, leur infligea un déluge.
VRAI/FAUX

2. Deucalion et Pyrrha provoquèrent la colère de Zeus en lui refusant l'hospitalité.
VRAI/FAUX

3. En Grèce, Prométhée sauva les hommes en volant une barque dans l'Olympe.
VRAI/FAUX

4. Chez les Égyptiens, Rê décida de détruire les hommes en lâchant sur eux une chatte sanguinaire du nom d'Hathor.
VRAI/FAUX

5. Rê eut cependant un scrupule et mit fin à leur destruction avant que ne disparaisse la race entière.
VRAI/FAUX

6. *L'Épopée de Gilgamesh*, récit babylonien, comporte le récit d'un déluge destiné à détruire l'humanité sur décision des dieux.
VRAI/FAUX

7. Le déluge babylonien détruisit totalement la race humaine.
VRAI/FAUX

Prométhée, le meilleur ami des hommes

Choisissez, entre les trois propositions qui vous sont faites, la bonne réponse et rayez les deux autres.

Dans la mythologie grecque, lorsque les hommes furent créés, ils commencèrent par revendiquer les meilleurs morceaux de viande lors des sacrifices. Ils furent soutenus par Prométhée, qui jugeait qu'en effet sa création méritait des morceaux de choix. Un jour, il prépara deux plats avec le bœuf qu'on venait de sacrifier : le premier avait l'aspect peu appétissant de **(1) la cendre de la cuisson / la peau de l'animal / du sang coagulé**, mais cachait la viande et les entrailles ; le second, qui contenait les os, était recouvert de graisse. Quand Zeus eut à choisir, il se laissa abuser par l'aspect et choisit le gras.

Lorsque le dieu des dieux s'aperçut de la supercherie, il fut courroucé au point de priver l'homme du **(2) silex / couteau / feu**. Qu'à cela ne tienne, Prométhée alla le dérober dans la forge d'Héphaïstos. Re-grosse colère de Zeus qui punit les hommes et Prométhée. Pour les premiers, il imagina de leur envoyer **(3) Pactole / Pandore / Psyché**, une créature inconnue jusque-là : la femme. Elle avait été créée par Héphaïstos et Athéna, sur l'ordre de Zeus. Elle fut donc belle, aimable, gracieuse, intelligente, habile. Mais **(4) Hadès / Héphaïstos / Hermès**, qui avait dû mal digérer son dernier bol d'ambroisie, la fit aussi fourbe et menteuse. Elle arriva sur terre et vit une jarre fermée qui traînait là. La jeune femme, dévorée de curiosité, en ôta le couvercle, voulant voir ce qui s'y cachait. Elle lâcha ainsi sur l'humanité des maux inconnus jusque-là. Seule

(5) l'espérance / la confiance / la joie n'eut pas le temps de s'échapper et y demeure encore, aux dernières nouvelles.

Quant à Prométhée, il fut enchaîné sur le Caucase. Un aigle venait tous les jours lui dévorer le foie, qui se reconstituait systématiquement. Jusqu'au jour où Héraclès, qui passait par là et cherchait un nouveau travail, **(6) tua l'aigle et délivra Prométhée / tua Prométhée et délivra l'aigle / ne tua personne mais convainquit Zeus de relâcher tout le monde.**

Vox populi, vox dei

1. « C'était l'âge d'or », disait :
- **a.** un chercheur d'or qui revenait de sa ruée
- **b.** un adulte qui se souvenait de sa jeunesse dorée
- **c.** une chanteuse oubliée qui connut des heures de gloire
- **d.** un sportif qui venait de gagner une médaille aux jeux Olympiques

2. Quel mot ne provient pas du nom du dieu Hermès ?
- **a.** hermétique
- **b.** hermaphrodite
- **c.** herméneutique
- **d.** hermétisme

Réponses

Encore raté !

Prométhée : terre glaise – ne crée que l'homme – les hommes s'opposent aux dieux
Prométhée est un Titan [1], cousin de Zeus. Il modela les hommes en utilisant de la terre glaise. Mais il ne créa que la gent masculine, la femme vint ensuite pour punir l'arrogance des hommes. Ils voulurent se garder les bons morceaux lors des sacrifices faits aux dieux et dont ils jugeaient que l'odeur devait leur suffire. Ils trouvaient légitime de se réserver les filets et les échines : déjà qu'ils n'avaient ni ambroisie ni nectar [2], ils n'allaient pas en plus se priver de viande fraîche !

Rê : larmes – crée l'humain involontairement – les hommes veulent vivre sans dieux
Un jour où sa mère Neith s'était absentée un instant, Rê pleura son absence. Les larmes roulèrent sur ses joues, tombèrent dans l'océan et provoquèrent la naissance des hommes. Rien ne réussit pourtant à distraire Rê de son désespoir, pas même cette soudaine agitation autour de lui. Mais quand sa mère reparut, il se mit à baver de joie et créa les dieux. Lorsque les hommes virent Rê vieillir, ils s'imaginèrent pouvoir échapper à l'autorité divine. Le dieu, qui avait cessé de baver et pleurer depuis un moment, laissa éclater sa colère. Mais vous ne saurez comment qu'en faisant le jeu suivant.

Odin : arbres – sculpte l'homme et la femme et leur donne le souffle de vie – aucun
Odin façonna l'homme à partir d'un frêne et la femme à partir d'un aulne. Dans cette création, il fut aidé par ses frères. Odin donna le souffle de vie, Vili l'intelligence et le mouvement, Vé la parole, l'ouïe, la vue et forme humaine.
Comme les arbres étaient faits des cheveux d'Ymir, le morcelé primitif [3], il en résulte que les hommes avaient une origine

---

1. Les Titans, dont il a été question dans le chapitre 3, sont les enfants de Gaia, vaincus par Zeus.
2. L'ambroisie est la nourriture des dieux de l'Olympe, le nectar est leur boisson.
3. Ymir, dont il a été question dans les chapitres 2 et 3, est un géant qui servit de matière première à la création de la terre.

divine. Les dieux parquèrent ensuite hommes et femmes dans l'enceinte Midgard. Chez les Nordiques, dieux, Géants et humains ont leur territoire propre : les Géants habitent l'Utgard, les dieux l'Asgard.

On efface tout et on recommence !

1. VRAI
Déçu par la race humaine, Zeus avait décidé de la détruire. Mais un dernier scrupule le fit se rendre sur terre, chez le roi Lycaon. Ce dernier soupçonna une visite divine et décida de mettre son hôte à l'épreuve en lui servant de la chair humaine comme repas. Zeus, excédé, le transforma en loup et provoqua un déluge sur terre.

2. FAUX
Deucalion et Pyrrha furent les seuls rescapés de l'histoire. Ils étaient par hasard en train de canoter au moment du déluge. Quand la pluie cessa, au bout de quelques jours, Zeus les remarqua, échoués en haut du Parnasse. Il leur fit grâce. Il leur indiqua même comment régénérer la race humaine : il leur suffisait de jeter des cailloux par-dessus leur épaule et la terre ferait le reste.

3. FAUX
On sait que Prométhée avait épousé la cause de l'homme, mais en l'occurrence, il n'y est pour rien. Dans certaines versions du mythe, il aurait juste encouragé le couple à faire un tour en barque au bon moment.

4. VRAI
Rê, se voyant méprisé par la race humaine, envoya son Œil, l'Uraeus protecteur, sous l'apparence d'Hathor, déesse chatte, jouer à la souris avec l'espèce arrogante des hommes.

5. VRAI
Cette dernière se prit au jeu, perpétra un massacre suffisamment atroce pour que Rê lui-même s'en émeuve et cherche à l'arrêter. Ce ne fut pas si facile et ce n'est qu'en lui proposant de la bière rouge, qui la leurra, qu'elle mit fin au carnage.

6. VRAI
L'Épopée de Gilgamesh contient un récit enchâssé du déluge au moyen duquel les dieux voulurent détruire l'humanité. Or le dieu Éa, dieu de la mer et de la sagesse, prévint son protégé, le très pieux Um-Napishtim, du désastre à venir. Il l'exhorta à

construire un bateau, afin de sauver les humains et les animaux en conservant un exemplaire de chaque espèce. Um-Napishtim fut d'abord dérouté : il n'avait jamais vu de bateau et ne savait comment s'y prendre. Éa dut lui dessiner les plans et l'homme suivit le modèle. La race humaine n'était pas encore sauvée !

7. FAUX
Mais on n'est pas passé loin ! Quand Enlil, le Seigneur du ciel et de la terre, roi des dieux, qui avait décidé ce déluge, se rendit compte que quelques humains en avaient réchappé, il enragea. Toute cette eau gaspillée, ce nettoyage de printemps raté... c'était incroyable. Il s'apprêta à finir le travail lui-même, mais Éa et Ishtar, amis des hommes, intervinrent pour éviter un massacre et obtinrent la grâce pour tous.

Prométhée, le meilleur ami des hommes

1. la peau de l'animal

2. feu
« La guerre du feu n'aura pas lieu », décida Prométhée, qui déroba une précieuse braise, dans la forge d'Héphaïstos suivant les uns, « à la roue du soleil » suivant les autres. Le plus important, c'est que les hommes eurent de quoi se chauffer pour l'hiver sans l'aide des foudres de Zeus.

3. Pandore
Pandore fut ainsi la première femme, et d'emblée au service d'une mauvaise action ! On notera que le mythe grec et l'Ancien Testament présentent la femme de la même manière : la mère de tous nos maux.
Psyché est l'héroïne d'une jolie histoire dans laquelle elle devient la femme du dieu Amour et doit affronter un certain nombre d'épreuves pour rester à ses côtés.
Pactole est le nom d'une petite rivière dans laquelle Midas se lava de son don de transformer tout en or, fâcheux pour avaler son repas. Il laissa s'échapper une pluie de paillettes d'or.

4. Hermès

5. l'espérance

6. tua l'aigle et délivra Prométhée
Zeus accepta la libération de Prométhée, mais à condition que ce dernier porte un anneau fait de sa chaîne et d'un morceau

de rocher. Le dieu des dieux avait fait le serment de ne jamais séparer Prométhée de son rocher, il trouva ce moyen pour ne pas se dédire.

Vox populi, vox dei

1. c

On appelle « âge d'or » une période d'éclat, d'épanouissement. Le terme s'applique aussi bien aux hommes qu'aux choses. Exemple : *Le XIXe siècle est considéré comme l'âge d'or du roman.* Pour les Grecs, il s'agissait d'une période mythique durant laquelle les hommes vivaient dans le bonheur, sans autres préoccupations que d'être heureux. Elle correspondait au règne de Cronos. Sous celui de Zeus, on parla d'âge d'argent, déjà moins agréable. Mais la décadence mena ensuite les hommes à l'âge d'airain, période qui vit apparaître certains crimes. Puis, avec l'âge de fer, l'homme connut le fond : il y eut la maladie, la vieillesse, la mort, l'angoisse... On passe de la *diké*, la justice, à l'*hybris*, la démesure. Tout cela d'après Hésiode, le poète grec.

2. c

Herméneutique vient du verbe grec *hermêneuein*, « interpréter ». L'*herméneutique* désigne l'interprétation des textes et des symboles.
Hermétique vient du nom d'Hermès Trismégiste (qui est à dissocier de l'Hermès classique), nom que les Grecs donnèrent au dieu égyptien Thot. Ce dernier s'occupait de magie et de sciences. Le livre qui contenait ses connaissances était dit *hermétique.* De là le sens de « parfaitement fermé » et « difficile à comprendre ».
Hermétisme est de la même famille.
Hermaphrodite était le fils d'Hermès et d'Aphrodite, d'où son nom. Un jour, il essaya en vain de repousser les ardeurs de la nymphe Salmacis, qui obtint de voir son corps à jamais uni à celui du dieu. Ils ne formèrent plus qu'un seul être, doté des deux sexes.

7

Il était un petit navire...

Les grandes odyssées

Heureux qui comme Ulysse, ou Énée, ou Jason, ou bien d'autres, a fait un beau voyage. Car les héros mythologiques ont accompli bien des exploits sur les mers, contrariés par des vents contraires, des monstres marins et parfois la colère des dieux. Dans ce chapitre, vous naviguerez au côté de ces grands marins dont vous aurez à retrouver les destinations et les ambitions. Vous vous remémorerez ensuite quelques épisodes fameux de leur périple, pour découvrir enfin que le plus simple n'est pas toujours de rentrer chez soi après une longue absence. Hissez les voiles et maintenez le cap !

Ils partirent

À chaque personnage correspondent une destination et un enjeu. Reliez-les d'un trait.

PERSONNAGES	DESTINATIONS	ENJEUX
Jason •	• Crète •	• fonder une ville
Thésée •	• Troie •	• trouver l'herbe de l'immortalité
Ulysse •	• Colchide •	• conquérir la Toison d'or
Énée •	• Italie •	• récupérer Hélène enlevée par Pâris
Gilgamesh •	• île au-delà des Eaux de la Mort •	• tuer le Minotaure

Ils virent

Voici des citations qui font allusion à un épisode du périple de nos voyageurs rencontrés dans le jeu précédent. Retrouvez la bonne interprétation, parmi les deux propositions qui vous sont faites.

1. « Ariane, ma sœur ! de quel amour blessé,
Vous mourûtes aux bords où vous fûtes laissée ! »

a. Ariane, amoureuse de Jason, tissait inlassablement le même vêtement afin de maintenir le héros près d'elle. Mais ce dernier découvrit le subterfuge et l'abandonna. Elle se laissa mourir de désespoir en regardant s'éloigner le navire *Argo*.

b. La victoire de Thésée sur le Minotaure ne tint qu'à un fil, celui d'Ariane, mais ce fut le seul lien qu'il désira maintenir avec elle. Amoureuse, elle fut abandonnée par le prince sur l'île de Naxos. Elle mourut de chagrin.

2. « Ils allaient obscurs, dans la nuit solitaire, à travers l'ombre et à travers les demeures vides [...] »

a. Allusion aux soldats morts sous les remparts de Troie, dont le roi Priam arpentait la nuit les rues dévastées.

b. Allusion au voyage d'Énée aux Enfers, dont il découvre les profondeurs, guidé par la Sibylle de Cumes.

3. « Alors, sans mon amour, qu'eût fait votre vaillance ?
Eût-elle du dragon trompé la vigilance ?
Ce peuple que la terre enfantait tout armé,
Qui de vous l'eût défait si Jason n'eût aimé ? »

a. Jason, pour récupérer la Toison d'or, dut séduire un dragon. La bête, une fois vaincue, se transforma en nymphe dont le héros tomba amoureux, retardant son retour.

b. Jason, pour affronter les épreuves qui lui étaient imposées, bénéficia de l'aide de la magicienne Médée dont il tomba amoureux et dont il se fit aimer.

4. « Sa grotte ne résonnait plus de son chant ; les nymphes qui la servaient n'osaient lui parler. Elle se promenait souvent seule sur les gazons fleuris dont un printemps éternel bordait son île : mais ces beaux lieux, loin de modérer sa douleur, ne faisaient que lui rappeler le triste souvenir d'Ulysse, qu'elle y avait vu tant de fois auprès d'elle. »

a. Il s'agit de la nymphe Calypso qui aima Ulysse durant sept ans.

b. Il s'agit de Nausicaa, sirène éperdue d'amour, qui ne sut charmer Ulysse.

5. « Mes compagnons se mirent debout, carguèrent la voile de la nef. L'ayant posée au creux de la nef, ils allèrent s'asseoir à leurs rames, dont le sapin poli fit blanchir l'eau. Pour moi, je me servis du bronze aigu de mon épée pour découper une grande roue de cire en petits morceaux que j'écrasai avec mes fortes mains. »

a. Thésée, lorsqu'il embarqua, essaya de se fabriquer une armure dans un matériau souple. Mais la cire s'avéra trop sensible à la chaleur et il dut renoncer à son projet.

b. Lorsque son navire s'approcha de l'île des Sirènes, Ulysse eut l'idée de boucher les oreilles de ses compagnons afin qu'ils n'entendent pas leur chant ensorcelant.

Ils rentrèrent... (ou tout au moins essayèrent)

Chaque narration d'un retour difficile à la maison contient une erreur. Retrouvez-la.

1. Lorsqu'il rentra de Mycènes et regagna son royaume de Troie, Agamemnon, le roi des rois de la Grèce, n'eut pas le loisir de goûter un repos mérité. Sa femme, Clytemnestre, l'attendait, accompagnée de son amant, Égisthe. Ils assassinèrent ce pauvre mari afin de poursuivre paisiblement leur règne. Mais c'était compter sans Oreste, le fils du roi, qui vengea son père en assassinant sa mère, sur les ordres d'Apollon.

2. Thésée avait promis à son père, Myssel, de hisser une voile blanche sur le mât de son navire, s'il revenait vivant à Athènes après avoir tué le Minotaure. Le prince oublia sa promesse et laissa la voile noire annoncer un funeste destin. Lorsqu'il aperçut le navire et crut son fils mort, le roi se jeta dans la mer qui porte maintenant son nom.

3. Après la guerre de Troie, le rusé Ulysse s'embarqua pour rejoindre sa terre natale, Ithaque. Il mit vingt ans à rentrer, donnant son nom tout d'abord à un long périple aventureux : une Odyssée [1]. Pour tromper les prétendants qui convoitaient sa femme et occupaient son palais, il prit l'apparence d'un vendeur de chiens. Puis il finit par se faire reconnaître en bandant son arc et en tirant une flèche à travers une rangée de douze haches. Il était le seul à pouvoir accomplir cet exploit.

4. Gilgamesh, lorsqu'il revint au pays des vivants, assoiffé, aborda le rivage. Il se précipita au bord d'une source et se désaltéra, posant la pierre de l'immortalité au bord de l'eau. Un serpent passa par là, trouva l'occasion bien alléchante et repartit avec le précieux don. Le héros n'avait plus soif mais il était à nouveau mortel.

Vox populi, vox dei

1. Un *dédale* est synonyme de :
   a. pavement
   b. petit sandwich
   c. labyrinthe
   d. piège à souris

2. *Tomber de Charybde en Scylla* signifie :
   a. tomber de plus en plus bas
   b. échapper à un péril pour en rencontrer aussitôt un deuxième
   c. être un séducteur invétéré
   d. faire des rencontres intéressantes

3. Une *pomme de discorde* est :
   a. un instrument de musique
   b. un fruit de la passion
   c. un arc et des flèches
   d. un sujet de dissension

1. Le mot *odyssée* vient du nom grec d'Ulysse « Odysseus ».

Réponses

Ils partirent

Jason, prince grec, partit en **Colchide conquérir la Toison d'or**. Jason s'était vu usurper son royaume de Iolcos par son oncle Pélias. Ce dernier lui promit de lui rendre son héritage s'il mettait la main sur la Toison d'or. Il s'agissait d'une peau de bélier qui se trouvait dans le bois d'Arès, en Colchide. Pour y accéder, il fallait traverser la mer Noire, en son extrémité orientale. Mais le plus difficile était de s'en emparer, car il fallait amadouer un dragon insomniaque. Bref, quelques bons coups de rame et une bonne âme de dompteur étaient requis ! Jason organisa la croisière avec ses amis les Argonautes...

Thésée, héros grec, partit en **Crète tuer le Minotaure**.
Tous les sept ans, Athènes devait verser aux Crétois un tribut de sept jeunes gens destinés à satisfaire l'appétit du Minotaure, monstre hybride à tête d'homme et au corps de taureau enfermé dans un labyrinthe. Athènes assiégée avait négocié sa liberté moyennant ce petit dédommagement. Thésée avait décidé de se glisser parmi les sept futures victimes afin d'affronter le monstre.

Ulysse, héros grec, se rendit à **Troie** pour **récupérer Hélène, enlevée par Pâris**. Tout commença lors des noces de Thétis et Pélée. Pour des raisons assez évidentes, on avait omis d'y inviter Éris, la déesse de la Discorde. Elle prit mal la chose et se vengea en lançant au milieu du banquet une pomme d'or sur laquelle était inscrit : « À la plus belle ». Trois déesses se jetèrent dessus : Héra, Athéna et Aphrodite. Pour trancher, elles demandèrent à Pâris, fils de Priam, de désigner la plus belle. Lorsque Aphrodite promit à Pâris l'amour de la plus belle des humaines, s'il la désignait comme la plus belle des déesses, elle omit un détail : la belle Hélène était mariée ! Ménélas, d'un naturel jaloux, vécut mal le départ de sa femme loin du foyer. Il convoqua donc tous les rois de Grèce, dont Ulysse, pour ramener au domicile conjugal l'épouse volage.

Énée, héros romain, alla en **Italie fonder une ville**. Énée, fils d'Anchise et de Vénus, chef troyen, fuit Troie en flammes et partit fonder une nouvelle ville en Italie, suivant en cela les recommandations d'Hector, si l'on en croit la narration de Virgile. Il mit plusieurs années avant d'atteindre les rivages du Latium, profitant pleinement des richesses et des surprises des bords de la Méditerranée.

Gilgamesh, divinité mésopotamienne, se rendit sur l'**île au-delà des Eaux de la Mort** pour **trouver l'herbe de l'immortalité**. Ce héros mésopotamien effectua d'abord un certain nombre d'exploits. À son retour, son ami Enkidou, qui l'avait accompagné, décéda. Furieux, notre héros décida de combattre la mort et partit trouver l'herbe de l'immortalité. Il traversa pour cela les Eaux de la Mort durant un mois et demi, pour rejoindre l'île d'Um-Napishtim, personnage qui l'aida dans sa quête.

Ils virent

1. b
Il s'agit d'une citation du *Phèdre*, acte I, scène 3 (1677) de Racine.
Phèdre évoque sa sœur Ariane qui aida Thésée à sortir du labyrinthe, antre du Minotaure. Elle lui donna à tenir un fil dont elle tenait l'autre extrémité. La jeune fille agit par amour, mais elle ne reçut en retour que l'indifférence du prince qui se débarrassa d'elle dès qu'il en eut l'occasion. Il ne voulait pas d'une femme qui lui donnerait du fil à retordre.

2. b
C'est par ce vers que Virgile commence la narration de la descente aux Enfers du prince troyen, dans *L'Énéide,* livre sixième, (19 av. J.-C.). Énée avançait à l'aveuglette dans ce monde d'ombres où il perdait ses repères. Cette descente fait partie des épreuves que le prince rencontrera dans son périple pour regagner l'Italie. Il suivait les prophéties tels des indices donnés pour la bonne poursuite de son voyage.

3. b
Dans sa pièce *Médée,* acte I, scène 1 (1635), Corneille fait ainsi parler Jason. Après s'être emparé de la Toison d'or, le héros grec revint de Colchide avec la magicienne Médée. Elle lui avait permis de surmonter les épreuves imposées par son père Aeétès, roi de Colchide, et avait trouvé un mari par la même occasion. Elle rendit encore quelques menus services durant le retour,

n'hésitant pas à découper en morceaux son frère, lancé à leur poursuite. Le père, occupé à récupérer les morceaux, dut les laisser filer.

4. a

Ce passage des *Aventures de Télémaque* (1699) de Fénelon rappelle l'épisode des amours d'Ulysse et de Calypso, sur l'île d'Ogygie, où échoua le héros. Sur ordre des dieux, la nymphe le laissa partir après sept ans de vie commune, mais elle en conçut un énorme chagrin. Quant à Nausicaa, la fille du roi des Phéaciens, elle aurait bien fait d'Ulysse son mari, mais celui-ci n'avait de cesse qu'il ne retrouve sa femme Pénélope. Elle n'en conçut qu'un chagrin raisonnable.

5. b

Homère, dans *L'Odyssée*[1], chant XII, évoque ces Sirènes qui cherchaient à attirer sur leur île les marins par leurs chants envoûtants. Pour ne pas succomber, Ulysse emplit de cire les oreilles de ses compagnons et se fit attacher au mât de son navire. Ainsi il ne perdit pas une miette des vocalises de ces séduisants monstres tandis que l'équipage continuait de ramer.

Ils rentrèrent... (ou tout au moins essayèrent)

1. Agamemnon était roi de **Mycènes**, et il y fut assassiné par sa femme et son amant Égisthe, à son retour de la guerre de Troie. Oreste vengea son père en assassinant sa mère, qui dut être à son tour vengée. Érinyes, quand vous nous tenez[2] !

2. Le père de Thésée s'appelle **Égée** et la mer qui porte son nom est connue sous cette appellation.

3. Ulysse revint à Ithaque déguisé **en mendiant**. Son fidèle porcher Eumée l'aida à se venger des prétendants qui voulaient tous épouser Pénélope, persuadés de la mort d'Ulysse. Sa femme était à court de stratagèmes pour les faire patienter. Elle se disait accaparée par un tissage qu'elle faisait le jour et défai-

1. Traduction de Louis Bardollet, Robert Laffont, 1995.
2. Les Érinyes sont les esprits femelles de la vengeance. Elles ne laissent pas impunis les crimes au sein de la famille.

sait la nuit, promettant que la fin de son ouvrage sonnerait l'heure du choix d'un nouveau mari. Contrairement à son chien Argos et à la nourrice Euryclée, Pénélope ne reconnut pas aussitôt son mari lorsqu'il se présenta au palais. Elle demanda des preuves. L'épreuve de l'arc ne suffit pas, il fallut encore qu'Ulysse explique la manière dont était construit le châssis de leur lit.

4. Gilgamesh n'est pas le seul distrait si vous avez oublié que dans le premier jeu, il était question de **l'herbe** de l'immortalité.

Vox populi, vox dei

1. c

Dédale a conçu le labyrinthe dans lequel était enfermé le Minotaure. Devenu nom commun, un *dédale* désigne un labyrinthe, un lieu où l'on s'égare facilement. Exemple : *Ils se sont perdus dans le dédale des rues de la vieille ville.*

2. b

Monstres marins, Charybde et Scylla provoquaient les naufrages. Ulysse perdit des compagnons en les affrontant. Échapper à l'un, c'était se retrouver face à l'autre. Passée dans la langue littéraire, l'expression signifie tout naturellement : « échapper à un danger pour être confronté à un autre danger, parfois pire que le précédent ».

3. d

Une pomme de discorde est un sujet de dissension. D'ailleurs, Héra et Athéna n'ont toujours pas pardonné à Pâris d'avoir désigné Aphrodite comme étant la plus belle des déesses.

8

Les bêtes à bons dieux

Des animaux et des dieux

Les dieux de l'Antiquité aimaient eux aussi les animaux. Ils avaient des compagnons, dont ils prenaient parfois l'aspect, qui constituaient des symboles de leur pouvoir et révélaient des traits de leur personnalité. Telle bête, tel maître. Mais ces animaux n'étaient pas tous familiers. Cerbère ne servait pas de carpette, le Minotaure n'avait rien d'un videur d'écuelles, et la Chimère ne se tenait pas en laisse. Certaines de ces petites bêtes se montraient rétives, voire dangereuses et inaptes au dressage. Il est plus raisonnable que vous sachiez les identifier. C'est ce que nous vous invitons à faire dans ce chapitre, mais attention : gare aux coups de griffes et aux venins fétides !

Tout le monde en laisse

Associez chaque dieu et son animal. Aidez-vous des commentaires entre parenthèses :

Aigle – babouin – chacal – chat – chouette – colombe – corbeau – dauphin – panthère – paon.

1. Zeus (utile pour les enlèvements) :
2. Héra (très fier d'être au service de la reine des déesses) :
3. Aphrodite (messagère de l'amour) :
4. Apollon (il a bon dos) :
5. Athéna (animal enthousiaste) :
6. Odin (lui rapporte tout de ce qui se fait et se dit sur terre) :
7. Thot (beaucoup de bruit dans les arbres) :
8. Anubis (s'arrête au premier mort venu) :
9. Rê (fait le tour du ciel à pattes de velours) :
10. Seth (finira en fourrure) :

Bizarre, vous avez dit bizarre...

Les créatures mythologiques ont inspiré bien des artistes parmi les peintres et les sculpteurs.
Associez chacun des monstres numérotés de 1 à 6 à l'une des descriptions repérées par les lettres en gras.

1. Pégase :
2. Hydre de Lerne :
3. Chiron le Centaure :
4. Minotaure :
5. Méduse :
6. Chimère :

a. Le peintre Jean-Baptiste Regnault peint un cheval à la robe brune. Le buste est celui d'un homme à la musculature proéminente. La créature porte un carquois et montre à un jeune homme comment tirer à l'arc.

b. Antonio Canova a sculpté une tête aux cheveux de serpents et munie de deux petites ailes. La bouche est entrouverte, le regard vide. Un personnage au casque ailé la brandit, tandis que son autre main tient une épée à la double lame.

c. Le peintre Odilon Redon représente un cheval à la robe d'une blancheur étincelante. La lumière scintille sur ses ailes. La bête se cabre, prête à frapper le sol de ses sabots.

d. Le peintre Gustave Moreau représente un corps de serpent qui se ramifie en plusieurs têtes sifflantes ou béantes. À ses pieds, le sol est jonché de cadavres.

e. Sur un vase grec du VIe siècle avant J.-C. est représentée une créature au corps de chèvre, à la tête de lion et à la queue de serpent.

f. J.W. Watts représente de dos une tête de taureau plantée sur un corps d'homme. Sont surtout visibles les plis du cou, les cornes et les oreilles, le museau de profil, le torse dénué de pelage, à la forte musculature, un bras qui se poursuit en patte et s'achève en sabot. La créature se tourne vers le large et observe l'horizon.

En compagnie des monstres

Reconstituez les noms des monstres dont les groupes de lettres se sont mélangés. Vous trouverez trois monstres par proposition.

1. cy ty clo grées phon pe

2. har gé tro ryon pyes ll

3. sphin gri fen rir ge ffons

Vox populi, vox dei

1. On dira d'une personne méchante et acariâtre qu'elle est :
a. une vraie méduse
b. une vraie harpie
c. un vrai babouin
d. un vrai Minotaure

2. On appelle une *chimère* :
a. un voile de fumée
b. une femme désagréable
c. une idée fausse
d. une femme folle

Réponses

Tout le monde en laisse

1. Zeus : Aigle
Lorsqu'il enleva Ganymède[1], Zeus envoya son aigle faire le travail. Il l'envoya aussi manger le foie de Prométhée. L'animal est considéré comme l'un des attributs du dieu.

2. Héra : Paon
L'animal lui était consacré. Mais elle lui ajouta une petite touche personnelle. Lors d'une de ses fameuses colères contre son mari, elle enleva la génisse Io, qui cachait une amante de Zeus et la donna à garder à Argos. C'était un parfait gardien, puisqu'il possédait un nombre important d'yeux et qu'il les reposait alternativement. Bref, il savait tenir les gens à l'œil. Or, Zeus envoya Hermès délivrer la génisse. Ce dernier fut expéditif : il tua Argos. Héra, sensible à sa loyauté, décora la queue du paon des yeux de son fidèle serviteur.

3. Aphrodite : Colombe
Les colombes tiraient le char de la déesse. Avec l'amour, tout est possible.

4. Apollon : Dauphin
Le dauphin était l'un des animaux consacrés au dieu, avec le loup, le chevreuil, le cygne, entre autres.

5. Athéna : Chouette
L'animal est le symbole de l'intelligence.

6. Odin : Corbeau
Les deux corbeaux d'Odin s'appelaient Hugin et Munin. Ils étaient perchés sur l'épaule du dieu nordique et lui murmuraient à l'oreille tout ce qu'ils avaient vu ou entendu à travers le monde.

7. Thot : Babouin
Rappelons que les dieux égyptiens se voyaient attribuer des

1. Voir cet épisode dans le chapitre 4, « Vertiges de l'amour ».

animaux, mais qu'ils pouvaient tout aussi bien en prendre l'apparence. Les différents règnes (animal, divin, humain) se confondaient parfois. Les Égyptiens considéraient le tintamarre du babouin au lever du soleil comme un signe de joie. Thot était assimilé à l'animal comme dieu lunaire et dieu de l'écriture.

8. Anubis : Chacal
Anubis était à la frontière du monde des vivants et des morts, passeur des âmes. Ainsi va le chacal, à l'orée du désert et du monde de la vallée du Nil. Animal nocturne et charognard, il est associé au dieu.

9. Rê : Chat
Il s'agit d'une des manifestations de Rê. Il fait le tour du ciel avec l'hirondelle, oiseau solaire.

10. Seth : Panthère
Manifestation de Seth, qui finit dépecé. Anubis, en vrai chacal, lui arracha sa peau et la revêtit. Il entra ainsi chez Osiris. L'histoire plut et les prêtres, lors du rite funéraire, prirent l'habitude de se recouvrir d'une peau de panthère.

Bizarre, vous avez dit bizarre...

1. Pégase : c
Odilon Redon, *Pégase, cheval sur un rocher*, vers 1907-1910, Hiroshima Museum of Art.
Cheval ailé, Pégase était né du sang de Méduse, au moment où elle fut tuée par Persée. Grâce à lui, Bellérophon put tuer la Chimère. Il créa des sources en frappant les montagnes de son sabot : celle d'Hippocrène, sur l'Hélicon, notamment.

2. Hydre de Lerne : d
Gustave Moreau, *Hercule et l'Hydre de Lerne*, 1876, Art Institute of Chicago.
Ce monstre possédait un corps de chien et neuf têtes de serpents, dont l'une était immortelle. Héraclès eut parmi ses douze travaux celui de le tuer. La tâche était si ardue qu'il se fit aider par son neveu. En effet, à peine coupées, les têtes repoussaient. Iolaos brûlait les blessures avant qu'elles ne cicatrisent, et per-

mit ainsi de vaincre le monstre. Quant à la partie invincible de la bête, elle fut enterrée sous un rocher.

3. Chiron le Centaure : a
Jean-Baptiste Regnault, *L'Éducation d'Achille par le Centaure Chiron*, 1782, Paris, musée du Louvre.
Un Centaure est une créature mi-homme mi-cheval. Chiron brillait par sa sagesse et sa science. Il fut responsable de l'éducation d'Achille, le héros notoirement fragile du talon. Il éduqua aussi Jason et Actéon. Il leur apprit la chasse, le combat, la morale, la musique... Blessé accidentellement par une flèche d'Héraclès, il souffrit tellement qu'il échangea son immortalité avec Prométhée qui, lui, était mortel, et mit ainsi fin à son calvaire. Rappelons qu'Héraclès avait trempé ses flèches dans le sang de l'Hydre. Les plaies qu'elles provoquaient étaient incurables.

4. Minotaure : f
J.W. Watts, *Minotaure,* 1885, Londres, Tate Gallery.
Le Minotaure était une créature mi-homme mi-taureau emprisonnée en Crète. Il devait son existence à Pasiphaé, sa mère au tempérament passionné. Cette dernière était tombée follement amoureuse du taureau blanc offert à son mari Minos par Poséidon. Pour séduire la bête, l'épouse infidèle n'avait pas hésité à se déguiser en vache. Elle donna naissance à une créature hybride, dont Minos, qui avait l'œil, vit tout de suite qu'elle n'était pas de lui. Il l'enferma dans un labyrinthe, construit tout spécialement pour cette occasion par Dédale. Ajoutons que la bête était carnivore. Athènes devait livrer chaque année sept garçons et sept filles afin de nourrir le monstre. Le Minotaure de Watts, tourné vers la mer, le regard scrutant l'horizon, semble attendre avec impatience son plateau-repas.

5. Méduse : b
Antonio Canova, *Persée tenant la tête de Méduse*, 1806, musée Pio-Clementino, Vatican.
Méduse était une des trois Gorgones, avec Sthéno et Euryalé, toutes trois d'une beauté discutable. Elles avaient la tête couverte de serpents, des dents de sanglier, des mains en bronze et des ailes d'or qui leur permettaient de voler. Seule Méduse était mortelle... mais la tuer n'était pas une mince affaire ! Il fallait échapper à son regard qui pétrifiait quiconque le croisait. Pour parvenir à ses fins, Persée usa des reflets de son bouclier

pour se diriger sans avoir à la regarder en face et il la décapita dans son sommeil. Persée s'enfuit dans les airs grâce aux sandales ailées qu'Hermès lui avait prêtées, et échappa à la colère des deux autres grâce au casque d'invisibilité d'Hadès.

6. Chimère : e
Coupe à figures noires, *Bellérophon chevauchant Pégase*, VIe s. av. J.-C., Paris, musée du Louvre.
La Chimère était une créature abominable qui vomissait des flammes et se nourrissait de chair humaine. Elle tomba sous les coups de Bellérophon aidé de Pégase. Comme quoi, la solidarité n'existait pas entre monstres ! Chimère fut tuée sur une idée ingénieuse de notre héros : il lui enfonça dans la gueule une lance à laquelle il avait attaché une masse de plomb. Lorsque la Chimère cracha du feu, elle fit fondre en même temps le métal qui l'étouffa.

En compagnie des monstres

1.
Cyclope
Il en existait plusieurs sortes. Certains, peu gâtés par la nature, n'avaient qu'un seul œil au milieu du front.
Les Cyclopes dits Ouraniens, fils d'Ouranos et de Gaia, donnèrent à Zeus le tonnerre, les éclairs et la foudre ; à Hadès un casque qui rendait invisible ; à Poséidon un trident. Ils travaillaient avec Héphaïstos dans des forges.
Mais nous connaissons surtout les Cyclopes éleveurs de moutons avec qui Ulysse eut maille à partir. Lui et ses compagnons furent faits prisonniers par le Cyclope Polyphème, dont ils avaient à craindre l'anthropophagie. Ils usèrent de la ruse pour sortir de son antre : ils aveuglèrent le Cyclope avec un pieu, alors qu'il était ivre. Ils sortirent, à son insu, lorsqu'il libéra ses moutons, en s'accrochant au ventre de ces derniers pour échapper aux mains tâtonnantes de leur ennemi.
Enfin, la dernière race avait deux yeux, et même des bras supplémentaires au niveau du ventre. Les Grecs leur attribuaient la construction des monuments anciens, gigantesques, dont ils ne concevaient pas qu'ils aient pu être réalisés par des humains. Les expressions « mur cyclopéen », « construction cyclopéenne » sont d'ailleurs passées dans la langue.

Typhon
Créature remarquable par son aspect : sa tête touchait les étoiles ; ses bras, étendus, atteignaient l'Orient et l'Occident en même temps ; Typhon avait cent têtes de dragons à la place des doigts ; les jambes entourées de vipères, des ailes dans le dos et des yeux qui lançaient des flammes. Quand il s'approcha de l'Olympe, il fit fuir tous les dieux qui tentèrent de se cacher comme ils le pouvaient, notamment en se métamorphosant en animaux. Seuls Athéna et Zeus n'avaient pas fini en bouc, poisson, ibis ou milan. Le roi des dieux entama un combat sans merci. Il écrasa son adversaire sous l'Etna, dont on dit que les éruptions sont des accès de rage du vaincu.

Grées
Vieilles femmes, nées déjà vieilles et sœurs des Gorgones. Elles n'avaient, pour trois, qu'un œil et une dent qu'elles se partageaient. Quand il dut les combattre pour accéder aux Gorgones, Persée commença par leur voler leur œil. Elles savaient habituellement ne dormir que d'un œil, mais sans celui-ci, elles sombrèrent dans un sommeil profond.

2.
Harpyes
Moitié femmes moitié oiseaux, elles enlevaient les enfants et les âmes en les emportant dans leurs serres acérées.

Géryon
Géant à trois têtes et à trois corps jusqu'à la taille. Lui dérober son troupeau de bœufs fut un des travaux d'Hercule qui dut d'abord assommer son adversaire à trois reprises.

Troll
Un troll est un géant chez les peuples nordiques. C'est le gibier préféré de Thor.

3.
Sphinge
Le sphinx ou la sphinge (elle est appelée ainsi par certains auteurs en tant que monstre femelle) est le monstre rencontré par Œdipe à son arrivée à Thèbes. Elle avait un corps de lion et une tête de femme.

Griffons
Oiseaux très étranges, au corps de lion, au bec d'aigle et aux ailes puissantes. Ils gardaient les trésors d'Apollon ou les cratères de vin de Dionysos.

Fenrir
Dans la mythologie nordique, loup dangereux dont les dieux savaient qu'il était destiné à anéantir les Ases. Ils commencèrent par élever la bête à leur côté, mais lorsqu'elle fut trop grande, ils décidèrent de l'attacher par un lien indestructible. Or l'affaire n'était pas simple. Ils tentèrent de tromper l'animal, doué d'intelligence et de parole, en prétendant vouloir juste tester sa force. À deux reprises, Fenrir rompit les liens, mais les Ases firent fabriquer par les nains un nouveau lien indestructible qu'on appela Gleipnir. Le loup se plia à la troisième épreuve, mais à la condition qu'un dieu mît sa main dans sa gueule durant le test. Ce fut le dieu Tyr qui s'y colla. Le lien résista, Fenrir comprit qu'il avait été piégé et Tyr perdit sa main.
Bien plus tard, le loup devait donner raison à la prophétie en tuant Odin.

Vox populi, vox dei

1. b.
Le terme *harpie* désigne une femme méchante, acariâtre et avide comme un rapace.

2. c
On appelle *chimères* toutes les créations fantasques de l'esprit, notamment les illusions, les faux espoirs. Exemple : *Quittez vos chimères ! Jamais nous n'avons dit cela !*

9

Paysages de dieux

Les lieux célèbres de la mythologie

Fréquenter les dieux amène tôt ou tard à entrer chez eux, à découvrir leurs paysages familiers, à parcourir leurs domaines. Dans ce chapitre, vous ferez le tour du propriétaire, sur l'Olympe, dans l'Asgard, ou sur l'île du Milieu... Nous vous inviterons également, à toutes fins utiles, à vous repérer dans les Enfers. Chez les Grecs anciens, tout le monde y finissait un jour ou l'autre, mais malheur à qui n'avait pas le sens de l'orientation. Aussi allons-nous vous proposer une visite guidée, ainsi qu'un portrait des principales personnalités que vous pourriez bien y rencontrer. Bonne promenade !

Séjour divin

Choisissez parmi les propositions qui vous sont faites vos préférences et vous découvrirez votre nouveau lieu de résidence, digne des dieux mythologiques.

1. Votre lieu d'habitation possède :
   a. un palais brillant comme de l'or
   b. une enceinte fortifiée
   c. un ensemble de palais
   d. un environnement boisé

2. Vous préférez vivre :
   a. près d'une rivière
   b. au centre des terres
   c. sur une montagne escarpée et enneigée
   d. sur une île

3. Votre activité favorite :
  a. combats et banquets
  b. observation du monde
  c. festins
  d. discussions

4. Pour le repas, vous prenez :
  a. du sanglier, de la bière et de l'hydromel
  b. du vin
  c. du nectar et de l'ambroisie[1]
  d. du pain

5. Le plus important :
  a. six cents chambres et un loup pour décorer la porte
  b. un toit en boucliers dorés et un arc-en-ciel en guise de pont
  c. du personnel : médecin, bonne à tout faire, héraut...
  d. un passeur pour surveiller l'accès des lieux

Descente aux Enfers

Classez dans le bon ordre les étapes de la descente dans les Enfers grecs qui vous sont données ci-dessous.

1. Donner une obole.
2. Rejoindre les Champs Élysées ou le Tartare.
3. Passer discrètement devant Cerbère.
4. Se présenter devant Éaque, Minos et Rhadamante.
5. Passer entre les âmes errantes, sans sépultures.
6. Passer du temps dans les champs des pleurs.
7. Traverser le Styx grâce au passeur Charon.

Ordre des étapes : ___ - ___ - ___ - ___ - ___ - ___ - ___

1. L'ambroisie est la nourriture des dieux de l'Olympe, le nectar est leur boisson.

Une jet-set d'Enfers

Retrouvez, avec les indices qui vous sont donnés, les personnages enfermés à jamais dans les Enfers.

1.
Roi, il était apprécié des dieux au point d'être invité à leur table.
Il a lancé la mode du cannibalisme.
Il a donné son nom à un supplice.
À un son près, son nom est l'homophone d'un roi du pétrole.

Son châtiment :
Plongé dans l'eau, il ne peut la boire car elle s'éloigne lorsqu'il en approche ses lèvres. Il ne peut pas non plus manger, car les branches de l'arbre fruitier près de lui s'éloignent dès qu'il tente de les saisir.

2.
Il est le plus rusé des mortels.
Il a dénoncé Zeus lorsque ce dernier a enlevé Égine.
Il a été châtié pour cela.
Albert Camus a écrit un essai dont le titre comporte son nom.
S'ils étaient deux, cela ferait douze conifères à fruits rouges.

Son châtiment :
Il roule éternellement, au sommet d'une pente, une pierre qui inexorablement redescend à nouveau.

3.
Elles sont cinquante.
Elles ont assassiné leur mari le soir des noces.
Elles portent un nom proche de celui qu'Homère donne aux Grecs dans l'*Iliade*.
Elles furent purifiées de leur crime par Hermès et Athéna, mais assassinées par un vengeur.

Leur châtiment :
Ces filles de Danaos doivent remplir interminablement un tonneau sans fond.

Vox populi, vox dei

1. On emploie l'expression *tonneau des Danaïdes* lorsque l'on parle :
   a. d'un gain d'argent considérable
   b. d'un tonneau percé
   c. d'une source de dépenses illimitée
   d. d'un crime passionnel

2. *Passer le Styx* signifie :
   a. mourir
   b. être obligé de payer
   c. réussir
   d. rencontrer un obstacle

3. Quelqu'un qui a *juré par le Styx* :
   a. a prononcé un serment terrible
   b. vous a mené en bateau
   c. vous a promis de l'argent
   d. ne pourra tenir son serment

Réponses

Séjour divin

Si vous avez majoritairement des réponses ***a*** *:*
Vous êtes dans la demeure d'Odin, la Valhalle, palais aux six cent quarante chambres. Il accueillait les guerriers morts au combat, amenés là par les Valkyries. Les résidants passaient leur existence en combats fictifs qu'ils commentaient ensuite autour d'une table, où ils festoyaient agréablement, buvant bière et hydromel, mangeant le sanglier magique Saehrimnir, aussitôt avalé, aussitôt reconstitué. Le lieu était protégé par la rivière Thiodvitnir.

Si vous avez majoritairement des réponses ***b*** *:*
Vous êtes dans Asgard, la demeure des Ases, résidence des dieux nordiques. Elle servait à les protéger des Géants avec qui ils étaient en très mauvais termes. Aussi était-elle fortifiée et au centre des terres. Un arc-en-ciel reliait ce monde à celui des hommes. Son toit était fait de boucliers d'or et elle était si haute qu'on ne pouvait en voir le sommet. Dans une tour de guet, Odin avait son trône, d'où il pouvait observer tous les mondes, tout en buvant beaucoup de vin.
L'histoire de la citadelle est piquante. Au milieu de Midgard, le Géant bâtisseur proposa de construire la demeure des dieux. Il avait mis une petite condition : il aurait en récompense la déesse Freyia en mariage, et la possession du soleil et de la lune. Les dieux savaient le Géant capable de construire un lieu inexpugnable ; ils décidèrent donc d'accepter, mais en lui imposant un délai tel qu'il ne pourrait remplir son contrat. C'était compter sans le cheval du Géant, d'une force incroyable, qui promettait une victoire facile. Quand les dieux réalisèrent qu'ils allaient perdre leur pari, ils rusèrent pour échapper à leur promesse. Trois jours avant l'expiration du délai, le dieu Loki se transforma en jument en rut et détourna l'honnête travailleur de sa charge, l'emmenant dans les bois. Le Géant ne put terminer et sa colère fut à son image.

Si vous avez une majorité de ***c*** *:*
Bienvenue sur l'Olympe grec, pour un séjour tout confort, principalement dans la demeure de Zeus, où dieux et déesses festoient, se gorgent de nectar et d'ambroisie tout en évoquant le

sort des mortels. Tout est prévu pour rendre le séjour agréable : Péon fait le médecin, Hébé la bonne à tout faire, Iris la messagère. Les Saisons font office de concierges, plaçant les nuages devant les portes ou les évaporant, au gré des entrées et sorties. Inutile de visiter les autres palais, ils n'accueillent que des dieux endormis, et se transforment en dortoirs. Vous pouvez faire confiance à Homère, qui s'était bien renseigné.

Si vous avez une majorité de **d** *:*
Vous avez été accepté sur l'île du Milieu, où les dieux égyptiens délibèrent lorsqu'un conflit éclate entre eux. L'accès se fait par un passeur intraitable qui vous emmène sur sa barque. Les dieux y mangent du pain et profitent des alentours boisés... Une atmosphère ombragée pour dieux ombrageux. Vous avez toutes les chances d'y rencontrer Isis et Seth en train de se chamailler.

Descente aux Enfers

Ordre des étapes : 5-1-7-3-6-4-2

Tout bon mort gagnait les Enfers, quels que soient ses mérites ou ses fautes, le terme désignant chez les Grecs le monde de l'au-delà en général et non le lieu de châtiment judéo-chrétien. On devait d'abord se présenter aux abords du fleuve Styx, où il fallait **passer entre les âmes errantes, sans sépultures,** condamnées à errer le long du fleuve, faute d'avoir prévu la monnaie.
Puis, moyennant la modique somme d'**une obole**, on embarquait pour **traverser le Styx grâce au passeur Charon**.
Il fallait **passer discrètement devant Cerbère**. C'était le chien de garde des lieux, mais il se préoccupait davantage d'interdire toute sortie que de surveiller les entrées. Les visiteurs étaient plutôt bienvenus, pourvu qu'ils soient morts. Énée, lors de son aller-retour, dut ruser et l'endormir avec une pâtisserie soporifique[1]. Orphée le charma grâce à sa lyre[2]. Quant à Héraclès, il voulut carrément le transformer en animal de compagnie, mais son aspect, queue de serpent, échine hérissée de têtes de vipères et triple tête, rebuta Eurysthée qui devait devenir son heureux maître[3].

1. Sur la descente d'Énée aux Enfers, voir le chapitre 7.
2. Sur la descente d'Orphée aux Enfers, voir le chapitre 4.
3. Sur les douze travaux d'Héraclès, voir le chapitre 5.

Une des étapes obligatoires était de **passer du temps dans les champs des pleurs**, où il fallait se montrer prêt à entrer dans le monde des morts en se détachant totalement du monde des vivants. Ce n'était pas tout de mourir, il fallait faire le deuil de son existence.
Avant-dernière étape : **se présenter devant Éaque, Minos et Rhadamante**, les juges des Enfers et les fils de Zeus. Ce sont eux qui déterminaient l'orientation finale : **rejoindre les Champs Élysées ou le Tartare**, selon qu'on avait été bon ou mauvais dans le monde des vivants.
Les juges étaient-ils sévères ? Le fait est qu'on se pressait davantage dans le Tartare, lieu de supplices, que dans les Champs Élysées, havre de paix bucolique réservé aux justes...

Une jet-set d'Enfers

1. Tantale

On ne sait pas très bien pourquoi Tantale a été envoyé aux Enfers. Une chose est sûre : nous avons affaire à un multirécidiviste. Il a volé du nectar et de l'ambroisie, il s'est parjuré en niant avoir reçu de Zeus un chien en or, mais surtout, messieurs et mesdames les jurés, il a tenté de tromper les dieux en leur servant pour repas de la viande humaine, celle de son propre fils. Déméter n'a pas vu la différence et a fini son assiette, mais elle était bien la seule. Pour tous ses forfaits, Tantale ne méritait-il pas d'être envoyé aux Enfers, condamné à une faim et une soif éternelles ?

2. Sisyphe

Séjournant à Corinthe, Sisyphe inventait les jeux Isthmiques[1], lorsqu'il vit alors Zeus enlever Égine, la fille du dieu-fleuve Asopos. Il alla immédiatement cafter auprès du père et fut puni pour cela. Zeus le jeta dans les Enfers où il fut condamné à pousser éternellement un rocher qui roulait au bas de la pente à chaque fois qu'il en avait atteint le sommet.
Une autre version complète la première : Zeus aurait envoyé la Mort, Thanatos, chercher Sisyphe. Mais celui-ci, informé de ce qui l'attendait, aurait demandé à sa femme d'omettre de lui rendre les honneurs funèbres. Aussi devint-il une âme errante

1. Jeux publics célébrés dans l'isthme de Corinthe en l'honneur de Poséidon.

le long du Styx, incapable de regagner le cœur des Enfers. Il implora Hadès de le laisser revenir sur terre pour châtier une épouse si peu soucieuse des rites mortuaires. Le dieu accepta. Sisyphe retourna vivre tranquillement auprès de sa femme, mourut de vieillesse et son calvaire commença à ce moment-là.

3. Les Danaïdes

Ce sont les cinquante filles de Danaos, qui avait fui son frère Égyptos avec qui il était fâché. Ce dernier avait lui aussi un lot de cinquante fils. Rien de plus simple alors que d'organiser cinquante beaux mariages pour se réconcilier. Ce fut fait. Mais le fourbe Danaos offrit en cadeau de mariage à chacune de ses filles une dague avec laquelle elles devaient tuer leur mari tout neuf. Seule une, Hypermnestre, qui avait une grande envie de mari, ne se débarrassa pas de son époux Lyncée. Mal lui en prit puisque ce dernier, quelques années plus tard, vengea ses frères en tuant toutes les jeunes filles ainsi que leur père.
Entre-temps, Danaos avait eu du mal à remarier ses filles : les prétendants ne se bousculaient pas !

Vox populi, vox dei

1.c

Un *tonneau des Danaïdes* signifie « une source de dépenses illimitée ». L'expression désigne aussi une tâche répétitive qui n'a jamais de fin, ou une passion insatiable.

2. a

Cette expression très littéraire a pour équivalent familier « passer l'arme à gauche ». Ici, le passage de vie à trépas se fait en barque, avec Charon, le nocher des Enfers.

3. a

En Grèce, seuls les dieux osaient *jurer par le Styx*, tant ce serment était solennel. L'équivalent de nos jours, dans un registre nettement plus relâché, ne serait-il pas « jurer sur la tête de sa mère » ?

10

Le crépuscule des dieux

Quand les dieux disparaissent

Tout passe et trépasse, parfois même dans le monde des dieux. Nul n'est à l'abri d'une fin brutale. Dans ce dernier chapitre, nous saluerons quelques départs funèbres de dieux et de héros, nous découvrirons sous les cendres des mondes engloutis et assisterons, impuissants, à des guerres infernales. Quand les héros se lancent dans des quêtes éperdues et que les dieux s'affrontent dans des conflits interminables, mieux vaut regarder cela à distance. Accrochez-vous tout de même, ça risque de secouer !

Chacun son histoire

Dans les deux textes qui suivent, deux récits mythologiques sont mêlés. À vous de faire le tri et d'associer chaque phrase au bon personnage.

1. Narcisse/Orphée

a. Fils du roi de Thrace Œagre et de la muse Calliope. ________
b. Beau jeune homme qui méprisait l'amour, fils du fleuve Céphise et de la nymphe Liriopé. ________
c. Il suscita l'amour de nombreuses jeunes filles et nymphes. ________
d. Il fit partie des joyeux Argonautes. Mais contrairement aux autres, il ne rama pas. ________
e. Il provoqua l'amour de la nymphe Écho qui, repoussée, se laissa maigrir de désespoir au point de n'être plus qu'un filet de voix. ________
f. Jour et nuit, ne vous déplaise, il chantait. ________

g. Il battit même les Sirènes dont il surpassa les accords. ________

h. Les femmes se plaignirent au Ciel et réclamèrent vengeance. ________

i. Il n'hésita pas à aller jusqu'aux Enfers chercher son épouse. ________

j. Elle lui fit tourner la tête et il ne put la ramener parmi les vivants. ________

k. Némésis entendit les plaintes et s'arrangea pour qu'il fasse très chaud sur terre, afin qu'il eût soif. ________

l. Il en conçut un tel chagrin que, rentré en Thrace, il ne regarda plus les femmes. ________

m. Il se pencha sur l'eau pour se désaltérer. ________

n. Les femmes se sentirent offensées d'être ainsi ignorées. ________

o. Il tomba amoureux de son image. ________

p. Captif de son image et indifférent au reste du monde, il se laissa mourir. ________

q. Il fut assassiné, son corps mis en morceaux et jeté à la mer. ________

r. Sa tête et sa lyre échouèrent sur les rivages de l'île de Lesbos, qui devint ainsi la terre de la poésie lyrique. ________

2. Phaéthon/Baldr

a. Fils d'Odin et de Frigg. ________

b. Fils du Soleil et de l'Océanide Clyméné. ________

c. Il avait été élevé sans connaître son père. ________

d. Le sachant en danger, sa mère demanda à tous les êtres vivants et aux végétaux de promettre de ne lui faire aucun mal. ________

e. Le dieu Loki apprit qu'une plante, qui n'avait rien promis, pouvait être funeste au dieu. Il s'en servit pour le tuer. ________

f. Quand il sut qu'il devait la vie au Soleil, il voulut conduire son char, comme preuve de sa grandeur. ________

g. On envoya un dieu le rechercher dans le royaume des morts. ________

h. Il enfourcha un cheval et partit à sa recherche. ________

i. Il avait pris des leçons auprès de son père qui lui avait fait mille recommandations. ________

j. Les figures du Zodiaque firent faire des bonds à ce chauffeur du dimanche ; il ne put rester sur le chemin qui lui avait été tracé. ________

k. La déesse de l'au-delà permit qu'il parte, à la condition que tout le monde le pleure sur terre, les êtres comme les choses. ________

l. Des messagers annoncèrent partout ce qu'il fallait faire pour ramener le dieu sur terre. ________

m. Tous pleurèrent, animaux, pierres, arbres, humains. ________

n. Il faillit mettre le feu à la terre en s'en approchant trop et il aveugla les astres en s'élevant à leur hauteur. ________

o. Zeus le foudroya et le précipita dans le fleuve Éridan. ________

p. Seule une personne refusa de pleurer et condamna le dieu à rester dans le royaume des morts. ________

q. Ses sœurs, les Héliades, le pleurèrent tellement qu'elles se transformèrent en peupliers. ________

J'irai revoir mon Atlantide

Répondez par vrai ou faux à ces affirmations concernant le mythe de l'Atlantide.

1. Les habitants de l'Atlantide sont les Atalantes.
VRAI/FAUX

2. L'île a brutalement disparu, submergée par la mer en une seule nuit.
VRAI/FAUX

3. Poséidon, propriétaire des lieux, y avait construit un palais et conçu des enfants avec Clito.
VRAI/FAUX

4. Les premiers habitants vivaient sur l'île un « âge d'or[1] ».
VRAI/FAUX

5. L'île servait d'expérience aux dieux qui voulaient isoler une partie de l'humanité des autres civilisations.
VRAI/FAUX

1. Sur le sens de cette expression, voir chapitre 6, « Vox populi, vox dei ».

6. L'Atlantide fut détruite pour punir ses habitants de leur corruption morale.
VRAI/FAUX

7. L'île connut sa décadence lorsqu'elle fut envahie par des peuples colonisateurs qui souhaitèrent bénéficier de ses richesses.
VRAI/FAUX

Liquidation totale

Voici des extraits de l'*Edda prosaïque* de Snorri Sturluson, texte du XIIIe siècle, source de la mythologie nordique. Il raconte le Ragnarök, le crépuscule des puissances, le combat final entre les Dieux et les Géants. Les mots ci-dessous sont à remettre aux bonnes places dans le texte.

Ases – épées – Fenrir – flammes – frêne – Giallarhorn – lance – source – Vigrid.

L'horreur régnera parmi les hommes,
La débauche dominera.
Viendra l'époque des haches et l'époque des **(1)** _______ [...]

[...] la terre tout entière se mettra à trembler, de même que les montagnes, à tel point que les arbres seront déracinés, que les montagnes s'écrouleront et que toutes les chaînes et les liens céderont et se rompront. Alors le loup **(2)** _______ se libérera.

Les fils de Muspell[1] formeront à eux seuls un corps de bataille, extrêmement brillant, sur la plaine **(3)** _______, laquelle s'étend sur cent lieues dans toutes les directions.
Heimdall se lèvera et soufflera fougueusement dans **(4)** _______ : il réveillera tous les dieux et ils tiendront aussitôt conseil.
Odin chevauchera alors jusqu'à la **(5)** _______ de Mimir afin de demander conseil pour lui-même et pour les siens.

1. Muspell est le domaine du feu. Il est gardé par le Géant Surt. « Les fils de Muspell » correspond au peuple des Géants.

Le (6) _______ Yggdrasill se mettra à trembler, et la peur s'emparera de toute créature, tant au ciel que sur la terre. Les (7) _______ et tous les Einheriar[1] revêtiront leur armure et s'avanceront vers la plaine. En tête chevauchera Odin, portant heaume d'or et magnifique broigne[2], et tenant sa (8) _______ qui est appelée Gungnir.

Le loup engloutira Odin, et telle sera sa mort.

Loki livrera bataille à Heimdall, et ils se donneront la mort l'un à l'autre. Ensuite, Surt lancera des (9) _______ sur la terre et incendiera le monde entier[3].

Vox populi, vox dei

Le *narcissisme* est une tendance à :
a. cultiver les fleurs
b. refuser l'amour
c. aimer l'eau
d. s'aimer soi-même

1. Les Einheriar sont les combattants morts recueillis dans la Valhalle, la résidence d'Odin.
2. Une broigne est une cuirasse recouverte d'anneaux ou d'écailles de métal.
3. Traduction de François-Xavier Dillmann, Gallimard, 1991.

Réponses

Chacun son histoire

1.
Narcisse : b-c-e-h-k-m-o-p
Le beau jeune homme n'avait pas goût à l'amour, mais on ne dédaigne pas les femmes impunément. Le devin Tirésias avait prédit qu'il vivrait vieux s'il ne se regardait pas. Ses parents avaient donc soigneusement évité toutes surfaces réfléchissantes... Seulement voilà, il arriva à Narcisse de se voir dans l'eau d'une source. Il fut saisi par sa propre beauté. Il avait oublié que l'on ne vit pas uniquement d'amour de soi et d'eau fraîche dans laquelle on se contemple.

Orphée : a-d-f-g-i-j-l-n-q-r
Orphée partit conquérir la Toison d'or, avec Jason[1]. Il permit à ses camarades d'éviter un certain nombre d'obstacles, en chantant mieux, ou plus fort que les Sirènes qui attiraient les marins sur leurs récifs. Il perdit sa femme Eurydice dans les Enfers, en se retournant pour la contempler[2]. Orphée devint alors le ténébreux, le veuf, l'inconsolable. Les femmes thraces, dédaignées, en conçurent quelque aigreur. Vindicatives, elles le tuèrent, le mirent en morceaux et le jetèrent dans le fleuve qui emporta le tout dans la mer. Les meilleurs morceaux arrivèrent jusqu'à l'île de Lesbos qui honora les restes. On raconte que parfois, lorsque le soleil se couche et que la bouteille d'ouzo est entamée, on entend des sons de lyre sortir du tombeau du dieu.

2.
Baldr : a-d-e-g-h-k-l-m-p
Ce dieu de la mythologie nordique dut sa mort au dieu Loki, fourbe d'entre les fourbes. Ce dernier avait appris par la mère de Baldr qu'une seule plante au monde pouvait être fatale à son fils. Loki alla immédiatement la cueillir et la donna à Hodr, aveugle, qui lui demanda de le mener auprès du dieu Baldr pour qu'il puisse l'honorer. Hodr jeta la plante à la face de Baldr, croyant à un jeu, et le tua sur le coup. Hermod, le frère

1. Sur l'épisode de Jason et la Toison d'or, voir le chapitre 7.
2. Sur la descente d'Orphée aux Enfers, voir le chapitre 4.

de Baldr, alla le chercher dans le royaume de Hel, déesse gardienne du royaume des morts. Cette dernière ne s'opposa pas à son départ, mais elle voulait que le dieu soit pleuré par tous les êtres de la terre avant de le laisser rentrer chez lui. Le dieu Loki, déguisé en vieille femme, refusa de le pleurer, le condamnant à une mort définitive.

Phaéthon : b-c-f-i-j-n-o-q
Phaéthon ne connut pas tout de suite ses origines divines. Lorsqu'il découvrit qu'il était le fils d'Hélios, il demanda à son géniteur de conduire le char du Soleil. N'avait-il pas l'âge auquel on rêve de conduire sa première mobylette ? Hélios hésita, puis finit par accepter, lui prodiguant de nombreux conseils. Les débuts furent satisfaisants, mais quand il vit les animaux du Zodiaque, Phaéthon prit peur et perdit la maîtrise du véhicule. Il fit un trou dans la couche d'ozone en fonçant droit sur la terre, il contre-braqua de justesse et partit droit dans les astres. Pour mettre fin à cette course folle, Zeus le foudroya et le fit chuter dans le fleuve Éridan où il termina ses jours. Ses sœurs en demeurèrent inconsolables...

J'irai revoir mon Atlantide

1. FAUX
Les habitants de l'Atlantide sont les Atlantes.
Atalante est une héroïne abandonnée par son père, recueillie par une ourse, puis par des chasseurs.

2. VRAI
C'est ce que rapporte notamment Platon dans le *Timée*.

3. VRAI
L'île était la propriété d'Héphaïstos. Là, il avait rencontré la jeune Clito dont il était tombé amoureux. Il avait fait construire un palais sur l'île, à l'intérieur d'une enceinte. Il y avait fait naître cinq fois des jumeaux. Il avait aussi créé dix lots et mis dix seigneurs à la tête de chacun. Son fils aîné, Atlas, était le roi suprême. L'île était si bien organisée, si bien policée et d'une économie si florissante qu'elle inspira Platon quand il écrivit sa *République*.

4. VRAI
L'île était d'une telle richesse qu'elle permettait à chacun de se nourrir sans effort. Les bâtiments rutilaient, les temples brillaient de tous leurs feux, quand les façades n'étaient pas d'argent, elles étaient d'or : un luxe sans limites. Un âge d'or correspondait chez les Grecs à un âge antédiluvien qui avait vu l'humanité vivre dans le plus parfait bonheur, sans contraintes et sans douleurs.

5. FAUX
La seule intervention des dieux dans le destin de l'Atlantide fut de détruire l'île lorsqu'ils jugèrent que les habitants leur manquaient trop de respect. On attribue à Zeus ce mouvement d'humeur.

6. VRAI
Se voyant riches et puissants, les Atlantes désirèrent soumettre les peuples voisins. Mais leur conquête rencontra un obstacle de taille : Athènes, qui les vainquit et les renvoya jouer avec leurs ors et argents chez eux. Mais leurs exactions, lors des guerres qu'ils avaient menées, les avaient définitivement corrompus. Ils rentrèrent pleins de mauvaises habitudes et de mauvaises pensées.

7. FAUX
C'est tout le contraire !

Liquidation totale

1. épées

2. Fenrir
Nous avons vu dans le chapitre 8 par quelle ruse les dieux avaient attaché le loup. Depuis, ils avaient un peu perdu la main !

3. Vigrid
Nom de la plaine sur laquelle eurent lieu les combats qui marquèrent le Crépuscule des Puissances. Là moururent Odin et Fenrir, Thor et le serpent de Midgard...

4. Giallarhorn
Heimdall était l'organisateur de la société humaine à laquelle il avait donné ses lois. Il était connu pour son cor, nommé Giallarhorn, dont le son s'entendait dans toutes les parties du monde. Aussi était-il préposé à alerter les Ases lors de l'attaque finale des Géants.

5. source
Source qui contient la connaissance et l'intelligence du monde. Odin y avait déjà laissé un œil pour en boire une gorgée. Mais cet épisode mythologique est sans aucun lien avec l'expression familière « boire à l'œil » !

6. frêne
Dans la mythologie nordique, le frêne Yggdrasill est le centre du monde. Arbre cosmique, ses racines recouvrent tous les mondes. Il cache la source Mimir. Les tremblements qui l'agitent expriment la violence de la confrontation.

7. Ases

8. lance
Loki avait fait confectionner la lance Gungnir afin de l'offrir à Odin. Elle est le symbole du pouvoir du dieu.

9. flammes
Sur la plaine Vigrid auront lieu des combats singuliers durant lesquels Dieux et Géants s'entretueront.
Alors que l'océan inonde tout, que le serpent de Midgard répand son venin et que Fenrir avale tout de sa gueule grande ouverte, Surt conduit les Géants, accompagné d'un feu destructeur.

Six dieux et deux humains survivront au Crépuscule des Puissances et se souviendront de cette guerre acharnée.

Vox populi, vox dei

d.